市民派のための
国際政治経済学

多様性と緑の社会の可能性

清水耕介
SHIMIZU KOSUKE

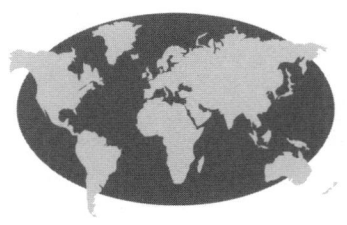

社会評論社

イントロダクション

　世界の人々は現在多くの危機に直面していると言われています。これらの危機によって全人類の生存さえも危ういと言われているのです。例えばエーキンスによれば危機は四つに分類することができ、つぎのように定義しています。

　1. 軍事支出の増大。特に核兵器や大量殺人兵器の拡散。

　2. 主としていわゆる「第三世界」で多く見られる、飢餓や絶対的貧困。

　3. 生態系全体を危険にさらす環境破壊や種の絶滅。

　4. 多くの政府によるもっとも基本的な人権の無視による抑圧や、それによって多くの人々がその活力をいかすことができなくなっている状態。[1]

　R. B. J. ウォーカーは最後の点について、民主主義との関係で次のように述べています。

　資本主義のダイナミクスが不平等な開発をもたらしている現代世界において、民主主義達成への戦いが起こっている。すなわち、形式的な政治的民主主義は、多くの、多分ほとんどの、人々が彼／彼女等の生活を直接的にコントロールするような意思決定プロセスから疎外されているような社会的経済的構造とも共存できるのだ。[2]

（1）　Paul Ekins (1992), *A New World Order: grassroots movements for global change*, Routledge, London, p.1.
（2）　R.B.J. Walker (1988), *One World Many Worlds: struggles for a just world peace*, Lynne Rienner Boulder, p.133.

このリスト上の危機の数が4つであろうとそれ以上であろうと，国際政治経済および国際関係学全体は上記のような問題に対処しなければなりません。
　過去においてこうした危機を解決しようとする試みが無かったわけではありません。いや，むしろこれまでの国際関係学はこれら問題を解決しようという試みを中心になされてきたと言っても過言ではないでしょう。しかしながら，それらの試みは成功してきたとも言えないのが現状です。第一の原因は主流派国際関係学の焦点が非常に狭い範囲のみに当てられてきたことにあります。国際関係学といえば，通常は国家，国家間紛争，地域的な軍事衝突，外交関係，そして対外政策といったトピックがそのおおよその関心であると考えられてきました。その結果，今のところ国際関係学はその焦点をより広げることが焦躁の課題であると言われています。例えば，生産技術の飛躍的な向上と運輸および通信技術の発展によって，国際関係学は政治のみならず，経済／社会についてもその視野に入れなければならないと。国際政治経済という学問はこうした視野を広げねばならないという意識の元で発展してきました。E.H.カーはすでに1940年代にこの分野の必要性については説いていたのですが，国際政治（すなわち国際関係学）と同じぐらい重要であると一般に見なされるようになったのは1980年代でした。そして現在はさらなる視野の拡大を求めて国際政治社会という分野の開拓が始まっています。
　国際政治，国際政治経済，国際政治社会についての詳しい説明は，第一章で行いますので，ここではとりあえず，この三つの側面が国際関係の重要な構成要素であること。そしてその三つは便宜上分けて考えていきますが，実際には絡み合い，関係し合い，影響しあうという状態であること，もっと極端に言えば実は一つの存在であることを認識していただきたいと思います。
　さて，こうした三つの側面を持つ国際関係という研究対象ですが，普段の言葉を使っていうならば「世界」ということになるでしょう。これまでの世界は国家を中心に形作られてきましたから国際関係なる微妙な

言い回しが使われてきたのですが，いまやこの言葉は時代遅れになりつつあります。ソニーやBMWなどの多国籍企業はすでに国境を越えて活動を広げていますし，私たちも旅行者として世界各地を旅して回ることが普通のできごととして普段の会話の中で聞かれるようになってきました。また，世界中どこへ行ってもマクドナルドのハンバーガーを食べたり，コカコーラを飲んだりすることが可能です。そういった意味では，多国籍企業の国籍などあってないようなものとなっています。私のある友人は，彼女がアメリカを始めて旅行したときセブンイレブンがアメリカに進出している！とびっくりしたそうです。セブンイレブンってアメリカがおおもとじゃなかったっけ？

　それはさておき，上記のような理由で国家をベースとして世界を見ていくことは時代にそくしているとは言いがたい状況になってきています。というわけで，国際関係という言葉はもう学問上の概念としては絶滅の危機に瀕した状態で，実際には純粋に国際関係と呼べるような関係は世界各地でおきている出来事のなかでもほんの一部（例えば国と国との外交関係や戦争等々）となってきています。

　もちろん，私たちがこれから学んでいこうとする国際関係という学問の研究対象領域は世界全体ですから，それを指し示す言葉は「国際関係」よりも「世界」の方が適切だと考えられます。さて，では世界とは何なのでしょう？　実は，これは国際関係を学ぶものの究極の課題で，結論から言うといろんな解釈があって，私自身まだわからないのです。大学で講義しているのに，自分が何を勉強しているのかさえわかっていないのか！とお叱りを受けそうですが，純粋にわからないのです。もっとも，わからないからこそ，大学の教員をしながらまだ学んでいるというのが正直なところです。いまのところ，とりあえずできるのは，わかったフリをしないことだけです。これから，この本の中で，私が学んできたことをみなさんとシェアする努力をします。その上で，ひとりひとりが思考し，悩み，意見を表明することによって，何らかの形の世界観がうまれてくることを，他力本願的に聞こえますが，期待しています。

　さて，このイントロで，みなさんとシェアしたいものは，まず世界中

が上にあげたような危機的な状態にあるという認識とその危機的状況がどこにあるのかという問題です。貧困や飢餓の問題，人権の無視，環境破壊，ジェンダー関係についての問題，そして地域もしくは広域な戦闘－大量虐殺。これまで私たちはこのような事象は世界の特定の地域に限られた話としてとらえてきました。国際関係や国際政治経済というのは，「どこかあの辺」にある遠い話として考えてきたのです。

　国際関係や世界政治という言葉は，私たちを切り離そうという強烈な力を持っています。国際的な出来事はテレビの箱の中に閉じ込められ，CNNや日本のニュースのネタとしてしか私たちに関係してきません。新聞の中でも国際面というぺらぺらの紙一頁のなかに凝縮して詰めこまれています。そういう形でしか，私たちの中に入ってこない「世界」というもの。「どっか遠く」の「どこかあの辺」にあるであろうもの。それが世界と呼ばれるものなのです。その世界と私たちとの間にある壮絶で悲壮な断絶。これはどうしようもなく私たちを世界から切り離してしまいます。

　でも，これは本当にそうなのでしょうか？　世界は私たちと断絶しているのでしょうか。それとも，私たちは誰かに断絶していると思い込まされているのでしょうか。もしそうだとすれば，それは一体誰なのか？何のために彼・彼女達はそうしているのか。そして，その結果とは？それを変えていくためには？　実は，国際関係を学ぶということは，すくなくとも私にとっては，上記の問いに答えていくプロセスでしかありません。

　先のニューヨークとワシントンDCの「テロリズム」を見るまでもなく，私たちは世界的な事象と直接的・間接的に関係していることを感じている人も多いでしょう。あのビルに突っ込んでいった飛行機にあなたの友人が乗っていたかもしれませんし，あのビルではあなたの親戚が働いていたかもしれません。もしあの現場にいなかったとしても，あそこにいた可能性があったかもしれません。その意味では，国際関係や国際政治経済で扱う出来事というのは，実は「どこかあの辺」の話ではなく「この瞬間，まさにここで」繰り広げられているものとしてとらえる必

要があると言えます。なぜなら，これらの出来事は私たちの身の回りにいつでも起こりえる，そして起こっている，もしくは私たちが原因となっている問題なのです。

　まず，この段階で読者のみなさんにお願いしたいのは，国際関係を学ぶということが特別なことではないことをわかって欲しいということです。難しい論理を数学的な明快さをもって解きほぐしていくようなものではありません。答えがはっきりと出るものでもないし，私自身多分死ぬまでわからないと思うのです。わからないものをわからないなりに地道に理解していく。それが国際関係を学ぶということのような気がします。これから国際関係を学ぶ上で，よくあるエリート的な経済学者や政治学者たちの「僕は社会のことわかっているけど，君たちはしらないだろうから教えてやるよ」的な態度には注意してください。彼・彼女たちは，私から言わせれば，何もわかっていない人たちですから。

構成

　この本は大きく5つの章によって構成されています。第一章は，国際関係の枠組みについて。先に述べた国際政治，国際政治経済，国際政治社会という三つの側面とそれを分析するにあたっての，国際政治文化という概念について説明します。私は，最近この「文化」という概念に非常に熱中しています。一般的にいわれる文化という概念とはかなり異なっていますので，詳しい説明が必要となるわけです。ただ，ちょっと抽象的な議論ですので，そういった話が好きではないという方は飛ばして読まれてもいいかと思います。

　第二章は，いよいよ国際政治経済の分野に斬り込んでいきます。まず，ここではこれまで伝統的と言われてきたいわゆる正統派の国際政治経済学の言説が分析対象となります。これは，重商主義，自由主義，そしてマルクス主義という三つの理論です。ただ，単に重商主義はこうです，自由主義はこうです……と説明しても何の面白みもないですから，徹底的に批判的に紹介します。いかに，こうした言説がマッチョなものか，自然環境を無視してきたか，西洋文化に基づいてのみ論理的発展をして

きたか。などなど，批判的な視点からの分析です。

　第三章は，こうした伝統的な国際政治経済学の枠組みにうまくフィットしてこなかった視点を紹介することを中心として書かれています。そこでとりあげるのは，フェミニズム，環境保護主義，そして先住民による政治活動などです。そうした思想体系にもとづいて活動する人々の声を紹介することと，そうした声がどのように旧来国際政治経済と呼ばれてきたものを変えるのかが主要な論点となります。

　ここまでは，いろいろな論理の整理という形ですが，ここから後は，私なりの理論の展開という形をとっていきます。その中で最初に議論するのがフランクフルト学派と呼ばれる一派の国際批判理論とネオ・グラムシアンです。国際批判理論学派は，その名のとおりドイツのフランクフルトで生まれた哲学・社会学についての現代思想の流れを汲む学派です。ここでは，その論理をつかって現代世界で起きているいろいろなできごと，とくに資本主義に関連するもの，を取り上げて議論していきます。ネオ・グラムシアンは，イタリアの哲学者であるグラムシの理論をベースとした国際理論で，「ヘゲモニー」という概念を中心に「知識人」が現代社会において果たす役割を議論します。そして，この二つを批判的国際理論としてまとめて第四章で紹介することにします。

　第五章は，いよいよ私の専門とするポストモダニズムの出番です。これは，批判的国際理論と多少異なっていまして，フランスで発展した考え方です。議論自体はかなり複雑になっていきますが，私が言いたいのは，要するに国際関係・国際政治経済なんて誰もわかりはしないのだということです。それを，わかった顔をして「教授する」ということが何を意味するのか，そしてそれを学ぶということがどういう結果になっているのか，などという問題を詳しく述べていきます。

　第四章と第五章は別の議論の紹介ですが，実はかなりのところ共通点を持っています。この共通点をベースとしてポスト・ポジティビズムという理論の枠を設定します。その枠は第六章としてこれからの国際政治経済の将来像の中に具現化されます。そこでは，「緑の政治」という概念を導入し，新たなグローバルな政治経済像の提示に挑戦しています。

この議論はまだ未完成であることは認めなければなりません。私自身この部分についての勉強が十分でありませんので今の段階ではこれが精一杯というところで議論します。ですから，この章を読んでの感想や批判をいただくことも私がここで議論を展開するひとつの目的であると考えてください。

　私が，ここで述べていくことは，国際関係・国際政治経済を学ぶみなさんへ向けて発せられる，私のうめき声だと考えてください。本当は，私がみなさんに何かを伝える資格があるのかどうか，不安でたまりません。ですから，私がみなさんに何かをつたえようとして，そこから何かを学ぶというような態度ではなく，私という一人の国際関係を学ぶ人間がその学問の中で悩み苦しんでいる様子を，読者的・第三者的な立場から楽しんで読んで欲いただきたいと思います。

　こうして書いてくると，いかにも私の主観を書いていくような印象をもたれる人も多いかも知れません。これは，この本をとおして議論していくひとつの主要な論点なのですが，先にここで簡単に答えを述べるとすれば，Yes＆Noです。一方では，どのみち人々の客観性というもの，科学的言説というものは主観の偽装した形でしかないと考えています。というと，どうしても「おまえは価値相対主義者なのか！」という声がよく飛んでくるのですが，まあ，とりあえず続けて読んでください。

　客観性というものに対する私の圧倒的な不信感は，言語のもつ機能によります。私たちが「客観的」であるとする認識の多くは，すでに言葉によって歪められていると思うのです。ある言葉には意味があります。その意味が必然的に私たちの認識を歪めると考えるわけです。ある人に出会ったとしましょう。この人はどういう人なのか，私たちは「客観的」に判断しようとします。すると，どこの国の人なのか。男か女か。何歳ぐらいか。などと幾つかのポイントについて「探り」をいれます。ところがこの瞬間に，私たちはこの人を特定の社会システムの中へむりやり引き込む作業をしているのです。それは，国家間システムであり，ジェンダーのシステムであり，また年齢についての階層のシステムであるのです。この人を「この人」として認識するのではなく，幾つかのその人

を私たちの中に存在する既存のシステムの網の中へ引き込むことによってしか，人を見ることができなくなっています。

　この人が，ヨーロッパ・アメリカ系の白人だったとしましょう。白人＝アメリカ，自由，大国，荒野，などという連想ゲームが広がっていきます。しかし，これはよくあることですが，日本にいるすべての白人がアメリカ人というわけではありません（実際，オーストラリア人の友人たちがよく愚痴をいっています）。私たちの中にある，言語の網がわたしたちの認識をくるわせる例です。これはかなり極端な例ですが，多かれ少なかれ，こうした認識という機能の中に埋め込まれた私たちの言語の網に基づいた先入観は私たちの認識能力を低下させます。ですから，完全な客観性の保障はできないと思うのです。

　こうした客観性についての私の猜疑心はこの本を通してより詳しく展開されます。この私の猜疑心に同意してくださる方，反対する方いろいろでしょう。私は，自分の議論が「正しい」とは思っていません。逆に私の理論が「悪い」とも思っていません。ただ願うのは，私の議論がある点で立ち止まらないことです。どこかでこの議論が「完成」したとき，この議論は死ぬのだと思います。ですから意見や批判を沢山いただきたいと考えています。そしてこの本がみなさんとともに成長することを願っています。

イントロダクション　3

第1章　世界政治経済の枠組み

イントロ　16
国際政治という側面　20
国際政治経済という側面　21
国際政治社会という側面　22
近代合理主義の問題　24
国際政治文化という大きな枠組み　26
国際関係における「文化」概念の欠如　32
世界，国家，地方の三つの分析レベルについて　38
モダニティーとグローバリゼーションの問題　41

第2章　主流派の国際政治経済——三つのイデオロギー

イントロ　46
重商主義　49
自由主義　60
マルクス主義　81
近代合理主義　93
枠組みの問題　95

第3章　大きな物語批判：国際政治経済と現象学

イントロ　100
哲学における現象学　101
フェミニズム　105
環境保護主義：エコロジーな批判　114
先住民の権利　121
枠組みの問題　その2　128

第 4 章　批判的国際理論

イントロ　134
国際政治経済学の主流派理論への哲学的なバックグラウンド　135
フランクフルト学派　137
国際批判理論　146
ネオ・グラムシアン　155
枠組みの問題　その 3　167

第 5 章　ポストモダン国際政治経済学の可能性

イントロ　172
ポストモダニズムとモダニティー：傾向と対策？　175
フランス哲学の流れ：脱構築主義　179
フーコーの「知と権力」について　190
現代における権力機能の帰結
　　：国際政治経済学における知と権力　202
オルタナティブとしてのポストモダニズム　207
枠組みの問題　その 4　210

終　章　多様な理論としての政治運動と
　　　　　多様な実践としての理論：緑の政治勢力

イントロ　214
ポスト・ポジティビスト政治経済学の誕生　215
理論としての実践と実践としての理論
　　：ガタリのエコゾフィー概念とフェミニズム　220
常識的画一性の否定と多様性の創出：緑の政治の具体例から　228
結論　234

あとがき　235
参考文献　241
索引　249

世界政治経済の枠組み

> 古い唯物論の視座は市民社会であった；新しい唯物論のそれは人間社会，もしくは社会的人間性である[1]。
> ——カール・マルクス，フリードリッヒ・エンゲルス
> 哲学者，フォイエルバッハ・テーゼ No.10

イントロ

　国際関係は "high politics" と "low politics" からなると言う考え方は古くから言われてきました。ここで言う "high politics" とはいわゆる国際政治で扱われてきた領域を指し，政府間関係や国家間関係がその焦点となります。この側面は外交関係，対外政策，紛争分析論，国際法，超国家組織，そして国際機関等についての学問というわけです。これに対して，"low politics" は国際関係に最近新たにあらわれた学問領域で，国際政治経済と呼ばれる側面——生産，配分，金融，そして消費といった問題についての研究——を指しています[2]。

　この領域をどう位置付けるのかという問題は大変難しい問題で，これまで確立した解釈というものは出てきていません。多くの人は，国際政治経済を単に国際政治を補完する領域であると考えているようで，これは主流派の理論であると一般的に考えられています。他方，最近の国際関係の専門家にはこの領域が世界事情の中心であると考える人々も増えてきました。こうした議論はすなわち，国際政治経済は国際政治の単なる補完的役割ではなくそれ以上のなにかであると考える立場とも言えるでしょう。

（1）　Karl Marx and Frederick Engels(1970), *The German Ideology*, student edition, Lawrence and Wishart, London, p123.

（2）　Jeffry A. Frieden and David A. Lake (1991), "Introduction", in Frieden and Lake, eds., *International Political Economy: perspectives on global power and wealth*, Unwin Hyman, London, p.1.

しかしながら、この考え方——国際関係は "high politics" と "low politics" からなるという理論——には見のがしている側面があることはあまり知られていません。特に市民運動や環境運動、人権運動などに参加している人々にとって、学者や研究者が国際政治・国際政治経済という二つの領域のみを「世界」とみなすことは、明らかに問題があると映るでしょう。これはもっともな意見で、実際90年代に入ってから少なくとも欧米の国際関係学の焦点は、この国際政治・国際政治経済という領域でカバーできない領域に移ってきているようです。

この側面はまだ定まった呼び方は存在していませんが、ここではとりあえず "even lower politics" と呼ぶことにしましょう。[3] この側面についての説明は後々ゆっくりと詳しくしますが、ここではとりあえず国際関係の社会的な側面で、人間のアイデンティティーについての側面であるというふうに理解しておいてください。こうして見ると、国際関係という学問は国際政治（IP：International Politics - "high politics"）、国際政治経済（IPE：International Political Economy - "low politics"）、そして国際政治社会（IPS：International Political Society - "even lower politics"）という三つの側面を持つことになります。第一の側面は国家の創造、第二の側面は富の創造、そして第三の側面はアイデンティティーの創造という概念が中心となります。[4] この枠組みを最初に発表したのはE.H. カーというイギリスの歴史家／国際関係学者です。彼はバートランド・ラッセルの権力分析を引用しながら、軍事権力、経済権力、そして世論についての権力の絡み合った存在として国際関係を描いたと言われます。彼によると、第二次世界大戦の根本的な原因は世界の国々がこの三つの権力の関係（特に世論についての権力）を無視したことにあるとされます。[5]

---

(3) Ralph Pettman (1991), *International Politics: balance of power, balance of productivity, balance of ideology*, Lynne Reinner, Boulder.
(4) Ralph Pettman(1991), ibid.
(5) E.H. Carr (1946), *The Twenty Years Crisis 1919-1939: an introduction to the study of international relations*, second edition, Macmillan. London, 邦訳E.H.カー (1996),「危機の二十年：1919−1939」井上茂訳, 岩波書店, 東京.

こうしたカーの権力解釈は，その後のアメリカ行動主義学派（シンガーやローズノー等の科学主義国際関係を中心とした学派）の権力についての定義とはかなり違っていたことがわかります。いわゆる行動主義学派は政治戦略の側面（"high politics"）での兵器による破壊力／軍事力とそれによる脅威をもって権力と定義したのに対して，カーの定義はより広く（政治的／経済的／社会的な権力という意味で）定義されていたのです。カーにとって，国際的な事柄の根幹には必ずいろいろな形での権力関係があったといっても過言ではないでしょう。しかし，こうした権力は微妙で，目立たないために，公の場から隠されてきたことも彼は見のがしませんでした。[6] この権力についての解釈には，単なる物理的脅威だけではなく，人々の心にじわじわと広がっていき，人々をコントロールするような脅威感もまた含まれるのです。このため，現代の権力関係は破壊力や物理的支配といった明らかな権力関係と共に，密かでまた不可視の権力もまたその視野に入れねばなりません。

　哲学の世界では，こうした目に見えない権力構造を指摘した人として，A．グラムシがいます。彼は，現代社会における権力というのはコンセンサスという形で人々を操ると考えました。そしてこのコンセンサスを作るのは知識であり，その知識を操る人々――「知識人」――がコンセンサスビルダー（コンセンサス請負人）としてこの権力構造の維持を行っていると考えたのです。グラムシの議論については第四章で取り上げます。

　また，この権力観はフランスの哲学者，フーコーのいわゆる "disciplinary power" という権力観とも重なり合います。フーコーにとって，現代の権力とは微妙で，どこにでもあり，そして中心が無いものとされます。[7] 現代権力の特徴を描いていく中で，フーコーは人々の日常生活でくり返され形作られる権力の生産と再生産関係を分析します。そして，彼

（6）　E.H. Carr(1946), ibid, p.102

（7）　Honi Fern Haber (1994), *Beyond Postmodern Politics: Lyotard, Rorty, Foucault*, Routledge, New York, p.8.

が強調するのは，その一般的な人々の間に広がる権力と知の構造であり，またそうした一般的人々がこの権力構造を支えているプロセスです。ですからフーコーにとって，現代の権力支配関係へのアプローチは知識の構造を通してのみ可能になるわけです。この問題は第五章で詳しく議論します。

国際関係／世界事情の思想家のなかで，何人かはこの三次元的アプローチをとる人々がいます。ペットマンの "balance of power, balance of productivity, balance of ideology" 理論はその代表的な例でしょうし，R. B. J. ウォーカーの "the state system, the world economy, and culture, difference, power" もまたそのひとつです(8)。これらのアプローチも現代の世界の権力構造が「日常生活を通して生産され，再生産される」様子を詳しく述べています(9)。

これら三つの側面は当然切り離すことは不可能であるというのが上記した国際関係学者の共通した意見です。この前提は私がこれから展開する議論の中心的な意味を持ちます。国家の形成についてのプロセス，そしてそれに伴う軍事的関心は当然に経済的な側面なしには議論できませんし，またアイデンティティーの形成過程を抜きにして国家や国家間の関係を分析することも不可能でしょう。例えば，国家の形成を行う人たち——官僚や政治家——が強靭な国家を作ろうとするとき，その国の貿易・経常収支，経済成長，マネーフローや利子率，インフレ率，失業率，そして他国の経済状況でさえもその国の富の形成と言う意味で重要な決定要因となります。そしてそれについての慎重な分析なくしては政治的・軍事的に強固な国家の形成は不可能となるでしょう。また，強靭な国家は国内において国民の一体感と画一的な思考体系をも必要とします。これは市民の間に「私達」というアイデンティティーをつくるプロセスです。国家を形成するにあたってこの意識の高揚は重要であると言われ

（8） Ralph Pettman (1991), op.cit., およびR.B.J. Walker (1988), *One World Many Worlds: struggles for a just world peace,* Lynne Rienner, Boulder, chapter3

（9） R.B.J. Walker (1988), ibid, p.34

ます。なぜなら，仮にも「民主主義の時代」には大衆による国家のサポートなしでは国家はその存続を維持できないからです。

国際政治という側面

それでは，三つの側面をそれぞれ詳しく見ていくことにしましょう。第一の国際政治戦略という側面はE. H. カーが「軍事的権力」と呼んだものです。昔ながらの国際関係論というのはこの側面を中心に議論されてきました。そこでは，国家もしくは国家間システムにかかわる問題のみが対象として分析が進められてきました。これは，国家間システムがこの軍事力をベースとした世界像をイメージして作られていることや，世界の構造を究極的に決めるのは戦争の合法性であるという極端な意見などによるものです[10]。しかし，現代のグローバリゼーションと呼ばれる現象や国境を越える相互関係の深化はこうした国家間システムをベースとした世界観に疑問を投げかける結果となっています。言葉を変えれば，現代の国家システムというのはグローバリゼーションの時代においては変化を余儀なくされているとも言えるでしょう。

国際政治の側面は通常，外交・対外政策・国際紛争・戦争・世界秩序などの言葉で表されるような事象が属する領域であると言えます。こうした事象の中心は民族国家と呼ばれる概念とそのシステムであると言えます。国家と国家間システムは17世紀の30年戦争のあとに登場したと言われます。そしてここで出現したヨーロッパの政治体制がウエストファリア体制と呼ばれます。ですからある意味，現在の世界に見られる「国家」というのはいわゆるウエストファリア体制の所産で，これによってヨーロッパ各国が協調し，また封建的・宗教的体制からより近代的な主権国家へと生まれ変わったと考えられます。また同時に，この30年戦争の終結を宣言したウエストファリア条約で，他国の内国問題への不干渉の原則が打ち立てられ，各国は公式に平等とされ，またカトリック教会からの影響を最小化するというルールが決められました。こうして，戦

---

(10) R.B.J. Walker (1988), ibid, p.33

争が無いという意味での「平和」を作り出すシステムが世界ではじめて作り出されたのです。もっとも，この体制を作った人々のうち誰一人としてこの体制が地球全体を覆うとは考えなかったでしょうが。

しかし，この国家間システムというのは現代の世界事情にとってどの程度重要なのでしょうか。その答えは壁にかかっている普通の世界地図をちょっと見るだけですぐに明らかになります。世界地図は世界がどのように分割されているのか，そしてそのひとつひとつを誰が所有しているのかを私達に教えてくれます。そしてそのひとつひとつは国境と呼ばれる線によって区分けされています。また，国家と国家の間には空間はありません。これが国家システムの典型的な現れ方です。ただし，ここでは，富についても，その地域に住んでいるであろう人々の考え方も描かれていないことは注意が必要です。なぜなら，国家を中心とした世界の描き方のみが全てではないはずですから。

国際政治経済という側面

国際政治経済では，市場，生産，配分，そして富の消費というような問題が中心的関心です。そこでは，国家と国家，企業と企業，そして国家と企業間の生産物の交換や貿易，金融，そして投資などが問題とされてくるでしょう。そして，こうした活動がより活発になってくると，国際政治経済という言葉よりも，グローバル政治経済もしくは世界政治経済というような言葉のほうがより適切になってきます。

国家が唯一の主役となる政治戦略的な側面と異なり，政治経済的な側面では幾つかの異なった主役達が存在します。もちろん，国家も重要な存在ではあります。税金や公的支出，マネーサプライのコントロール，規制の導入と撤廃，関税の設定，そして国際援助などは全て国家によってなされるからです。しかし，それと同時に企業もこの側面の重要な存在であることは明らかです。生産，投資，金融，そして貿易のほとんどは企業によってなされます。企業活動を抜きにして国際政治経済という概念は存在できないでしょう。ここで最後にもうひとつ同様に重要な存在があります。それは労働者です。もし，労働者がいなければ上記のほ

とんどの経済活動はあり得ないのもまた明らかだからです。しかし，この労働者と市民との違いには注意が必要です。なぜならここでは，政治経済活動に参加している人々としての労働者という概念は，それに参加していない人々も含む市民という概念とは微妙にズレが出てくるからです。

国際政治経済の地図というものは，国家をベースとした地図ほど私達の生活に浸透していません。国際政治経済を地図化しようという場合，多くの多様な経済活動に注目しなければならないという困難があるからです。可能性としては，国家間の貿易ルート，主要な株式市場の場所，主要な金融都市，企業の生産拠点，富の集中具合や，産業化の進展の具合などを中心とした地図が考えられます。また，移住する労働者のルートなども考えられるでしょう。

国際政治の側面において重要なシステムとしてとりあげた国家間システムと対抗するようなシステムとして，この国際政治経済の側面には資本主義があります。これは冷戦が終わるまでは，世界を包含するシステムとしては存在しなかったのですが，冷戦後，共産主義体制の崩壊とともに地球全体を包み込む唯一の経済システムとしての地位を確立しました。資本主義は，共産主義と異なり，私的所有制をベースとして成り立ちます。すべての経済活動は市場を通して行われ，私的所有制度とあいまって経済のダイナミズムを生み出すといわれます。もっとも，この名前は，現在あまり好まれないようです。というのも，今日の政治経済の支配的な思想である自由主義では，資本主義は「市場経済」という名前で呼ばれるからです。この点については第二章で詳しく述べますが，とりあえず，ここでは現在の国際政治経済システムは資本主義であることを覚えておいてください。

国際政治社会という側面

国際政治社会という側面は国際関係のなかで最も概念化の難しい領域です。私はこの領域は非常に重要なものであると考えるのですが，残念ながら国際関係学の歴史の中で十分に注目されてきたとは言い難いよう

です。この領域は説明が難しいのですが，簡単に表現すると，他の領域を決定していくような個人の意識を形成していく部分であると言えるでしょう。ここでは，世界的なイデオロギーの相克が中心的な関心となります。そうした意味では，この領域についての地図は上記の二つの地図の裏側に潜む地図であるという言い方もできるかもしれません。

　この領域は，他の領域を形作る上で主役となる人々のアイデンティティーを形成する国家主義や企業主義，そして階級主義といったイデオロギーが分析対象となり，それらがいかに個人の中にインプットされていくかが主要な関心事となります。そして，そうしたイデオロギーがどのようにしてに他の領域──国際政治・国際政治経済──を形作っていくのかということが議論されるのです。ですから，こうした人々の生活のなかに入りこんでいる特定のイデオロギーが政治戦略的側面や政治経済的側面の中で生み出しているであろう多様な問題──ジェンダー，環境，人種，宗教などによる差別や紛争──の発生過程と私達の日々の生活とのつながりも分析対象となるのです。

　国際政治社会の地図というのは国際関係の中ではほとんど見られません。もし作るとすれば，ジェンダー関係，世界的な意識形成機関──例えば大学や研究所などや，宗教，人種関係，そして個人主義や集団主義といった要因に基づいた地図が可能でしょう。

　このように重要なこの第三の側面ですが，これと第一，第二の側面との相互関係についてはこれまで国際関係学の中でほとんど触れられてきませんでした。なぜなら，実は第三の側面に国際関係という学問自体も含まれるからです。上記のように，第三の側面は人々の意識を作る側面です。そうした意味では，学問や理論と呼ばれる「知」のシステムもこの側面に含まれるのは明らかでしょう。学問や理論を通した人格の形成というのは現代社会において重要なシステムの一つです。多くの教員は授業を通していかに「世界」が「動いている」のかをクラスの参加者に教えていきますが，「世界」が存在するという意味について，また「世界」が「動く」とは何なのかといった根源的な問題についてはなかなか触れることはありません。これは，こうした教員自身も何らかの形で

「世界」についての前提やイデオロギーを気づかずに体現しているからであると考えられます。例えば西側諸国の大学では「世界」は国家主義と同時に資本主義という文脈で語られていますし，それ以外の共産主義国では国家主義と共産主義が所与として授業が行われます。そして，教員が話す言葉は「真実」もしくは「正しいこと」であるとされるのです。これによって人々のアイデンティティーや考え方は形成され，その後その人々によって国際政治や政治経済の理論が生み出されていきます。もちろん，そうした理論では国家主義や資本主義もしくは共産主義が所与として前提されるのです。その結果，特定の「真実」や「正しさ」は受け継がれ，国際関係の中に政策や制度として具現化されていきます。そうした意味においてこの国際政治社会と呼ばれる側面は，議論の余地はありますが，国際関係の中で最も重要な側面であると言われているのです。

近代合理主義の問題

上記の三つの側面，特に国際政治社会，を分析していくにあたって最も重要な概念は「近代合理主義」であると言われます。この概念は18世紀の西洋で起こった「啓蒙思想」がそのスタートだとされ，そこでは正しい知識は「客観的」認識に基づいて展開されなければならないと主張されます。ここでの客観性は，ある個人が社会から切り離された位置に立ち，社会を観察することによって保障されます。もちろん，この個人は物理的には社会の中に存在しているわけですから，このテクニックは一種のトリック——強力なものですが——だと考えられます。

客観化は間主体空間と呼ばれる空間を前提としています。社会から乖離したこの個人が社会を観察した後に行うのは，この空間での仲間との意見交換です。この空間で主体同士が意見を交換することから「間－主体」空間と呼ばれるわけです。そしてこの意見の交換がこの間主体空間の中に別の「現実」——個々人の観察に基づくモデルの統合——を作り出します。もちろん，この「現実」は実際にある現実とは異なるのですが，時として人々はこの作り出された「現実」を現実として認識します。

例えば大学生に向かってよく投げかけられる「社会に出れば……」という言葉の「社会」は，実はこの言葉を語る人々の中に作り上げられた「現実」をベースとした「社会」であり，現実の社会の全てを網羅したものではないことは明らかです。なぜなら，「社会」と言ってもイギリスの「社会」もあれば，オーストラリアの「社会」もあり，また人間の「社会」もあればサルの「社会」もあるのです。つまり社会というのは非常に複雑で簡単に概念化することはほとんど不可能な存在であると言えるからです。しかし，それでも人々はまるで全ての社会を経験したかのようにこの「社会」という言葉を使います。これはこの人たちの中にある「社会」と実際の社会とのズレを気づかずに「現実」を喋る例としては典型的です。そして，こうした人々が社会という概念を考えるときに，どちらがより「現実的」概念であると考えるかというと明らかにこの人々に埋め込まれた特定の「社会」概念であって実際の複雑な社会ではないでしょう。

近代合理主義がもたらすいろいろな弊害の原因はこの間主体空間にあると言われます。例えば，この空間で使用される言語はいろいろな意味で疎外的です。専門用語が氾濫しているのは当然ですが，ジェンダーや民族といった意味で多くの場合バイアスがあるようです。実際，国際関係の理論を生み出してきた学者の多くはヨーロッパ系の白人の男性であるということからもこのバイアスは至極当然のような気がします。逆に言えば，こうした人々が使う言語以外の言葉はこの空間では役に立たないことになります。それによって，ジェンダーや民族による壁がこの空間の中に出来上がってしまっているのです。ですから，国際関係を学ぶということは同時に，この空間で交わされる言語についての分析が必須項目なのです。

国際政治社会を支配しているシステムが近代合理性であり，国際政治における国家間システム，国際政治経済における資本主義とともに現代の世界の重要なシステムであると考えられます。この三つのシステムの分析が，今日の国際関係の重要な課題のひとつといわれます。しかし，国家間システムや資本主義の分析は発展している国際関係学ですが，近

代合理主義についての分析はまだまだです。このシステムについては第四章，第五章で詳しく検証することにします。

　ここからはこの間主体性，すなわち理論の主体と主体とがダイアログを作っていく空間，にフォーカスを当てていきます。ただ，ここから先はいささか哲学的な議論になりますので，先を急がれる方は飛ばして次の章へいかれても構いません。とにかく，国際関係を学ぶことはこの間主体空間を学ぶことであるというのが私の議論である，ということさえ理解していただければここではとりあえず大丈夫です。

国際政治文化という大きな枠組み

　では，国際関係の三つの側面について間主体空間を中心として学ぶということはどういうことなのでしょうか。ここでは，この問題について議論していきます。私は，この空間を扱うときに「国際政治文化」という言葉を使っています。この空間には上記の国際関係の三つの側面が包含される形で存在すると考えてください。フランスの哲学者フーコーはこの空間を分析する学問を「系譜学」という言葉で表しました。フーコーにとって「系譜学」とは分析対象を直接的に研究することではなく，その対象に関連して語られる言語に注目することでした。ですから，かれは精神病についてではなく精神病についての理論を研究し，性そのものではなく性についての言説を分析し（彼にとってのセクシュアリティとはこの意味で，昨今日本で一般的に使われている「セクシュアリティ」とはかなり異なっていたようです），監獄ではなく監獄についての言語（功利主義者であるベンサムによって構想されたパノプティコンの分析

---

(11)　M.フーコーは，一般的に学問の対象とされるもの自体を分析することよりも，その対象にまつわる言説の分析とその言説が作るとされる「現実」についての検証に重きをおきます。実際，彼が「人間の本能はあるか否か」と質問されたとき，「本能があるかどうかには興味がない。私が興味を持つのは「本能」という概念が私たちの社会においてどのように機能するかである」と答えています。詳しくはMichel Foucault(1984), *The Foucault Reader: an introduction to Foucault's thought*, Paul Rabinow (ed), Penguin, Londonの "introduction" を参照してください。

など)を調べたのです。つまり,彼の分析対象は実際に存在する現実ではなく,間主体空間において紡ぎ出されるもう一つの「現実」とその政治的な意味であったのです。その意味ではこの「国際政治文化」という言葉はいささかダサい感じがしないでもありませんが,内容的にはフーコーの系譜学における分析対象とかなり重なってきます。では,なぜ「文化」なのか。一般的に「文化」という言葉の定義はとても難しいとされますが,とりあえずここでは,その説明のためにいわゆるカルチュラル・スタディーズの定義からスタートしましょう。

カルチュラル・スタディーズの卓越した専門家である吉見俊哉は「文化」という言葉を三つの異なった意味が絡み合う概念として提示しています[12]。彼によれば,「文化」とはもともと過程に関する名詞であり,「穀物や動物の手入れ」を意味していました。時と共にその意味は「人間の成長」へと変化していきます。しかしこの意味での「文化」概念は18世紀中頃までなく,19世紀中葉になってやっと一般化されたとされます。しかし,この概念もまた変化の波から逃れることはできず,更なる変更を余儀なくされたようです。そして彼は19世紀後半から20世紀にかけての「文化」を次のように定義しています。

(1) 精神的,美的発展を表わす抽象名詞(知性の陶冶),(2) ある国民や集団の特定の生活様式(人類学的文化概念),(3) 知的,芸術的活動の実践や成果をあらわす抽象名詞(芸術文化)の3つの意味が絡まりあう概念[13]。

第一の概念は,ジェンダー・スタディーズや環境学などによく見られる「文化」・「自然」という対比のなかでの文化概念です。ここでは「文化」と「知性」,「マインド」,「合理性」という言葉が同義とされます。それに対する「自然」の客体性,野蛮性,無秩序性,非発展性はこ

---

(12) 吉見俊哉(2000),「カルチュラル・スタディーズ」,岩波書店,東京,p3.
(13) 吉見俊哉(2000) ibid.

の「文化」を体現する「主体」からの逸脱として定義されます。その結果，この「主体」は逸脱的存在を観察，教育，訓練することを「人類発展のための使命」として実践しました。植民地主義や帝国主義がこうした「発展の文化論」をベースとしていたことは驚くにあたりません。

第二の概念としての「文化」は第一の「文化」解釈と深いつながりがあります。この「国民もしくは集団」が第一の文化の「主体」側である時，その言説は第一の言説と重なってきます。外的存在を作る要因としての「文化」は内的一貫性の存在を前提とし，その一貫性は幾つかの典型的な言葉によって表象されます——知性，理性，発展，成長，秩序，合理主義などです。これに対し，この「国民もしくは集団」が「自然」と同義語である場合——「先住民」や「少数民族」，さらには「女性」も含まれるでしょう——は第一の文化における「主体」の知的好奇心の格好の餌食となり——すなわち客体化され，「調査・研究」の対象となり，「記録」され「文化」として保存されます。そこにあるのは「主体」による「知性」の暴挙であり，合理主義のファシズムです。

第三の概念としての「文化」は階級と関係してきます。いわゆる「高等な文化」——クラシック音楽や芸術，そして小説など——と「下級な文化」——マンガ，マスメディア，ロック等——との対比がその根幹をなします。前者は上流階級の知的遊戯としての文化であり，後者は下層階級の現実としての文化です。前者は，「高級な」文化の優越性の快楽を意味し，後者はその文化的「優勢・劣勢」の対比からの逃避をも意味します。そのベースにあるのは階級構造であり，ブルデューが言う「Cultural Capital」という概念はこの状態を端的に表わします[15]。

これら三つの文化概念は，その時々の政治経済の流れとパラレルをな

---

(14) こうした植民地主義を正当化する考え方は，西欧の帝国主義者たち以外にも多くの人々によって持たれていたようです。日本国内でも植民地支配をこうした論理に基づいて肯定した人々が多くいました。新渡戸稲造や矢内原忠雄はその典型的な例です。こうした植民地支配にまつわる言説については姜尚中（1996），「オリエンタリズムの彼方へ：近代文化批判」，岩波書店，東京，に詳しく議論されています。

すと考えられます。第一，第二の抽象概念としての「文化」は，先にも述べたように植民地主義，帝国主義支配を生み出し，当時の権力構造と結びつくことによってその言説を「真実」として普及させてきました。第一の「文化」の解釈の結果としての押し付け的ヒューマニズムの進展は「逸脱者」の存在を必要不可欠とし，また，この「逸脱者」の「非発展性」を前提としてきました。これは，帝国主義的侵略と「文明の伝播」的博愛主義との共同作業を可能にし，「訓練」と「教育」の論理を「逸脱者」に強制してきました。また，第二の論理はその帝国主義的侵略攻勢と博愛主義との論理的整合性を可能としました。すなわち，「知的優越性」の論理と（民族国家という形での）選民思想とのバランスです。博愛主義的な発想からの人類学・民俗学——さらには国際関係学——的研究が地理的分離可能性を前提とし民族国家を所与とした研究を進めた結果，「民族」という概念は国際政治的対立——すなわち「理性的発展」対「原始的停滞」——の装置として存続してきたのです。

　この三つの文化の定義概念と微妙に重なってきますが，より複雑であるとともにより興味深い定義はE. サイードの「文化と帝国主義」にみられます。彼は文化を「物語」と「劇場」とに区分けします。第一の意味での文化とは：

　　それは，記述法とかコミュニケーションとか表象のような慣習実践を意味する。この慣習実践は，経済的・社会的・政治的領域から相対的に自律しており，快楽をあたえるのを主要な目的のひとつとする美的形式というかたちで存在することが多い。もちろんここには，遠い世界にまつわる民族的な伝承のみならず，民俗学とか歴史記述とか文献学とか社会学とか文学史といった学問をとおして入手できる専門的

（15）　Pierre Bourdieu (1968), "Outline of a Theory of Art Perception", *International Social Science Journal*, no.2 vol.4, reprinted in Jeffrey C. Alexander and Steven Seidman (1990), *Culture and Society: contemporary debates*, Cambridge University Press, Cambridge, pp.205-215.

な知もふくまれる。(16)

しかしながら，ここでの彼の関心は，もっぱら小説・物語に集中します。そこでは，植民地支配とそこからの解放が物語の衝突として描かれます。彼は続けます：

　帝国主義における主要な戦いは，土地をめぐるものであることはいうまでもない。しかし，誰がその土地を所有し，誰がそこに定住し耕作するのか，誰が土地を存続させるのか，誰が土地を奪い返すのか，誰がいま土地の未来を計画するのかが問題になるとき，こうした問題に考察をくわえ，異議をとなえ，また一時的であれ結論をもたらすのは物語なのである。ある批評家が示唆したように，国民そのものも物語である。物語る力，あるいは他者の物語の形成や出現をはばむ力こそ，文化にとってもきわめて重要であり，文化と帝国主義とをむすびつける要因のひとつともなっている。(17)（傍点はオリジナル）

こうして出現する物語は，しかし，帝国主義側の一方的な力の装置としてのみ存在するものではありません。カウンター・ムーブメントとしての物語もまた存在するのです。

　きわめつけに重要なこと。それは植民地世界では，解放と啓蒙という大きな物語が，人々を動員して，帝国主義的隷属に対して立ち上がらせ，帝国主義を打破せしめたことであり，その過程において，おおくの欧米人もまた，そうした物語や，物語の主人公たちに心うごかされ，平等と人間の共同体をめぐるあらたな物語のために戦ったことである。(18)

---

(16)　E. Said (1993), *Culture and Imperialism*, Vintage, London, pp.xii-xiii, 邦訳エドワード・サイード「文化と帝国主義1」，みすず書房，東京，pp.2-3.
(17)　ibid.
(18)　ibid.

すなわち，この一連の物語が文化であり，文化は必然的に（政治・経済的な意味で）権力関係が絡み合う瞬間と定義できるのです。

続いて，サイードは第二の文化の定義を「劇場」と呼びます。ここは知の倉庫であり，その最高のもの——ダンテやシェークスピア——を読むという行為によって人々はより「高尚」な知を身につけます。このような文化は「われわれ」（すなわちこの劇場・倉庫へのアクセスを持つ人々）と「彼・彼女ら」（アクセスを持たない人々）とを区別します。そうした意味では，ここでは常にゼノフォビア（外側の人々に対する恐怖症）が生み出されると言えるでしょう。この空間は，いわゆるアイデンティティーの源泉であり，戦闘的な源泉なのです[19]。この空間が民族と重なり合う時ナショナリズムを生み出し，例えば日本においては他民族に対する攻撃的な，また内向きに賞賛的な「日本人論」を生産します。

こうした文化論は，日常世界を凌駕し，卓越性——すなわち専門化の必然的結果としての「真実」および究極の「美」の排他的な理解——を主張することによって，日常世界から隔離されます。つまり，「高尚」な文化の誕生です。このサイードの主張は重要です。なぜなら，さきに述べた文化の「経済・政治・社会」からの自律という問題の根本はここにあるからです。例えば，和辻哲郎や西田幾多郎などの言説をもとにした「日本人論」の発展は，科学的もしくは歴史的な知的探求の装いをもち，「西洋」との対比の中で独特の発展を遂げてきました。しかし，この空間は同時に，和辻や西田が日本帝国主義に賛同し，そのための物語を創出してきたことを帝国主義国家の暴挙による好まざる結末と簡単に片付け，その言説の中に埋め込まれたアジア系他民族にむけられた強烈な差別感や蔑視を問題としてきませんでした。そうした問題こそがこれからの国際関係における文化論の中心になるのです。

---

(19) ibid.

国際関係における「文化」概念の欠如

　おおくの国際関係学者が指摘してきたように、日本の政治学・国際関係学はアメリカや欧州の国際関係学の知的輸入として発展してきました。古くは福沢諭吉から新渡戸稲造、現代でも多くの国際関係学者は西洋からその論理を持ち帰っています（その意味では私もその一人ですが）。そうして日本に持ち込まれた論理の中心に位置したのは先に述べた文化の政治からの分離です。特にアメリカ型の国際関係学や政治学は1960年代以降、行動主義と呼ばれる科学主義の様相を深め、数値化できるもののみを国際関係に関連する要因として発展してきました。1980年代以降の国際政治経済学の出現と急激な隆盛も、経済学論理を輸入するという意味でさらなる国際関係学の数値化を促進しました。

　また、グローバリゼーションの進展は貿易・金融の取引高の伸びと同義語にされ、地域化は域内経済の規模によって定義されてきました。また、世界規模と言う言葉は国家安全保障論から地域的な安全保障論への移行をもって特徴付けられ、国境を巡る紛争の多発は「冷戦の終結」と同じカテゴリーに属してしまっています。これらの定義に一貫してみられるのは、国家間システムをベースとした世界像と資本主義を原理とした世界像との結合でしょう。これはすなわち、文化、および文化という言葉が国際関係学の専門用語のうち最も接近するであろう「社会」という概念の欠如もしくは弱体化をも意味しています。

　ギデンズがその著書で述べているように、いわゆる近代化は人々が満足した生活を享受する機会を多く作り出しました。しかし同時に、この近代化はギデンズが「リスク」と呼ぶ危険性をも急速に増大させてきました。彼によれば、この急速な増大はいろいろな形で帰結すると言います。例えば核戦争の危険であり、世界的な環境破壊であり、「地球上のすべての人々、あるいは少なくとも非常に多くの人々に影響を及ぼす偶

---

(20)　Anthony Giddnes (1990), *The Consequences of Modernity, Polity,* Cambridge, p7.

(21)　R.B.J. Walker (1998), opcit., やJim George (1994) *Global Politics: (re)introduction to international relations*, Lynne Reinner, Boulder などのいわゆるポストモダニストを指しています。

発的な事件[20]」なのです。こうしたリスクもしかし国際関係学という分野においては，「地域紛争」と「経済の不安定化」とに置き換えられ，一部の脱実証主義者[21]を除いて，サイードの言う「物語」や「劇場」の国際関係における意味などに言及することはありませんでした[22]。

　この文化論の不在は世界的に強烈な悪夢をもたらしています。それは，植民地主義・帝国主義の再来です。サイードが前掲の著書でもっとも恐れたであろう植民地主義・帝国主義の再来は，国連――とくに安全保障理事会，UNDP，IMF／世界銀行といった個別的な国際機関――によって実現され，今日もその支配を強化してきています。これを植民地主義もしくは帝国主義と呼ぶかどうかは議論の分かれるところですが，そこにあるのは，主体としての「西洋」のモデル化とそこから逸脱した存在としての「途上国」との不均衡な政治経済的関係という植民地主義・帝国主義にかなり近い現象であることは事実でしょう。

　また，アダム・スミスを父とする近代経済学の魔の手は，開発の「遅れた」地域に「健全な」経済発展を促すための見せ掛けの「天使」を量産しています。それを実行しているのは，ハーバード大学など年間数百万円という巨額の授業料を必要とする大学出身の経済学・経営学修士たちであり，またケンブリッジ・オックスフォード大学という選民思想の「とりで」的大学出身のサッチャー時代の落し子達です。彼・彼女達は市場原理によって発達してきたとされる「西洋」的経済のレプリカント

---

(22)　もちろん，この表現はいわゆる「アイデンティティー論」的国際関係理論の存在を無視するものではありません。しかし，多くの「アイデンティティー論」は国家をベースとしたアイデンティティーが，安全保障・経済発展という意味でどの地域に――例えばオーストラリアは「西洋」なのか「アジア」なのか――属するかという問題を中心に発展してきており，私がここで言及している国家という枠に基づかない，権力支配という意味での文化的アイデンティティー論――例えばオーストラリアの例で言えばアボリジニーの人々やニュージーランドのマオリ，さらに日本のアイヌ・琉球人という視点を中心とした文化論とはズレが見られることも指摘しておきます。前者のアイデンティティー論の一つとして大庭三枝 (2000)，「国際関係におけるアイデンティティ」，国際政治124があげられます。

を「異邦」へ送り出し、「土着」もしくは「ローカル」な人々の上に君臨させています。

「西洋」で1980年代に「成功」したとされる新古典派経済学の論理は、現在「途上国」を植民地化しその帝国主義的支配化におさめていると言われます。いわゆるメヘメトが名付けた「第三世界の西洋化」です[23]。その結果はまさにウォーデン・ベローの言葉通り「悲劇」でしかないでしょう[24]。1980～90年代に、IMFによるいわゆる構造調整政策（SAPs）を受けたほとんどの南米の国々において、貧困ラインを下回った家計の比率は30％を超えました。ホンジュラスでの75％（1990年）を筆頭に、グアテマラで68％（1986年）、ペルーで52％（1986年）、ブラジルで43％（1990年）などが例として挙げられます[25]。

こうした悲劇の連続は経済学者たちが好んで使う言葉によってその意味をずらされ、そして脱権力化されてきました。その言葉とは「選択の自由」「機会均等」などです。フリードマンやハイエクなどに代表される新古典派経済学の言説は、こうした悲劇が長期的には安定した調和的な社会への必要な道筋であると主張しています。そして、その過程で生み出されている貧困や飢餓、そして強権的政策遂行によって生み出されている精神的／肉体的苦痛を「短期的」なものと仮定することによって正当化します。すなわち、こうした苦痛や経済的困難は市場経済という現代世界の規範に照らし合わせて「正しい選択」の結果であり、この選択はこの苦痛や困難を受けている人々自身によってなされたとされるのです。その意味で、この短期的にせよ悲劇的な状態は、それでも「民主的」になされたものであると主張されます。

こうした新古典派の言説は、しかし、それ自身が持つ強大な権力から意識的に目をそらしていると言えるでしょう。その言説は、資本主義は

---

(23) Ozay Mehmet (1995), *Westernizing the Third World: the Eurocentricity of economic development theories*, Routledge, London.

(24) Walden Bello (1994), *Dark Victory: the United States, Structural Adjustment and global poverty*, Pluto Press, London, p32.

(25) ibid, p133.

所与であり，市場経済は疑問を挟む余地も無く「正しい」ものであるという仮定によってなりたっています。すなわち，資本主義という体制は市場経済至上主義＝新古典派という物語が上演される劇場における唯一無二の主人公としての文化的権力を背景に生み出されているのです。そして，この空間の存在を意識的に無視し，科学的装いを持つことによってかき消すことで，経済学はついに「権力」と切り離された存在としての位置を確立するのです。

　科学化は同時に，権力を増強する装置でもあります。すなわち，経済学的関心は科学化によって権力構造から切り離され，倫理を「外側」へ追い出し，「真実」の学問としての足場を固めてきました。その「真実」を生み出す言説は預言でありそれに背く者は「背信者」であるとさえ言えます。IMFや世界銀行，そしてWTOの会議に反対しデモを組織する人々はこうして周辺化され疎外され「非合理主義者」であると非難されます。こうした「背信者」は「真実」（経済学的には「現実」と称される）を理解しない者としてステージから引きずり下ろされるのです。その「真実」＝「現実」はこの新古典派が生み出したものであるにもかかわらず。つまり，科学化は「真実」＝「現実」を知る唯一の方法とされ，特定の「真実」＝「現実」の生産の独占をもたらすのです。

　権力の行為は，しかし，この「真実」＝「現実」の独占的生産のみではありません。この「真実」にまつわる言説のより広範囲にわたる普及を実現させようとします。すなわち，客体化された主体の特定の形での主体化です。フーコーの議論では，この主体化は「観察」「疎外」に続く三番目の権力プロセスとして描かれています。そこでは，この主体によって客体化された存在は「訓練」され，「教育」され，「成長」させられます。その「成長」は，もちろん，主体によってあらかじめ定められた道筋にしたがって変化することを意味し，それ以外の変化は「成長」や「発展」という言葉とは関連づけられません。

　旧植民地の経済発展がIMFや世界銀行といった，西洋の経済理論に基づいた国際機構によってなされてきたことはある意味，新しい植民地主義の到来を意味します。西洋諸国やOECD諸国のような政治経済体制を

とることのみ――国家間システムと資本主義への参入――が「発展」であり「開発」であり「成長」とみなされて来ました。そして，ハーバードやケンブリッジといった西洋型「知」の巣窟で訓練されたそれら旧植民地のエリート達はこうして「主体」となっていったのです。

　ここでの鍵となる概念は「疎外」と「吸収」です。権力は「疎外」をもって他の存在を客体化し，その存在は，「逃避」をもってこの状態から逃れる。しかし，この「疎外」と「逃避」との関係は実は相互に補完的です。「疎外」はあるグループからの特定の存在の切り離しを意味し，「逃避」はその切り離しを促進します。すなわち，「疎外」も「逃避」も客体化された内的存在の外的存在への移行を表わしているのです。「疎外」は主流派の構造の強制であり，「逃避」はその消極的肯定とも言えるでしょう。

　「吸収」は，周辺的存在の中心への移動を意味しますが，その過程での周辺的存在のアイデンティティーの再編を必要条件とします。植民地主義において，母国の名前や言葉を植民地の住民に強制した事実などは端的にこのプロセスを表しています。アイデンティティーの再編は特定の「物語」の強制であり，しかし同時に「劇場」への入場券を意味します。それは中心の論理を強化し，（中心側の認識に基づく）「異端者」への免罪符となります。これに対する，周辺側の論理は「抵抗」でしょう。しかし，「抵抗」は新たな「物語」を必要とします。この新しい「物語」なしでは，「抵抗」は政治的空間への入り口をくぐることはできないからです。言い換えれば，新しい視点からの「物語」がこの「劇場」で公演されることによって，「抵抗」はその「劇場」が需要する新たな客層として登場できるのです。まさに，この瞬間こそいわゆる新しい視点からの「物語」の語り手として「知識人」が必要とされる瞬間なのです。

　　政府から企業にいたる大組織のもつ強大な権力と，個人のみならず
　　従属的位置にあるとみなされる人たち――マイノリティ集団，小規模
　　集団，小国家，劣等もしくは弱小な文化や人種とみなされるものに属
　　している人たち――が耐えている相対的に弱い立場とのあいだには，

内的な不均衡が存在している。こうした状況のなかで知識人が，弱い者，表象＝代弁されない者たちと同じ側にたつことは，わたしにとっては疑問の余地のないことである。知識人はロビン・フッドかと皮肉られそうだ。けれども，知識人の役割は，それほど素朴なものではなく，またロマンティックな理想論の産物として容易にかたづけられるものでもない。わたしが使う意味でいう知識人とは，その根底において，けっして調停者でもなければ，コンセンサス作成者でもなく，批判的センスにすべてを賭ける人間である。つまり，容易な公式見解や規制の紋切り型表現をこばむ人間であり，なかんずく権力の側にある者や伝統の側にある者が語ったり，おこなったりしていることを検証もなしに無条件に追認することに対し，どこまでも批判を投げかける人間である。ただたんに受け身のかたちで，だだをこねるのではない。積極的に批判を公的な場で口にするのである。[26]

サイードの「知識人」の定義は，明らかにフランクフルト学派やグラムシ，そしてフーコーの関心と共通しています。すなわち「知」と「権力」についての批判と「異端」の物語の登場です。

この本は，このサイードの言葉を念頭に置きながら書かれています。「知」の非政治的な装いをもつ政治性をいかに暴いていくか。これが私の主要な関心事なのです。そして，その暴露のプロセスを「文化」という言葉を用いることによって表現しています。これからその文化論をベースに国際政治経済という学問を斬っていきます。そして，この行為によって読者の皆さんに疑問を投げかけることができたとすれば，今回の私の目標は達成されたと言えるでしょう。

---

[26] Edward W. Said (1994), *Representations of the Intellectual: the 1993 Reith Lectures*, Vintage, London, p17, エドワード・サイード (1995),「知識人とは何か」，大橋洋一訳，平凡社，東京，pp.48-49.

世界，国家，地方の三つの分析レベルについて

ここまでは，国際関係における三つの側面について議論してきましたが，国際関係を読むにあたって，もうひとつ見逃せない問題があります。これは分析レベルの問題で，ここではとりあえず，世界，国家，そして国家の中に存在する地方，という三つを設定します。現在の社会状況を三つのレベルに分けることは，この三つの側面が分離可能であることを示すものではありません。逆にこの三つの側面がいかに絡み合って今日の世界が形成されているかを示すためにこのレベル分析を導入すると考えてください。

まず，「世界」という概念から説明していきましょう。まず，私たちが注意しなければならないことは，世界という言葉は国際という言葉と微妙なズレをもっていることです。世界的という言葉と国際的という言葉は明らかに異なっています。というのも，前者は，国境を全く無視した上で成り立つ概念であるのに対して，後者は国境の存在を前提とし，その国境で区切られた国家の集合体として存在する概念であるということです。ですからグローバル化と国際化というのは似て非なるものであるといえるでしょう。

国際関係では一般に「世界」という空間は無政府状態を前提として語られます。この空間には，国家における中央政府に相当する機関が存在しません。世界軍も存在しなければ，世界警察も存在しません。世界的な教育制度もなければ，世界的な福祉制度・年金制度も存在しません。世界は国境によって分断されているのです。そのため，国際政治という側面からは，国家間システムによって特徴付けられます。その意味では，国家間システムというのはグローバルなものというよりは，国際的なものであるといえるでしょう。同時に世界というのは国際政治経済という側面からは資本主義によって特徴付けられます。資本主義は部分的に各国政府の制約を受けますが，他の部分では国境と無関係に機能します。そういう意味では，資本主義をベースとした世界像というのは，グローバル的であるともいえるでしょうし，同時に国際的であるともいえるでしょう。

しかし現代の国際社会は，新自由主義の旋風によってよりグローバルな方向に動いているように見受けられます。規制の緩和や民営化，市場の開放や労働基準の劣悪化は，企業に自由な活動を許しています。国境を超えて活動する多国籍企業が増加すればするほど，世界という概念はグローバルな捉え方が必要となってくるといえます。1980年代以降の世界はこうした動きが加速化しているように見受けられます。

これに対して世界の「主要な国々」は共同して経済をコントロールしてきました。いわゆるサミットやG8は典型的な例です。また，IMFや世界銀行，WTOなどは経済の不安定化した国々に介入して世界経済——特に世界的な金融システム——を守ろうとしてきました。つまり，世界経済の安定化のために，国家を越える機関が多くの国々の経済に介入し，コントロールしているのです。こうした意味では，無政府状態の仮定は実はすでに壊れていることを意味しています。世界の政治経済は一握りのエリートによってコントロールされているともいえるのです。これは政治経済に限った話ではなく，国際政治においても同様の現象が見られます。集団的自衛権という概念（多国間での共同の安全保障構想）はすでに一国の主権を世界的な安全保障概念が凌駕している例としては格好のものでしょう。

ただし，新自由主義に反対する勢力もまたグローバルな活動を展開していることは注目に値します。アムネスティー・インターナショナルやグリーンピースは世界各国に支部を持ち，世界規模での反体制運動を展開しています。シアトルにおけるWTO会議の失敗は，そういう意味ではグローバルな現象の新しい局面を表象しています。また，労働運動も国境を超えつつあり，世界的な労働者の連携も模索されています。さらに，環境運動の連帯もまた顕在化しつつあり，緑の党などは，世界規模での政治活動を展開しています。

こうした中，国家というのは非常に追い詰められた存在として現れてきます。経済が不安定な国々は，先に述べたように世界的なエリートによって介入・コントロールされ，財政的な自由を奪われています。よく見られるのは，債務不履行に陥った国が，財政支援と引き換えに財政的

な主権を奪われる例です。小さな政府論を盲信している現在の世界的エリートは、こうした国々に福祉・教育支出のカットを強要します。そうしてカットされた資金は、借金返済に充てられ、先進国の巨大な銀行へと送金されます。その一方で、福祉・教育支出カットの影響を直接被る低所得層の人々は貧困と直面した生活を強いられています。これがいわゆるSAPs（構造調整プログラム）と呼ばれるものです。

債務の不履行に陥った国のみが主権を脅かされているわけではありません。いわゆるOECDと呼ばれる経済規模の大きな国々においても同様の事態が見受けられます。世界的な新自由主義の波及は、先進国においても内向きな政治経済政策を不可能にしています。香港に始まり、80年代のイギリス、アメリカ、アオテアロア／ニュージーランドをその手中に収めた新自由主義勢力は、90年代を通して日本にプレッシャーをかけてきました。そして、どうにかごまかしつつ行われてきた日本の経済政策ですが、ついに21世紀に入り新自由主義を信奉する変人宰相の登場によって粉砕されるようです。

このように、国家は現在世界的な新自由主義の圧力を受けています。大企業をその原動力とする新自由主義は、世界各国の首脳をその原理・原則をもって洗脳しつつあります。つまり国家の主権は世界的な圧力によって瀕死の状態にあるのです。しかし、圧力は何も海外からのみかけられているわけではないようです。多くの国々は地方からの圧力も受けているのです。

現在の社会において、もっとも強烈な内部からの圧力として顕在しているのは、民族紛争の問題です。旧ユーゴスラビアや旧ソ連は典型的な例ですし、アオテアロア／ニュージーランドやアメリカも人種間の軋轢という問題を抱えています。旧ユーゴスラビアの例は、私たちの記憶にも新しいところですし、またボスニアやコソボでの惨事は、世界的な関心を集めました。つまり、地方の出来事はすでにグローバルな広がりをもつようになっており、国家はその狭間で非常に危機的な状況にあるのです。

政治経済の側面においては、上述したように国家は多くの場合世界的

な新自由主義の圧力に屈し,その手先となる場合が多いようです。そして,そのつけを払わされるのは往々にして地方経済であるようです。新自由主義の原理にのっとり,外国からの市場開放圧力に屈した政府が行った大企業の海外からの参入を促進する政策によって,地方の商店街や小規模の小売店は壊滅的な打撃を受けました。日本の農業もまた同様の状態にありますし,多くの中小企業が外国資本の餌食になっていることもまた,その例といえるでしょう。

また,環境という点からも地方という概念は重要です。世界的な環境に対する関心の増大は,特に地方レベルで浸透しており,身近なごみの問題や水の問題,農薬や塩ビのおもちゃそして環境ホルモンやダイオキシンの問題など,多方面にまで行き渡っています。地方の活動は,その対象が身近な生活環境にあるため非常に活発で,国家の政策にも大きな影響力をもっています。

モダニティーとグローバリゼーションの問題

次章において現代政治経済の具体的な思想体系について説明しますが,その前に,もうひとつだけ触れておかなければならない問題があります。1990年代以降に政治経済を学んだことがある人ならほとんどの人が耳にしたことがあるであろうグローバリゼーションの問題です。この概念は現代の政治経済学を語る時,極論すれば現代のあらゆる事象を分析する上で無視できないものと考えられています。いかなる国においても国境を越えたところからの影響を無視することは不可能ですし,いまどきある国が完全に独立し他国のことを考慮に入れることなく政策を決定できると考えている人は(典型的な「保守」の人を除いては)少ないのではないかと思います。環境の問題でもそうですし,国防にしても「集団的防衛」という言葉が頻発されるほど世界は相互依存を深めています。一国の中学・高校の教科書を決定するにしても海外の声は無視できませんし,首相が靖国神社に参拝することもまた海外からの批判の対象となることは明らかです。

では,このグローバリゼーションとは何なのでしょうか。近年の議論

では，「モダニティー」という言葉と関連して使われることが多いようです。では，モダニティーとは？　デビッド・ハービーは「時間と場所の縮小」をもってこの概念を説明します。近年の科学技術の発達によって人や物の移動の時間が大幅に短縮されたであろうことは想像に難くありません。ほんの40年ほど前までロンドンへ行くのに新潟からフェリーで出発し，ロシアを横断，さらにヨーロッパを経てドーバー海峡を渡ることはあたりまえだったのが，現在では関西空港から10時間あまり。この短縮の具合というのは飛躍的です。

　モダニティーによる人と物の移動の時間短縮はグローバリゼーションの重要な側面ですが，しかしより重要であるのは情報の移動の速度でしょう。この変化の現代政治経済に与えたインパクトは計り知れないものがあります。Eメールやインターネットはほとんどリアルタイムで情報を地球の裏まで運びますし，CNNのブレーキング・ニュースは映像まで届けます（もっとも「匂い」まではまだまだ運べないようですが）。こうした短時間での情報・人・物の移動は間違いなく私たちの頭の中にある「世界」を小さくしてきましたし，これからさらに小さくしていくでしょう。モダニティーによるグローバリゼーションのひとつの側面は，このような「縮小化」にあると言えるでしょう。

　また，アンソニー・ギデンズは，「時間と場所の乖離」をもってモダニティーを定義づけます。プリ・モダンな世界では，時間と空間は常に一定の関係をもっていました。「この瞬間」は「この場所」とつねにつながっていたのです。ところが，現代においては「この瞬間」は「この場所」とつながっている必要はありません。というのも，上に述べたように世界中の出来事がリアルタイムで「この瞬間」へ流れ込んでくるためです。つまり，「この瞬間」が地球の裏側や世界各地の出来事とつながってしまうという現象がみられるのです。

　結局，ハービーの「時間と空間の縮小」にしても，ギデンズの「時間と空間の乖離」にしても同様の概念をあらわしているといえるようです。グローバルな規模で広がる情報の流入・流出と，固定化した人間の生活環境との間におこるズレのようなものをもってモダニティーという言葉

を定義しているのです。そして，まさにこの情報の地球規模での展開に現代社会の特徴があるといえるでしょう。ですから，上に述べた思想空間の分析や「物語」の検証が国際政治経済に与えられた，最も重要なタスクといえるのです。

　こうして抽象概念の空間に流れ込んでくる垂れ流しの情報を解析することは，ひとりの人間にとっては至難の業です。ほとんどの人にとっては不可能という言葉のほうが適切かも知れません。そうなった場合，人間のアイデンティティー形成にとって重要なものは，思想・活動の具体的な内容ではなくシンボルとなります。ここで言うシンボルとは，キャッチコピーであり，イメージでもあるのです。こうしたシンボルは，簡単な構造を必要とします。0か1か。機械でもわかるこの対立は，現代社会を席捲しています。言葉を換えれば，無か有か。デジタルな関係は複雑に絡み合った社会を簡素化し，直線化します。「いい人」と「悪い人」のような簡単な直線上の対立概念は，情報の垂れ流しに疲れ果てた人々をハリウッド映画へと駆り立てます。そしてハリウッドの映画は簡単な対立構造を求める人々を作り出します。その結果としての「正しい」政策と「悪い」政策との差別化は，例えば，単純化した世界観を求めるブッシュ政権を京都議定書からの離脱へと導きました。

「新しい」政策＝正しい政策 vs「古い」政策＝悪い政策という簡単な対立構造も，最近良く見られる現象です。例えば，この対立構造をうまく利用した小泉内閣は2001年の参議院選勝利という結果をもたらしました。常にグレーのスーツに身を包んだ小泉総理が，そのスーツを脱ぎ去るときに，人々は「新しさ」＝「正しさ」を感じました。グレーが旧態依然さを表象し，白が将来を表象しました。すべては，直線の上に築かれた簡単な対立構造（古さと新しさ）をベースとしてなされたパフォーマンスだったとも言えるでしょう。これに対して，野党側は有効な対抗手段——新たな対立構造の創出とそこでの「正しさ」の独占——を打ち出すことができませんでした。結局野党側が主張したのは，小泉総理の「聖域なき改革」はイメージでしかなく，具体的な改革のプログラムをもっていないということでした。ここでの野党側の明らかな失敗は，選

挙を具体的な政策論争と位置付けてしまい，選挙の大部分はすでにイメージでしか動いていないという事実に気づかなかったことでしょう。このイメージを中心とした選挙戦術は，何も小泉総理に限ったことではなく，アメリカの大統領選では数十年前から繰り返し行われてきたことです。

　世界的な事象を簡単な対立構造とそれを表象するイメージに頼った形で理解するというのは，このモダニティーとグローバリズムの世界を特徴付けるものであるようです。そしてこのことを理解しなければ，現代の世界の枠組み作りもまた難しいものとなってしまいます。つまり，現代の国際政治経済というのは，シンボルの交錯とサインの錯綜を無視しては到底理解不可能であると言えるのです（この問題は5章でより詳しく述べます）。

第2章

主流派の国際政治経済
——三つのイデオロギー

> 明治,大正の育児指導が,おかみの期待する秩序への順応を人々によびかけるものであったとすれば,いまの育児指導は,薬品メーカーや乳製品会社との「共存共栄」のよびかけである。それは保健所で母親にわたす,メーカー署名の育児パンフレットに端的にあらわれている[1]。
>
> ——松田道雄:小児科医

イントロ

　イントロダクションで述べたようにここでは,国際政治社会という側面を無視してきた国際政治経済の伝統的理論を詳しく分析していきます。ここでの国際政治経済の伝統的な思想体系とはいわゆる主流派としての重商主義,自由主義,そしてマルクス主義を指します。これまでも,これらの三つのイデオロギーを分析した研究は多く見られますが,そのうち政治経済的側面と政治社会的側面との関係に焦点を当てたものはほとんどありませんでした。ですから,この本ではこの関係に焦点を当てて議論を進めて行きたいと思います。

　伝統的な国際政治経済学を分析した研究の多くは,必ずといってよいほど「三つの」という言葉を使ってきました。リチャード・リトルとマイケル・スミスは上記のイデオロギーを「権力と安全保障」,「相互依存と超国家的関係」,そして「支配と従属」という三つの言葉で表しました[2],ポール・ヴィオティとマーク・カピは,「現実主義」,「多元主義」そして「グローバリズム」としました[3]。

（1）　松田道雄（1967）,「定本　育児の百科」,岩波書店,東京,p822.
（2）　Richard Little and Michael Smith (1991), "Introduction", in Richard Little and Michael Smith, eds. *Perspectives on World Politics*, Routledge, London.

国際政治経済についての伝統的言説は近代合理主義的であると言われます。上記の3つの思想体系にしてもしかりです。しかし，近代合理主義の定義はそう簡単に提示できるものではありません。難しく言えば，認識論上（「知る」ことについての理論）の実証主義をもって定義するのが一般的ですが，これも哲学に馴染みの薄い私たちにとっては，ただの言葉の羅列と見えてしまいます。ただ，近代合理主義を定義する一つの可能な方法としては，逆に近代合理主義でないものを先に定義してしまうことが考えられます。ここではその方法でアプローチしたいと思います。

　近代合理主義者ではない個人というのは独立していない個人像として捉えることが可能であるといわれます。彼・彼女は外界との主観的な強いつながりを維持しているとされます。ですから近代的ではないとされる社会では，世界像は人間の考え方とともに変化するとも言えます。これは自己と現実は相互的に影響しているからだと考えられます。これに対して，近代的個人の感覚では，個人の変化によって世界が変化するという認識はありません。これは，彼・彼女にとって自己は現実世界から切り離されて存在するためです。

　この現実世界からの乖離は，この近代的個人を認識論上特別なポジションへと押し上げます。すなわち，彼・彼女らは特権的な「知り手」――カッコつき「自己」の位置を独占するのです。この「自己」は世界で起こるすべての事象を客観的に観察し抽象的に分析できると仮定されます。また彼・彼女は彼・彼女自身と比較的利害関係のないとされる現実についてのモデルを駆使します。つまり，近代的個人は「自己」と世界の乖離を前提としているのです。このプロセスで，近代的個人は合理的思考を最も重要と考えるとされます。そこで彼・彼女らは人間の本能は合理的であると仮定します。ですから，国際政治経済における登場人物はかならず合理的な行動――権力と富の最大化――をすると仮定されるのです。

（3）　Paul Viotti and Mark Kauppi (1987), *International Relations Theory: realism, pluralism, and globalism,* Collier Macmillan, London.

しかし，この個人と世界の乖離は現実的な仮定なのでしょうか。登場人物自身，近代合理性の一部である可能性はないのでしょうか。近代合理主義に反対する人々は，「自己」と世界の乖離を否定します。「私」と「世界」は相互補完的であり，切り離して考えることは不可能であるという議論です。さらに，近代合理主義がその上になりたっている客観化という技術は「自己」の特権化と「他者」の周辺化，「自己」の優越と「他者」の劣等化，という事態を引き起こすことを指摘します。近代合理主義は現在こうした批判にさらされており，危機的な状況となっているようです。

　さて，これからいよいよ政治経済学についての主流派を直接吟味していきます。ここでの主流派――近代合理主義に基づいた国際政治経済理論――分析は，以上の理由から批判的な方向で進めていく予定です。もちろん，批判的に分析することが直接的にこれらの理論を否定することを意味するわけではありません。現代社会を見るにあたって，これらの理論には有用な部分もあるでしょう。ただし，ここでの関心は，これらの理論が「いい理論」であるかどうかではなく，これらがいかにして作られ近代合理主義とともに発展したのかということを明確にすることにあります。つまり，重要な点は，これら3つの理論のどれが「正しい理論」であるかを探ることではなく，むしろこれらの理論に共通する点をクリアにすることなのです。

　いろいろな紹介の仕方があると思いますが，ここでは一応年代順に議論を進めて行きたいと思います。まず，17世紀のマキャベリ的現実主義を基礎として発展した重商主義。第二にアダム・スミス，リカード，ケインズといった名前に代表される自由主義。そして第三にマルクスやレーニンといった主流派の史的唯物論とその流れにあり現代においても自由主義を批判しつづける従属理論と世界システム論。そして，最後にこれらに共通する近代合理主義に基づく政治経済理論の特徴に言及します。そして，これらの批判的分析を通して，いかにこれらの理論が国家間システムと資本主義を前提としているかを明らかにします。

重商主義

　重商主義（現代版は新重商主義と呼ばれる）は国家を支える人々——国家公務員，政治家，そして政府と近い関係を持つ人々——を特別な存在として位置付けます。この考え方は民族国家の創生期に発展したと言われます。当時，社会の地位や経済的権力は一般的に土地の所有権によって決定され，また政府の権威は国王が神から付与された何らかの権利に基づいて定義されていました。そうした中で重商主義が発達したのは，当時出現しつつあった商人階級によるものだったとされます。つまり，この商人階級と国家形成者との連携が重商主義として登場したのです。

　現代社会においては，重商主義は「右派」として定義され，現代日本においては，自民党の右派がこのカテゴリーに入ってくるでしょう。国家を中心とすることからも右派＝保守的であるという解釈に異論を唱える人は少ないかと思います。この重商主義ですが，現在いろいろな呼び方をされているようです。現実主義，経済的ナショナリズム，保護主義，国家主義，軍国主義，そして帝国主義などがその例としてあげられるでしょう。これらの呼び方に共通するのは，重商主義を国際関係学におけるホッブズ的「万人の万人に対する戦闘状態」を前提とした国際政治戦略における現実主義の経済版という捉え方です。

　この理論によると，国家の最大の目的はその軍事的・経済的権力を最大化しその存在を維持していくこととされます。なぜなら，かなり単純な論法ですが，国家の利益は国民の利益の総和であるとされるからです[4]。つまりここでは，国民の「生存」を確保することが国家の最大の任務として定義されていることになります。ですから，国家がその理論的な主役となる重商主義では，グローバル政治経済とは国家がその主権を維持することが最重要課題となるような空間を指すことになります。

　重商主義者に限らないのですが，多くの国際政治経済理論はいろいろな前提を設定します。重商主義者の前提のうち最も重要な物は，各国の

（4）　Stephen Gill and David Law (1988), *The Global Political Economy: perspective, problems, and policies*, Johns Hopkins University Press, Baltimore, p.25.

利害は互いに抵触しあうものであるという前提です。例えば重商主義者は，国際貿易において一国の利益は他国の損失を意味すると考えます。これは，政治的現実主義における安全保障についての理論とパラレルを成すと言われます。そこでは，ある国の軍事支出の増大は他国の安全保障への脅威を意味します。同様に，国際政治経済においてある国の貿易黒字振興策は他国の貿易赤字の増大を導くことになります(5)。これはいわゆるゼロサムという状況の仮定で，経済力の再配分はかならず他国に影響を及ぼすという論理です。

　第二に，重商主義では安全保障と経済問題というのは緊密に関連しているという前提もあります。そこでは前者が後者を決定すると仮定されています。言い方を変えれば，経済は政治によってコントロールされているとも言えるでしょうし，されるべきであるという言い方になる場合もあるでしょう。実際16・17世紀には軍隊の編成はそれを支える経済的蓄積が絶対条件だったのですから，経済的繁栄が安全保障のための重要な要件であると現在でも考えられていることは驚くに値しません。しかし，現代の重商主義者の「安全保障」という概念は軍事的なものに限られている訳ではありません。資源安全保障や，食料安全保障，経済的安全保障という概念もまた重要なものです。国際システムは無政府状態であると前提されていますので，国家は他の経済からのいろいろな意味での悪い影響を極力避けるように行動すると仮定されます。この考え方から言いますと，国家的利益とは他国への依存をなくし，他国の自国への依存を増やすということによって最大化されることになります。ですから，重商主義者の多くはしばしばGDPに占める貿易の割合を減少させることを提唱します(6)。

　重商主義には，大きく分けて二つの側面があると言われます。もっとも極端な重商主義は，いわゆる鎖国の状態で，この状態は他国との経済

（ 5 ）　Stephen D. Krasner (1976), "State Power and the Structure of International Trade", *World Politics*, vol.28, no.3, April.

（ 6 ）　Klaus Knorr (1973), *Power and Wealth: the political economy of international power*, Basic Books, London.

関係を一切否定するものです。現在はこの状態にある国というのはほとんどなく，あえて言えば北朝鮮やキューバが近い状態と言えるかも知れません。歴史上最も完全な鎖国の状態に近かったのは，ミャンマーやアルバニアであると言われます(7)。他方，新重商主義は国際政治経済の現状から全くの閉鎖状態は不可能であると考えます。ですから，新重商主義者は輸出を増やし輸入を減らすという形で，より現実的な依存関係からの脱却を図ります。日本などはその典型であるとよく言われます。

どちらにしても重要なのは，経済は政治のコントロールの元にあるという仮定です。鎖国の場合はもちろん全ての経済活動は政府の監視下に置かれますし，新重商主義の場合でも輸出入に関しては厳しい規制や関税が課せられるのが普通のようです。この例として日本がよく例示されますが，世界中の国で関税や規制のない国というのはほとんどありません。アメリカやアオテアロア／ニュージーランドのような自称自由主義国であっても，やはり関税は存在しますし，規制もかなり厳しく課せられています。ですから，現在は完全な重商主義国というのも存在しませんが，同時にまったくそうした要素のない国もまた存在しないといえるでしょう。ある意味，地球上の全ての国が新重商主義国であるとも言えるのです。

新重商主義者の議論は，国家形成と富の蓄積との相互関係と国境と政治・経済を分ける境界とを非常に厳格に適用します。ですから，新重商主義者の議論はこうした境界を挟んだ形で詳しく分析することによってより明らかになります。図表1がこれらの関係を簡単に示しています。

	国際戦略	国内戦略
国際経済	A	B
国内経済	C	D

図表1

（7）Ralph Pettman (1996), *Understanding International Political Economy: with readings for the fatigued,* Lynne Rinner, Boulder, p35.

ここで，国際政治戦略の側面では他国に対する軍事的優位を目標とし，国内的戦略では社会的秩序の安定が最大の課題とされます。国際経済は自由貿易システムでの利益の蓄積を求め，国内経済は失業やインフレをその課題とします。

　領域「A」では，まず他国に対する軍事的優位が最重要課題とされますが，同時に自由主義体制という国際経済もまた考慮されなければなりません。そこでは，輸出は国内経済を刺激するという意味で歓迎されます。そして，健全な国内経済は税という形で政府の収入を増加させます。輸入は国民所得を減少させ，同時に政府収入を減らすという意味で歓迎されません。

　領域「B」ですが，ここでは社会的秩序が国際経済の相互依存によって脅かされる可能性があります。輸入が多い場合これが経常収支の悪化——資本の流出——による景気停滞，すなわち高失業率を導きやすいため経済的な障害となります。重商主義者にとって高失業率は社会的秩序を脅かす大きな要因ですので，国家は経常収支を改善させるための弛まぬ努力を行う必要が出てきます。万が一高失業率という結果にならなくとも，国際経済への参加は社会の開放を要求しますから，重商主義者にとってはある程度の不安材料となる可能性はあります。

　いわゆる発展途上国の場合状況はより複雑になります。輸入の増加は貿易赤字をもたらすだけでなく，その国の世界的システムへの「文化的」な統合をも意味しています。しばしば後者の側面は前者より重要であるとされます。というのも，外部の文化——特に西洋文化——は時として個人主義をその基礎としており，社会的な統一性を最重要視する国家においては，その導入は社会的な不安定化を意味することがあるからです。「西洋による文化帝国主義」という言葉が多くの重商主義者の口から出てくるのはこのためです。西洋タイプの多国籍企業（MNCs），例えばマクドナルド，BMW，コカコーラ，ソニー，そしてCNNなどがこの「文化帝国主義」の表象としてよく言及されます。

　領域「C」では，失業を抑えるため，そしてマネーサプライ安定のため，国際的な経済的取引——特に輸入——を国家がコントロールしよう

とします。これは当然，その逆の状態——インフレ——を避けるという意味もその中に含まれます。いずれにせよ，ここでの国家の最大の課題は経済的な不安定要因の除去ということでしょうか。ここでは，軍需産業という意味で，軍部の問題も重要になってきます。つまり，軍需産業は安全保障の重要な部分を占め，安全保障上その産業によって製造される部品を自給自足する必要があると考えられるのです。こうした製品は一般的には国際貿易には向かないと言われます。もし，ある企業がそうした軍事関連製品を他国へ輸出しようとすれば，当然自国の安全保障は多かれ少なかれ他国によって影響されるでしょうし，そのことによって自国の安全保障能力は低下するでしょう。現在世界の各国はこうした危険を防止するために，いろいろな措置をとっています。例えば，こうした産業の国営化がありますし，また法律や行政指導という形で民間企業をコントロールする場合もあります。

　第四の側面である領域「D」は，重商主義者にとっての国内戦略と国内経済との関係です。この領域では，国境の内側での経済成長が国内における秩序形成と同列に置かれます。安定した社会および経済秩序は逆にさらなる経済発展の土台を提供するのです。

　以上が重商主義の簡単な説明ですが，ここからはもう少しマニアックな議論を紹介したいと思います。ですから，先を急がれる方は次のセクションは飛ばして読まれても構いません。時間に余裕があって先を急ぐ必要のない方は，暫し国際政治経済学者のたわごとに耳を傾けてみてください。

・ゲーム理論と国際協力

　重商主義者は世界政治経済をホッブズ的世界観に基づいて考察しますが，この一つの発展形態がゲーム理論であると言えます。ゲーム理論を用いた分析の良い点は安全保障や経済が数値化され，より「正確」な科学的な説明が可能になる点です（もちろんこの「正確さ」というのはゲーム論者が勝手に思っているだけの幻想なのですが）。ここでの面白い前提は，このゲームの参加者達は与えられた情況の中で徹頭徹尾自分の

利益を最大化するように合理的に行動するとされる点です。[8]

　ただし，ここでの合理性は非常に狭い定義であることは注意が必要でしょう。この合理性は，人類や環境の維持可能性とは全く無関係に設定されています。むしろ，ここでの合理性は国家の独立と主権の維持という意味でのみ理解できるのです。ですから，ここでの自己利益とはすなわち国家利益なのです。あるゲームが環境や特定の社会的グループ——例えば女性（従軍「慰安婦」の例を出すまでもありませんが）——にとって悲惨な状況をもたらすと結論づけられたとしても，ゲームの参加者達はあくまで合理的であるとされるのです。

　ゲーム理論といってもいろいろあるのですが，国際政治経済で最も頻繁に使われるのは，いわゆる「囚人のジレンマ」と呼ばれるゲームです。もちろん，国際政治経済の全ての局面でこのゲームが有効であるという訳ではないのですが，重商主義者はこのゲームの有用性を極端に強調する傾向があるようです。すなわち，このゲームが示唆する不一致と協調は国際政治経済において特に重要なものであるとされるのです。

　このゲームは簡単に説明すると次のようなものです。ここに二人の囚人——囚人Aと囚人Bがいると仮定しましょう。

		A	
		告白	否認
B	告白	(1) (5年, 5年)	(2) (10年, 3ヶ月)
	否認	(3) (3ヶ月, 10年)	(4) (1年, 1年)

（Aの判決，Bの判決）

　AさんとBさんは共犯で，ある罪を犯したとします。判事はここで，別々にこの二人に会います。そして各々に次の様に言うのです。「すでに二人とも1年間刑務所に送るだけの十分な証拠がある。しかし，もし君だけが全ての罪を白状するならば君の懲役は3ヶ月，君のパートナー

（8）　Stephen Gill and David Law (1988), op.cit., p.32.

の懲役は10年となる。もし二人ともが自白するならばともに5年間の懲役となる」と。この状況で，囚人Aが十分に合理的であるとすれば，彼・彼女は自白するでしょう。というのは，囚人Bが告白しようと否認しようと，囚人Aにとっては告白の方が常により良い結果をもたらすためです。同様に囚人Bも告白することが予想されます。ということは，結局このふたりへの判決はともに5年間の懲役（1）ということになります。この結論は「ナッシュ均衡解」と呼ばれます。このゲームは重商主義者が前提とする人間の「本能」を表していると言われます。そして，この人間の「本能」は自己中心的で，かつ合理的，さらに個人主義的であるために，このゲームの結論は常にこの「ナッシュ均衡解」に落ち着くとされるのです。[9]

しかし，ここでも幾つかの仮定が暗黙のうちに設定されていることを見逃すことはできません。囚人のジレンマゲームで最も重要な仮定は，両囚人間のコミュニケーションがまったく無いとされていることです。上記の例で言いますと，コミュニケーションの成立が前提とされた瞬間に，囚人Aも囚人Bも「否認」を選ぶでしょう。その結果，両者の判決はそれぞれ1年となることは間違いありません。次に重要な仮定は，両者間に裏切りに対する復讐や両者間の信頼関係の可能性が無いとされていることです。もしも，両者がとても強固な信頼関係にあった場合他方を裏切らないかもしれないし，また復讐の可能性もまた囚人達を「否認」へと導くでしょう。逆に言えば，囚人のジレンマゲームはいわゆるOne-Offといわれる状況──すなわち一回きりのゲーム──を前提としているわけです。ですから，懲役を済ませた後のことなどは全く考慮に入れられていません。つまり，この瞬間に全てが決定されるという前提があるのです。

国際政治経済において，このようなゲーム理論はよく「貿易戦争」を分析するのに使われます。ここでは，二国間の貿易に関する議論が上記

（9） Paul A. Samuelson and William D. Nordhaus (1992), *Economics*, fourteenth edition, McGraw-Hill, New York, pp.209-210.

の二人の囚人の行動によって説明されるとされます。ですから，二国間の貿易摩擦はナッシュ均衡解，すなわち最悪の貿易戦争状態，に収束するであろうと予想されます。しかしながら，上にも述べましたように，両国間に十分なコミュニケーションがとれているときや，ゲーム自体がOne-Offではないと予想されるとき（実際にはOne-Offのゲームと言うのはなかなか存在しないと思います）には，ナッシュ均衡解——すなわち最悪のシナリオ——は避けられる可能性が高くなります。事実，こうした状況を見て，最近の重商主義者たちは国際協力の可能性を探る方向で研究を進めているようです。多くの自称自由主義者たち——ロバート・コヘインなどはその代表ですが——もこの国際協力という方向を模索していますが，ある意味この自称自由主義者達の多くは重商主義の流れを汲む人々であるとも言えます。なぜなら，先にも述べましたがこの理論は非常に自己中心的な（合理的）経済人を前提としており，これを考えれば貿易戦争を避けるための国際協調というのは実は自国の利益を最大化する国家像を前提としていることが明らかになるからです。つまり，国際的な安定や経済発展を願うから国際協調するのではなく，国益を損なわないように国際協調をするのです。この瞬間こそ，重商主義者と自由主義者とが融合する瞬間とも言えるでしょう。

　何はともあれ，現代の国際政治経済では，急速に進展したIT技術によって将来の不安定要素をかなり減らすことが可能となってきました。国家間の直接的なコミュニケーションや，第三者によるモニタリングも増えてきました。世界貿易機構（WTO）による貿易の監視，国際通貨基金（IMF）や世界銀行（IBRD）による国際金融の調整などはその端的な例と言えます。こうして国際協調が世界的な常識となりつつありますが，この国際協調についての理論の最も進展した形として覇権安定理論があります。この理論は重商主義サイドからと自由主義サイドからの両方あることには注意が必要です。国際協調についての理論自体は重商主義者も自由主義者もあまり変わらないのですが，大きく異なるのはその理論を使った政治的な主張です。自由主義者はいわゆる経済学で言う公共財の理論（これは後ほど紹介します）の延長として覇権安定理論を提

示しますが，重商主義者の多くは保護主義的な政策導入のための道具としてこの理論を使う傾向があるようです。

重商主義者の覇権安定理論は，覇権国の国際経済システムにおける「銀行家」としての役割を強調します。そして，現在の国際経済の安定はアメリカの「銀行家」としての役割を欠くことができない必須条件として定義します。それは実際には「銀行家」としてのアメリカの世界的な承認とその銀行が発行する紙幣——USドル——への信頼を絶対的に必要とします。ですから，アメリカが貿易赤字を生みつづけることはアメリカ経済のみならず世界経済へも悪影響を与えるということになるのです。もしアメリカが貿易黒字を出せれば，それによってアメリカ企業の海外投資も増え——つまり世界各地の経済を潤し——同時にアメリカの世界的な安全保障の枠組みの維持を可能とします。こうして覇権国は「国際システム」を安定させる義務があるという覇権安定理論によってアメリカの保護主義的政策は正当化されるわけです。結局のところアメリカが保護政策をとる理由としてこの覇権安定理論はあるわけで，この理論を主張している多くの政治経済学者がアメリカ出身の人々であることを考えればしごく当然なのかもしれません。

この段階で指摘しておきたいのは，重商主義者の議論というのはいわゆる近代合理主義の範疇に入ってくるということです。この理論の主役達は国内経済の発展と国家主権の維持のみを合理的であると考えます。また，重商主義理論は国家間システムのみを世界の基礎として仮定します。ですから，彼・彼女らは世界政治経済の全ての要素を民族国家間の枠組みでのみ考えようとします。そうした意味では，彼・彼女らは国家主義的「自己」のみが国際関係において重要な存在とし，世界中での出来事は全てこの「自己」の視点から理解されるべきであると考えます。

しかし，この国家主義的「自己」とはいったい誰なのでしょうか。いわゆる国家形成者——官僚，政治家，そしてその他国家間システムにその存在を頼っている人々——である可能性が高いでしょう。そこには私たちのような一般市民が顔を出す場面などありません。すべての政策は国家が決定し国家が施行するのです。つまり，重商主義は国家形成者を

「主体」とする思想体系なのです。ですから，重商主義者の議論は国家間システムを補強し，国家形成者の立場を特権化します。そういった意味でも非常に保守的なのです。しかし，重商主義理論のそうした傾向は明確にその理論に刻まれているわけではありません。それは非常に微妙で不明確な形で埋め込まれています。こうした微妙さ・不明確さはある意味，現代の知識構造――合理主義――に特有のものであると言われます。

　例えば，重商主義では全ての人々の生活に国家が関与することが当然であるかのように言われます。「あなたは日本人なのだから日本のために頑張りなさい」や「あなたは日本人なのだから日本に誇りを持ちなさい」というような話です。ここでは，日本を含むウエストファリア体制が1648年にできたもので，それ以前には国家は存在しなかった――つまり今の「日本国」も存在しなかった――というような話や「日本人」の定義が実は非常に難しい――アイヌ民族，琉球民族は「日本人」なのか？――ことなどはまったく触れられません。また，参政権の問題にしても，外国で生まれて生活している日本籍をもつ人は日本に興味がなくても「日本人」で参政権を持つのに，日本に何世代も住んでいる外国籍の人々は「外国人」だから参政権を持たない，というのはまったくナンセンスです。どちらが日本の将来により関心を持っているのか明らかなのに，重商主義者は国家の枠組みにこだわりつづけているのです。

　また，「日本は単一民族で……」というのもこの重商主義者的保守派の典型的な言い方であるようです。こうした「単一民族」仮説を当然とすることによって，国家は一致団結した経済発展（「日本のために頑張りなさい」というような話）を可能にできると考えられます。ですから，教科書を保守的なものにし，日の丸・君が代を法制化することを，多くの保守派が求めるわけです。つまり，こうした保守派は必死になって独立国家としての「日本の主権」を維持しようとしているのです。結局のところ，日本が存在することによって利益を受ける人々の多くがこの思想を支えているとも言えるでしょう。「自己」は国家形成者なのです。ですからちょっと皮肉な言い方をすれば，「あなたは日本人なのだから

日本のために頑張りなさい」という人の言葉は裏を返せば「あなたは私の仕事を正当化する人なのだから，私のために頑張りなさい」と言っているのと同義と考えられます。面白いものです。

　近代合理主義は私達の知識の中にあまりに普及しているために，私達がそれをそれとして自覚することはあまりありません。日本人であることが実は国家間システムの誕生と密接な関わりがあることや，多くの民族が入り混じっていても国家の枠組みが毎日「日本人」を生産していることに気づいている人は少ないでしょう。国際政治経済においても同様で，ほとんどの政治経済理論はこの合理主義を前提としており，そのため逆に理論に埋め込まれた近代合理主義的な特徴を認識することはほとんどありません。そうした意味では重商主義理論も，この合理主義の流れを汲む教育を受けた人々にとってはとても説得力のある理論となるのです。

　一般に，近代合理主義は科学的理論の重要な前提とされます。これは合理主義的な認識テクニック——客観化・客体化——によるものです。ある物を客観的に見ようとすると，私達は自分自身をその対象物から一旦引き離し遠くから眺めようとします。社会を分析するときも同様で，抽象的なイメージではありますが社会から自分を抜き出し社会を観察しようとします。これが，具体的な客体——GDP，貿易バランス，資本の蓄積，金の流れ——を生み出します。重商主義はこれまで見てきたように科学的な装い——価値中立性——を主張します。これは，重商主義者は「客観的」な分析をしているという前提からです。実際，先に紹介した発展した形の重商主義理論——ゲーム理論——はまさに科学的な議論の典型であると言えます。

　グローバリゼーションの時代において科学的合理主義は絶対的な強さを持ちます。なぜなら，数字や数式といった「普遍的な言語」を使って世界を説明するからです。重商主義者もその例にもれずいろいろな経済指標をその議論の主要な根拠とします。こうした人々は，しかし，世界の全ての要素が数値化され得る訳ではないことについては関心がないようです。そのため，数値化にその議論の根拠を持つ理論はどうしても

人々の生存という問題やその生活の質といった側面を無視しがちです。日々の生活というのはなかなか数量化が難しいと言われ，社会や文化といった側面は重商主義の中では意味の無いものとなってしまいます。こうした側面の無視が，実は人々の日々の生活に多大な影響を与えていることは第五章で議論します。

自由主義

　自由主義における合理主義は国家形成者によるものではなく，どちらかと言えば企業家やビジネスパーソンにとっての合理主義となります。そして，そこで活動する人々が自由主義における利益形成者と呼べるでしょう。彼・彼女らの目的は簡単に言って政府の干渉を避け，より多くの生産物を売りより大きな経済成長を達成することです。そうした意味では重商主義と異なり，自由主義者の視点からは政治と経済は完全に切り離されて見えるということになります。

　この政治と経済の分離――もしくは国家と市場の分離――は1776年のアダム・スミスの「諸国民の富」にまで遡る事が可能です。この時代，国内・対外的経済活動は富の流出を防ぐためという理由で政府のコントロールのもとにありました。この重商主義的スタンスに対して，アダム・スミスは一国の権力や富の増大はこうした方法では達成できないと議論しました。そして，一国の富は個人間の自由な経済取引によってのみ可能となると主張したのです。そして，彼は有名な「神の見えざる手」による経済的効率性の増加を主張しました。ここに自由主義経済学という新しい学問が生まれたわけです。

・比較優位説という物語

　アダム・スミスの正統派後継者であるデビッド・リカードが展開した理論に比較優位説という国際貿易理論があります。この理論はその展開から200年ほど経った今でも国際貿易の中心的理論としてその栄華を誇っていますし，ある意味IMFや世界銀行，WTOはこの理論の奴隷といっても過言ではないでしょう。この理論の特徴を一言で表すならば「芸

術的なエレガントさと修辞学的な説得力」というところでしょうか。とにかく美しい理論です。この貿易についての物語は国家間における産業の「特化」のロジックと徹底した「二国間・二生産物モデル」、そして「労働価値説」——全ての生産物の価値はその生産に投入された労働力によって決定される——という三つの前提を持っています。

　本来はイギリスのラシャとポルトガルのワインといういかにもヨーロッパ的な雰囲気の貿易がモデルとして使われたのですが、ここでは21世紀らしく日本のデジタルカメラとアメリカのコンピューターという組み合わせで考えてみましょう。いま、日本で一人の労働者が一日で生産するデジタルカメラを9個とします。他方、日本の労働者はコンピューターを一日で4個生産すると仮定します。アメリカの労働者はカメラは3個、コンピューターは2個生産する技術を持っています。これを図表にすると以下のようになります。

	JAPAN	US
デジタルカメラ	9	4
コンピューター	3	2

　ここで、各産業に100人ずつ労働者を投入します。その結果、生産量は以下のようになります。

	JAPAN	US
デジタルカメラ	900	400
コンピューター	300	200

　ここで、「特化」の概念を導入します。「特化」とは各国が得意な産業により多くの資源（ここでは労働力）をつぎ込むことによってより多くの生産をするというものです。では、日本では10人の労働者をコンピューター産業からデジカメ産業へ、アメリカでは20人の労働者をデジカメ産業からコンピューター産業へ移動します。すると、その結果の生産高

は，

	JAPAN	US
デジタルカメラ	990	320
コンピューター	270	240

となります。ここで，国際貿易として日本からアメリカへデジカメ80個，それと交換ということでアメリカからコンピューター30個を輸出します。その結果は，

	JAPAN	US
デジタルカメラ	910	400
コンピューター	300	210

となります。この最後の表と二番目の表を比べますと，日本国内にあるコンピューターとアメリカ国内にあるデジタルカメラの量は同数ですが，日本のデジカメとアメリカのコンピューターの数は増えています。まさにこれがリカードおよびリカード信奉者の言うところの貿易の利益なのです。注意が必要なのはこの利益は重商主義者が言うようにどちらかが勝ってどちらかが負けたというものではなく，両方が利益を得ているということです。

この利益というのも，単に生産量が増えるというだけではありません。自由主義経済学者によれば，生産量が増えるに従って生産物一個に対するコストが逓減しより効率が高くなると考えられますし，同時に国内の産業は世界的な競争にさらされ独占企業であってもうかうかできなくなります。さらに，両国の消費者はより多くの製品の中から自分の好みにあった商品を選択できるようになることもよく言われる国際貿易による利益とされます。[10]

ここでは，幾つかのポイントを説明する必要があります。まず，第一の点ですが，これは経済学の理論上「規模の経済」と呼ばれるものです。

ある商品の生産高の増大は一個当りの生産コストを逓減させます。これは固定費用と呼ばれるコスト——インフラや工場設備などの操業前に必要とされるコスト——は生産高にかかわらず一定であるためです。このため，企業がより多くの商品を生産することによって製品一個あたりに換算した固定費用は小さくなっていきます。

　第二のポイントは，国際貿易は国内産業にコスト削減のプレッシャーをかけ，その結果より効率的な生産が行われるというものです。上記の例で言えば，日本のコンピューター産業とアメリカのデジタルカメラ産業は海外からの製品の流入によって，コスト削減のプレッシャーがかかることになります。これは，第三のポイントにつながり，消費者の利益が生まれるというロジックが成立します。この第三のポイントは特に重要です。なぜなら，この点こそ自由主義経済学が主張する「全ての人に利益がゆきわたる」という自由貿易の利点が証明されるからです。自由主義経済学は小さなビジネスのサポーターとしてスタートしたのですが，現在は上に見たように全ての消費者の擁護者として成り立っています。その結果，国際貿易理論は現在の自由主義経済学を支える主要な柱となっています。

・自由主義理論の前提と仮定

　多くの自由主義哲学者は，市場は自然発生的な社会制度であって人工的に作られたものではないことをしばしば主張します。言い換えれば，自由主義者は，(1) 人間は生まれながらの経済人であること，(2) そのため市場は自発的に発生すること，そして (3) 一度それが機能し始めると内的なロジックに従って機能し続けることを前提としています。この議論はさらに進展し，市場は政府の干渉なしにそれ自体で自然と発展することも仮定されています[11]。人々は自然に市場を生み出し，交換手段

---

(10) Cletus C. Coughlin, K. Alec Chrystal, and Geoffrey E. Wood (1991), "Protectionist Trade Policies: a survey of theory, evidence, and rationale", Federal Reserve Bank of St. Louis, reprinted in Jeffry A. Frieden and David A. Lake, eds., (1991), op.cit., p.21.

としての貨幣を創出し，政治の助けなしにその他人々の生活に必要な物を生み出していくとされるのです。

　市場という概念はここで特別に議論する必要があるでしょう。一般的な経済学の教科書では，市場は商品の買い手と売り手が相互に連関し合い価格と数量を決定する場所として定義されます。それは，実際に証券取引所や朝市のように具体的な形として現れることもありますが，電話やコンピューターによってそうした取引が行われることもしばしばです。[12]

　近代経済学および国際経済学という自由主義政治経済学の牙城においては，主に抽象概念としての市場を使って経済を説明します。この抽象概念についての理論は「完全競争」と呼ばれ，ここでも幾つかの前提を見つけることができます。まず，市場に参加する人々は合理的であると前提されます。彼・彼女達は自分の利益を最大化し可能な限り最低のコストでより多くの満足（効用）を得るように行動する（効用の最大化）とされます。ここで言う合理的とは，このゲームの参加者は多くの要素を一人で一瞬にして計算し決定するというものです。

　だからといって，この個人の選択によって常に効用が最大化されるというわけではありません。[13] しかし自由主義者は，万一その選択が間違いであったとしてもそれによって効用の最大化という個人の行動指針の設定が間違っているわけではないと主張します。そしてこうした前提された個人の行動はやはり将来も続いて繰り返されるであろうと主張します。そして，売り手は彼・彼女らの利益の最大化を試みることが前提とされます。しかし，同時にそのうちの誰一人として市場をコントロールする権力ももっていないこともまた仮定されています。この仮定はどのような企業であろうとも適用されます。この仮定が適用されない場合その市場は不完全市場と呼ばれ，独占もしくは寡占状態にあると言われます。

---

(11) Robert Gilpin (1987), *The Political Economy of International Relations*, Princeton University Press, Princeton, p.27.

(12) Paul A. Samuelson and William D. Nordhaus (1992), op.cit., p.741.

(13) Jeffry A. Frieden and David A. Lake, eds., (1991), op.cit., introduction, p.6.

第二の仮定は情報の完全性です。各市場参加者は，彼・彼女らの経済的な意志決定に必要な全ての情報を手に入れることができるという仮定があります。各参加者は市場の変化や経済状況の移行に敏感に反応するとされます。こうして，情報の完全性と非常に敏感な市場参加者とのコンビネーションによって，市場の均衡がもたらされるのです。この理想的な市場では，間違った情報やバイアスのかかった情報は仮定されていません。

　また，市場は全ての人に対して開かれているという前提もあります。もし，需要が供給よりも大きかった場合，一瞬にして新たな供給者が現れるとされるのです。逆に，供給が超過した場合，価格の下落とともにより多くの需要者が現れるという次第です。さらに，その参入・退出については何の障害も無いし，またあるべきでもないとされます。この障害を作るべきではないという仮定は，例えば近年の日本とアメリカの貿易「障壁」についての議論などでアメリカの主張の主要な柱となりました。

　さらに，完全競争はある市場での製品の均一性を前提とします。ここでは，会社の違いによる製品の質の違いはほとんど意味が無いほど無視されます。トヨタの自動車はBMWの車と同様な機能をもち，同様の仕様で，同様の能力で，また色の違いによる嗜好の差もこの理論には反映されません。これはかなり非現実的な仮定で，マクドナルドのハンバーガーをKFCのチキンフィレサンドと同じであると見なすようなものです。

　自由主義経済学の言説では，こうした幾つかの仮定が市場での価格変動のメカニズムが最も効率的な均衡点を導くという市場経済のイメージを生み出しています。自由主義者はこうした完全競争を最高とするような原理原則を最も重要な経済学の理論であると考えます。そこでは，自律的な市場の機能，効率性の最大化，個人の効用の最大化，そして企業の利益の最大化といった考え方が理論的支柱を形成します。

　この文脈で新自由主義経済学専門家のお得意の理論が「死荷重」についての理論です。この理論は，ひと目で自由市場がいかに効率的であるか，政府の市場介入が非効率的であるかを説明することができます。

66 第2章

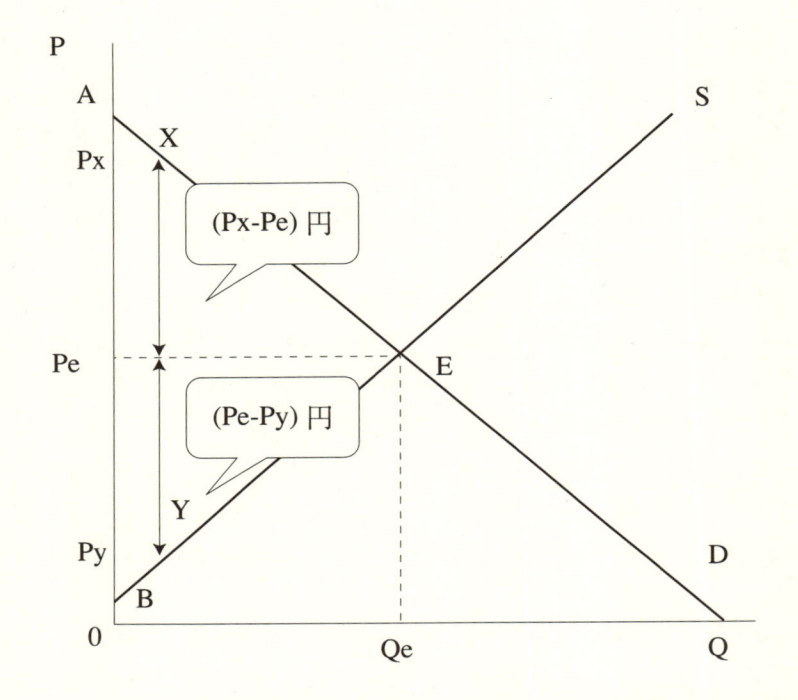

いまこの図で、Sは供給をDは需要を示し、市場の均衡点をE（価格Pe,数量Qe）で表します。（Pは価格レベル、Qは量を表しています）いま、この図が示す社会的な厚生（満足感みたいなのもです）の総和は、三角形AEBで表されています。例えば、ここにXさんという人がこの市場の財を買うためにPx円用意しているとしましょう。しかし、彼・彼女が実際に払う金額はPe円ですから（Px－Pe）円だけお金が余るわけです。その瞬間Xさんは「ラッキー！」と思うに違いありません。逆にYさんはこの財をPy円で売っても良いと思いながら市場に来るのですが、実際の取引価格はPe円であるわけです。ですから彼・彼女は（Pe－Py）円分「ラッキー！」と思うわけです。こうした人たちの「ラッキー」の総和が三角形AEBで表されているのです。

さて、ここでこの財一個あたりt円の税金がかけられたとしましょう。すると供給曲線はSからS´へとシフトします。ここでの社会的厚生は

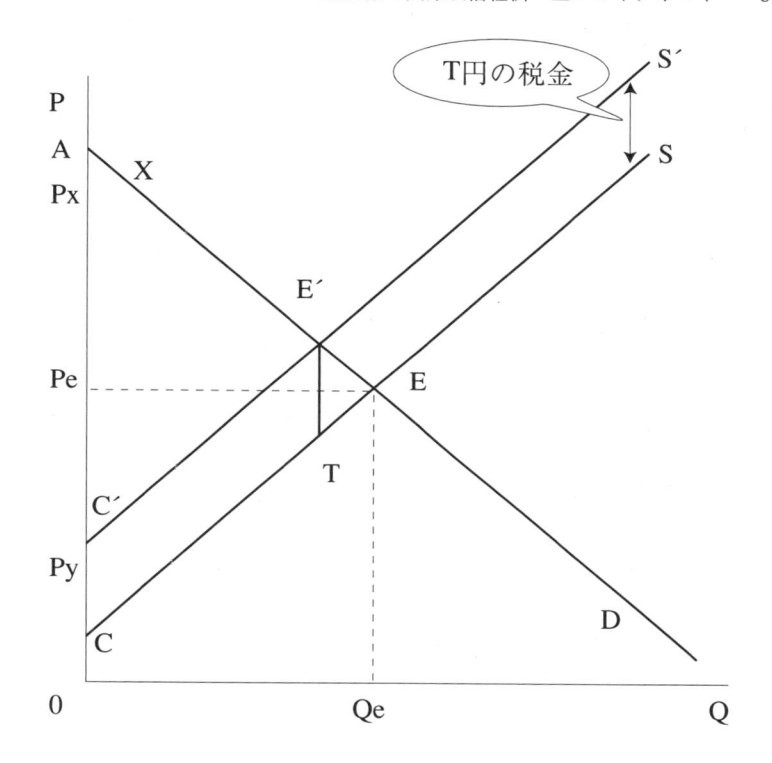

主流派の国際政治経済—三つのイデオロギー 67

```
P            S´
A            T円の税金
   X                    S
Px

         E´
Pe  -------|---E
           |  |
     C´    T
           |
Py         |
    C      |         D
0          Qe              Q
```

三角形AE´C´となります。ということは，四角形E´ECC´の分の厚生が減少していることになります。ここで税収は四角形C´E´TCで表されます。万が一税収のすべてが政府を通して市場に還元されたとしても，結果的には三角形E´ETはどこかへ消えてしまいます。この消滅した三角形の部分を経済学用語では「死荷重」と呼び，政府の市場への介入がいかに非効率を招くかの証明とされます。

　政府の市場介入によって市場の機能が歪められることはこのグラフを使った簡単な説明でもあきらかです。三角形EE´T分の厚生は確かに消失するからです。つまり政府の市場介入が少ないほど市場はより効率的な均衡点へと収束するのです。しかし，このことは，こうして達成される最も効率的な均衡点が同時に公正さという基準をも満たすことを意味するものではありません。もし，「死荷重」を生み出す政府の介入があ

っても，それによる税収がこの市場で不利な立場にいる人々に再配分されるのなら，その均衡点は最も効率的ではないかもしれませんが，最も公正であることもありえるのです。

例えば，教育制度が完全に公営化されたとしましょう。そこでの均衡点は最も効率的ではなくなるでしょう。しかしその公営化によって，授業料を捻出できない大学生の授業料を免除できなるのならそれはまたそれで良いことかもしれません。つまり公正という基準からは正当化できる可能性もあるのです。例えばある財の生産・消費によって公害が発生したとしましょう。市場をそのままにしていればその公害の被害者は裁判以外，生活保障をもとめる手段はないでしょう。しかしもし，この財に税金をかけその税収で公害の被害者の生活を保障できるとすれば，それはまたそれで良いことでしょう。そう考えれば，効率的な市場均衡点が常に「正しい」結論であるとは到底言えないのです。

完全競争の理論は，市場が経済のいかなる変化にも自発的に調整することを明らかにすると言われます。自由主義者は，いろいろな要素によって決定された均衡点にある自己作用能力，自己調整能力が市場とその法則を分析するにあたっての最も重要な原則であるとします[14]。もし，何らかの外部的な力——たとえば洪水や災害——もしくは何らかの内部的な力——技術の発展や消費者の嗜好の変化——によって市場の均衡が崩れても，市場はすぐに新しい均衡点を見つけると仮定されます。つまり，市場はそれ自身に安定化機能が備わっているのです。

さらに，自由主義者が設定するもう一つの仮定は，たとえ一時的な紛争や問題があったとしても，長期的には売り手と買い手による市場の競争が安定した均衡をもたらすというものです。自由主義者はこの仮定に基づくいわゆる「自由放任政策」＝laissez-faireは効率と成長の最大化をともなって長期的な社会的・経済的福祉を増大すると信じています。重商主義者はゼロサムが国際経済ゲームの結果であると想定しましたが，自由主義では経済——特に国際貿易——はポジティブサム的なゲームで

---

(14) Robert Gilpin (1987), op.cit., p.29 .

あるとします。その結果少なくとも絶対的な（相対的ではない）利益はゲームに参加している全ての人に行き渡るという結論を提示するのです。

自由主義経済学の最後の仮定は，「健全な」経済成長は直線的であり，漸進的であり，継続的であるというものです。この仮定から言えば，全ての「途上国」はこの通りに経済発展するべきであるという結論が導けます。この仮定を採用する傾向はいわゆる「新古典派」の経済成長論者——例えば1987年のノーベル経済学賞を受賞したロバート・ソローなど——に特に強く見られ，実際「先進国」の経済成長を説明するのによく使われています。[15]

この発想は1980年代以降，「新自由主義」もしくは「新古典派経済学」の名で世界を席捲しました。アメリカのレーガノミクス，イギリスのサッチャリズムは典型的ですが，この他にもアオテアロア／ニュージーランドの1984年の労働党による行財政改革は，現在の日本の行財政改革モデルとなっているものですし，オーストラリアでも同様の改革が行われました。結論から言えば，すべてが失敗に終わったといえるでしょう。ただ，結果は二通りの失敗を示しています。第一のパターンは行財政改革によって私的な債務が公的な債務に取って代わったもので，アメリカやニュージーランドはこの典型的な例です。減税と公企業の民営化は消費を拡大しましたが，生産を拡大することはなく，その結果消費過剰の経済となり，生産物を海外から輸入することになったのです。そのため，国内の資産を切り売りしなければならなくなり，ニュージーランドなどは自国資本の企業は皆無となってしまいました。アメリカも同様で，国内の業績の悪い企業は海外の資本の餌食となっています。

「海外の資本ではなぜダメなの？」といわれる方もいるかもしれません。基本的には資本の出所が国内であろうが国外であろうが同じことです。とくに現代ようなグローバル社会においては外資系の企業と言うのはおしゃれな感じがして良いのかもしれません。しかし，海外からの直接投資による工場や生産施設で働いている人々の仕事が，遠くはなれた企業

---

(15) P. A. Samuelson and W.D. Nordhaus (1992), op.cit., p.550.

本部の命令で簡単になくなったりする現状を目の当たりにすれば，そうした人たちの考えは変わるかもしれません。アオテアロア／ニュージーランドにあった日本企業の工場が本社の業績悪化を理由に簡単に閉鎖されるとき数千人のニュージーランド人の職が失われました。同様のことはイギリスでも起こっています。また，ルノーによって買収された日産自動車はルノーから派遣された新社長の命令で2万人以上の工場労働者の首を簡単に切りました。そして，そうした経済悪化・業績不振のツケを払わされるのが常に労働者階級の人々であることもまた見逃すわけにはいかないのです。

　これに対し，イギリスのサッチャリズムは長期の経済停滞と言う結果を招きました。最近のイギリス映画はこの不況による失業者の増大に的を絞った名作（「フル・モンティー」，「ブラス」，「トレイン・スポッティング」など）を次々と生み出しています。徹底的な不振産業の切り捨てを行ったサッチャーは今ではイギリス労働者階級の最大の仇となっているのは有名なところです。サッチャーは，同時に新しい産業に重点を置いた政策を取りました。IT関係や金融関係でしたが，その結果，サッチャーによって自由化された授業料の高い大学・大学院へ行く余裕のある家庭の子どもはそうした産業に職を得ることができましたが，そうではない子どもは失業者への道をまっしぐらに突き進まざるをえなくなってしまいました。結局，サッチャーの政策はイギリス国内の地域的な格差（イングランドVSスコットランド・ウエールズ・北アイルランド）と所得格差（エリート階級VS労働者階級）とを拡大するという形で幕を閉じました。

　先にも述べましたが，自由主義経済政策のツケは労働者階級が払うという現実はどこからくるのでしょうか？　なぜ，エリート階級はそのツケから逃れられるのでしょうか？　その理由は自由主義政治経済理論の労働市場についての理論にあります。一般に，自由主義経済理論では，労働者が働き先を転々とすることがよいことであるという仮定があります。すなわち「労働の流動化，労働市場の柔軟化」という概念です。業績の悪い企業は倒産せねばなりませんし，業績のよい企業は労働者を増

やさねばなりません。そうした形で，市場による自然淘汰がなされるのです。そしてこのダイナミズムこそ経済成長を導く原動力なのです。また，自由主義者にとって企業の国籍は関係ありませんから，海外から多くの優良企業が来ることはとてもよいことであると仮定されます。つまり多くの直接投資を呼び込もうとするわけです。そのためには，人々を雇いやすい状態に労働法を「整備する」必要があります。しかし，人々を雇いやすいということは，簡単に解雇できることも意味します。つまり，能力給で終身雇用ではない制度などがそれです。海外から来た企業は，難しい労働法を嫌います。雇えるときに雇って，いらないときに解雇する。そういう簡単な労働法が好みのようです。なにしろ自由主義経済学において，企業の目標は「利潤の最大化」と定義されるのですから，それもまたもっともな話です。結果は，最近の労働法の簡素化（すなわち労働者の地位の不安定化）とパートタイム労働の奨励です。これは，日本に限ったことではなく，世界全体に見られる現象のようです。あの福祉大国と呼ばれたアオテアロア／ニュージーランドやスウェーデンでも同様の現象が見られるのですから，自由主義経済学の影響はかなりなもののようです。

　そして最も面白いのは，こうした理論を作り，施行しているのは，最も職の安定している大学の経済学担当教員や公務員であることです。そして，この理論をサポートしている最大勢力はまず失業することのないであろう大企業の重役たちなのです。こうした人々こそ自由主義経済学の「主体」であると考えられます。そしてこれらの「主体」が労働者という「客体」を日々周辺化していると考えられるのです。

　もうひとつ面白い新自由主義の特徴としてあげられるのは，その国内重視の姿勢です。自由主義の最初のところでも説明しましたが，自由主義思想は重商主義を取って代わる形で誕生しました。その中心的な命題は，重商主義よりも自由主義のほうが一国の経済を繁栄させるには適当であるというものでした。その後継者である新自由主義もまったく同様の議論を展開します。ですから国内的には新自由主義を展開する国々も対外的には重商主義的な政策をとると考えられます。つまり，新自由主

義とは，その根幹の部分ではなんら重商主義者と変わらないのです。

　先に述べたサッチャリズムやレーガノミクスが，国内的な新自由主義的改革を断行する一方で対外的には非常に強行的な姿勢を見せ，軍備増強や「強いアメリカ」を求めたのもこのためでしょう。日本においても，新自由主義者ほど靖国神社への参拝にこだわっていることがこのことを例示しています。自由主義の面白い点は，政治と経済を分離して考えるために，政治的な方向性という意味では非常に日和見な議論を展開できることです。しかし，本当に政治と経済との分離が可能なのかについては，疑問の余地があるところです。

　日本でもインテリの多い民主党は明らかにこの路線を踏襲した政策を前面に打ち出しています。世界中の近代経済学を学んだ人々の多くがこの自由主義路線を追いかけているように，日本の経済学エリートもまたこの路線が好きなように見受けられます。ちなみに小泉内閣の「聖域無き構造改革」もこの路線上にあるようですが，はたしてその結果がどうなるかは数年間待つしかないでしょう。アメリカ型の結論になるのか，イギリス型の結論になるのか，興味のあるところではあるのですが，

・修正自由主義

　これまでの自由主義の議論は基本的にアダム・スミスやリカードなどの議論を中心とした経済学理論（いわゆる近代経済学の中の新古典派とも呼ばれます）を扱ってきました。しかし，もう一つ見逃してはいけない自由主義の一派があります。これは著名なイギリスの経済学者ケインズによって始められたもので，多くの理論的前提は上記の自由主義の主流派と同様なのですが，一つだけ違っている点があります。それは，この理論のスタートがいわゆる大恐慌の時代であったことと深い関係があるようです。市場は自動的に均衡に達するという仮定が常識とされた当時，ケインズは大恐慌による失業者の群集と経済の恒常的停滞を見てそれが本当に常識の名に値するのかという疑問を提示しました。そして，常に全ての市場は均衡するという仮定を否定します。もし経済が恒常的な不況に喘いでいるのなら政府の介入によって経済を刺激し，また安定

化させる必要があるという結論に達するのです。ですから，ここでは主流派自由主義の政治と経済の分離は否定され，ある程度の政府の市場への関与が肯定されたのです。[16]

　この自由主義の内部での修正は政治戦略の変化にも一因があります。これは，第二次大戦後の冷戦の進展によって政府が経済に干渉する必要が出てきたためです。というのも，冷戦によって二分割された世界は，西側の資本主義国と東側の共産主義国という対峙の時代を迎えます。そして西側資本主義国にとって連携された経済の増強と安定化は東側の脅威に対する重要な礎石となったのです。ですから，世界的なケインズ主義の適用――すなわちブレトンウッズ体制の成立――という事態が出現し，修正自由主義が必要とされたのです。この冷戦構造下では当然政府の戦略的な側面が強調され，安全保障と密接に絡み合った経済運営が必要となったとも言えるでしょう。

　しかし，1970年代に入ってからブレトンウッズ体制は危機に瀕します。第一に，アメリカが経常収支の悪化によって金・ドルの兌換制度を突然停止したことです。これは金本位制を根幹としたブレトンウッズ制度による金融安定機能の崩壊を意味しました。第二に，OPEC（Organisation of Petroleum Exporting Countries＝石油輸出国機構）が1973年に石油価格を高騰させたことがあります。第三にヨーロッパの政治経済的地域統合の進展と日本や韓国，台湾などのアジア経済の台頭がアメリカの覇権を脅かし始めたことがあります。

　こうした出来事は自由主義の理論では説明が難しいと言われます。なぜなら，自由主義理論が前提とする政治と経済の分離が説明を難しくしているのです。というのも，ブレトンウッズ体制の崩壊はいたって政治的な出来事でもあるからです。こうした出来事によって生み出される幾つかの疑問――なぜブレトンウッズ体制は崩壊したのか，なぜアメリカ

---

(16) John Maynard Keynes, *the General Theory of Employment, Interest and Money*, quoted in Robert Heilbroner (1991),*The Worldly Philosophers: the celebrated study of the lives, times and ideas of the great economic thinkers*, sixth edition, Penguin, London, pp.274-275

の経済は悪化しているのか，なぜ市場参加者の数が増えると世界経済が不安定化するのか——といった疑問に答えていくためには，より深い国際政治経済の理解によって現代の政治と経済との関係を分析していく必要があるようです。

ケインズの理論は簡単に言えば，国家の市場への介入を奨励するものです。ここでは，最も簡単な数式をもって説明したいと思います。

まず，国家の総生産（GDP＝Y）の総額を資本（C），投資（I），政府支出（G），輸出（X），から輸入（M）を引いたものとして定義します。

そこで，これは次のような式としてあらわすことができます。

$$Y = C + I + G + X - M \quad (1)$$

ここで，消費を基礎消費（C_0）と所得に基づいた消費（cY）とに分けます。よってCは次のようにあらわすことができます。

$$C = C_0 + cY \quad (2)$$

ここで，(2) 式を (1) に代入します。すると

$$Y = C_0 + cY + I + G + X - M \quad (3)$$

ここでcYを移項してYでとじると

$$Y(1-c) = C_0 + I + G + X - M \quad (4)$$

両辺を (1−c) で割って，

$$Y = 1/(1-c) \cdot (C_0 + I + G + X - M) \quad (5)$$

となります。ここでGの増加分がYに与える影響を見ると，

$$\Delta Y = 1 / (1-c) \cdot \Delta G \quad (6)$$

の式を得ることができます。この（6）式は，政府支出の増大は，その数倍のGDPの成長を得ることができることを意味しています。例えばc＝0.8としてみましょう。すると

$$\Delta Y = 5 \Delta G \quad (7)$$

となり，政府支出の5倍の経済効果があることを証明しています。これが，ケインズ理論の有効需要の理論と呼ばれるもので，政府による市場介入の理論の基礎となったものです。

では，この政府支出増大の原資はどこからくるのでしょうか？　簡単に言えば，借り入れによるもの，すなわち国債の発行によるものとされます。国債は借金ですから，返さねばなりません。当たり前のことですが，本当に返せるのでしょうか。ケインズは，この需要管理政策を不況のときのカンフル剤と考えました。ですから，この薬が効いた頃，すなわち好況に転じたときに上がるであろう税収によって返済可能と考えたのです。そういう意味では，ケインズの理論というのはいたって短期的な理論であると言えます。なぜなら，ケインズ理論は長期的な経済の変化などには全く関心がないからなのです。とにかく短期的な経済の浮揚策と失業の解消を考えたケインズらしい理論であるとも言えるでしょう。

ただ，残念ながら経済の歴史を振り返ってみると，世界の主要な国々の首脳は，ケインズが考えたほど自分に厳しくはなかったようです。悪いとはわかっていてもついつい選挙の前になると減税と支出の増加という「アメ」を選挙民の前にちらつかせ，自分の地位を確保してきました。こうしたことはよくあることです。こどもに好かれたいばかりに，ついついおもちゃや洋服を買ってやる甘い父親なんかもこの部類に入ってくるのでしょうね。

ケインズ理論の歴史は1930年代から60年代にかけての全盛の時代と，

80年代以降の急激な衰退の時代とに分けることが可能です。先に述べた新自由主義の80年代以降の隆盛によって、最近ではケインズ理論の正当性は完全に破壊されたように見受けられます。しかし、それはケインズ理論の終末を意味するのではないでしょう。というのも90年代終りから2000年代初めにかけて、世界的にケインズ理論にベースをおく政党の復権が見られるからです。イギリス、アオテアロア／ニュージーランドの労働党の活躍はこの良い例でしょうし、フランスやドイツの社会民主党の頑張りもまた注目すべき事象であると考えられます。そういう意味では、ケインズ理論に引導を渡すのはまだちょっと早すぎるようです。

・公共財アプローチ

　切り離されているはずの政治と経済との関連を分析する自由主義的アプローチも幾つかありますが、そのうちの一つが公共財と呼ばれる概念です。公共財の一般的な定義は、特定の個人が望む・望まざるにかかわらずその便益が分割不可能でその個人まで行き届いてしまうような財・サービスのことであるとされます。安全保障などは典型的な例です。国民の安全のためと称して軍隊を持つというのが「常識」であると考えられる国際政治の中では、この問題は重要です。「私には安全保障は必要ありません！」と言い張ったところで軍隊が存在する限り、その便益から逃れることは不可能です。このことがこの便益の分割不可能性とよばれる概念です。通常、公共財は政府がその供給の義務を負います。ある個人が軍事支出に財政的な貢献をしたかどうかに関係なくその個人は安全保障システムの恩恵を受けるため、誰もそのコストを進んで負担しようとはしないと考えられるからです。人によっては、この状況を逆手に取り財政的貢献を意識的に避ける行動をとる場合もあるかもしれません。しかし、税金を払おうとしない個人に対しても公共財の便益は及びます。結局、このサービスは分割が不可能なところに特徴があるわけです。[17]

　国際的なレベルで言えば、公共財の供給は大きな問題を抱えます。こ

（17）　Stephen Gill and David Law (1988), op.cit., pp.44-45.

れは，世界各国から税金を取り公共財を供給するような世界政府は存在しないからです。国際的な公共財——国際安全保障，安定した金融体制，そして自由貿易システム——は第二次大戦後のほとんどの時期アメリカによって供給されてきました。このアメリカの国際的な責任は，アメリカ政治経済の近年の相対的な減退の一因であると言われます。ですからアメリカは，他国——特に日本——に対して（特に安全保障について）「ただ乗り」をしているという批判をぶつけてきました。また，多くの国際関係学者は，日本やアジアNIESなどの経済発展はアメリカによる安定した安全保障体制の供給という背景があってこそ起こりえたという議論を展開しています。ですから，これらのアジア諸国の経済がアメリカ経済のレベルまで発展した今日，これらの国々による世界の安全保障への財政的貢献は当然であるという議論を展開しているようです。

・覇権安定理論

　国際公共財の理論は覇権安定理論と密接に関連しています。このアプローチは，チャールズ・キンドルバーガーという修正自由主義者によって提唱されました。彼自身は「覇権」という言葉のかわりに「リーダーシップ」や「責任」という言葉を使ってはいましたが，その実際の意味はまさに現在言われている「覇権」であったと考えられます。彼の理論は歴史的な分析にその根拠をおきます。彼によれば，イギリスは1930年代まで国際貿易システムの維持に従事できたが，その後の経済的な後退のためにそれを続けることができなくなったということ，その時アメリカは公共財の供給能力がありながらそれを行おうとしなかったことが世界経済の不安定化と世界的な帝国主義化をもたらし第二次世界大戦という最悪の事態を招いたとされます。

　修正自由主義者としてのキンドルバーガーの理論的前提は，市場は本来不安定なもので政府の介入なしでは均衡は得られないというものです。安定した経済システムを達成するには覇権国の存在が必要であると彼は主張します。[18] 覇権国の要件として（1）開放された市場を提供する責任を負えること，（2）長期的な融資を行う経済的バックグラウンドがある

こと，(3) 危機に対処できること，(4) 為替レートを適切に管理できること，そして (5) 国内の金融政策を世界経済の状況によってコーディネートできることがあります。[19]

この議論を発展させたギルピンは，この自由市場の進展と覇権国家の存在との密接な関係は歴史上二度しかなかったと議論します。[20] 第一のケースは，パックス・ブリタニカと呼ばれる時期で，ナポレオン戦争から第一次世界大戦までの時期，第二のケースはアメリカがイギリスの覇権的地位を受け継いだ第二次世界大戦の終結時から現在までとされます。第一のケースでは，イギリスが資本主義の発展と伴ってその卓越した軍事力を背景に国際自由貿易システムを維持しましたし，第二のケースでも同様にアメリカがIMF（国際通貨基金）やガット（関税と貿易に関する一般協定＝現在のWTO：国際貿易機構）などを通して自由主義政策を促進したとされます。そしてこうした覇権国家の存在は自由主義に基づくグローバルな市場の出現と安定化に寄与したとされます。ですから，そうした意味では覇権国家の存在は現代経済において必要不可欠の要素であるとも言えるでしょう。

しかし，この覇権理論はその「覇権」という言葉の定義の曖昧さのゆえに批判されてきました。どのくらいの規模でどのくらいの国家が含まれるのかというような問題などは明らかにされていません。さらにこの議論で言うと，国際機構——たとえばIMFや世界銀行そしてWTOなど——の独立した力を全く認めようとしない点においては不十分であるという批判もあります。特に国際連合などの国際機構の力が重要となってきたと言われる冷戦後の時代においては，この点は無視できないでしょう。

結局，自由主義的アプローチを特徴付けるのは，重商主義と同様，人間のモデルの問題です。これは，いわゆる「合理的経済人」とよばれる

---

(18) Robert Gilpin (1987), op.cit., p72.

(19) David A. Lake (1983), "International Economic Structures and American Foreign Policy, 1887-1934", *World Politics*, vol.35, no. 4, July.

(20) Robert Gilpin, op.cit (1987)., p.73.

普遍のモデルで，この個人は経済環境・選択肢・そして予想される結果を瞬時に計算し行動を決定するとされます。アダム・スミスからケインズ，そしてギルピンまで，すべての自由主義者はこのモデルを採用します。こうした意味では，自由主義者は個人主義者でもあるのです。全ての市場参加者は自己の利益の最大化を目論む極端に合理的で自己中心的な人間であると仮定されているのです。

重商主義者は極端に国家にその視点を絞りましたが，自由主義者はそのフォーカスを市場活動に参加している個人や企業に向けます。自己中心的な個人・企業の相互関係によってのみ，市場は社会的な厚生を最大化する均衡点に達すると議論します。この経済合理性を体現する「自己」が最大化する利益とは，物質的な利益であることもまた重要な点です。彼・彼女らは富の創出者であり，具体的には企業家であり，国際的な資本家であり，自由経済の擁護者であるのです。

重商主義者が世界的な出来事をすべて国家間システムに還元したように，自由主義者はそれらを個人と市場機能に還元します。重商主義者のように自由主義者も還元主義者なのです。自由主義者はすべての人間の活動を市場の「法則」——競争，合理的な計算，そして需要供給関係——の結果であると考えます。こうした原則なしでは，世界は不安定化すると主張します。ですから，自由主義者の論理では企業はこの市場原理に従って行動すべきであるというふうになりますし，国家は市場原理を崩さないように介入を控えるべきであるという議論になります。

この極端な還元主義は，いわゆる客観主義によるところが大きいようです。実際，アダム・スミスはその著書「道徳感情論」で，個人が自分から離脱し第三者的立場に立つ能力によって，自己中心的な個人の集まりである市場でも倫理的な判断が失われないと主張しました[21]。この客観的に自分や社会を見る能力というのがいわゆる合理主義のベースである

---

(21) Robert Heilbroner (1991), *The Worldly Philosophers: the celebrated study of the lives, times and ideas of the great economic thinkers*, sixth edition, Penguin, London, p.14.

客観主義を作ります。そして、これが自由主義者が最も重要であると考える前提なのです。

　この客観主義は同時に、数量化を導きます。事実、自由主義は国際政治経済という学問の中で最も科学化されたアプローチであると考えられています。現代経済学の教科書を開くと、数式の羅列と統計の嵐が待ち受けています。GDPやGNPという経済指標はその中で特権的立場を持ち、その他にも総消費、国民所得、貿易収支、マネーサプライといった指標が二次的な重要性を持ちます。これらが、経済状況を的確に表す数字たちです。数字というのは「普遍的な言語」であるとよく言われますが、こうして自由主義経済学はその「普遍性」という特権を手にいれるのです。

　こうした経済状態の表現方法はまた同時に規範的な意味も持ちます。「普遍的」法則に従って機能する市場経済を良い方向へ導くためには、その法則から得られる規範や原則を厳格に実行する必要があると考えられるからです。そして、この規範・原則は時と空間に関係なくどのような国であろうと地域であろうとどのような文化的・歴史的背景があろうと適用可能であるとされます。

　また、自由主義者は直線的な歴史認識を持っています。つまり、市場の存在していない「前近代的」な社会から市場を中心にして機能する近代的な社会への移行という歴史観です。つまり、市場が不完全にしか機能していない社会は、それが完全なもしくは理想的な形で機能している近代的（ヨーロッパ的）社会よりも「遅れている」というような発想を持つわけです。これが、現代の自由主義経済圏の「途上国」に対する差別的な認識の根本的な原因であると考えられます。

　これが原因で、IMFや世界銀行による強硬な介入が行われているのです。これらの国際機関は新自由主義を宗教的に盲信しているとも言われます。[22] 債務の不履行に陥った国々に対するこれら機関の介入は一般的に

---

(22) Susan George and Fabrizio Sabelli (1994), *Faith and Credit: the World Bank's secular empire*, Penguin, London.

構造調整政策（SAPs）と呼ばれ，徹底した民営化と規制緩和をもって特徴付けられます。福祉・教育支出のカットや，郵政事業の民営化などが行われる一方で，軍事費のカットがおこなわれることはほとんどありません。アルゼンチン，チリ，ブラジル，メキシコなどがその典型的な例としてあげられます。

これは，国際的にのみ行われているわけではなく，国内でも同様の政策が行われて言います。つまり，財政問題を抱える地方自治体に対しては自治省が介入し，経常収支を無理やり回復させようとするのです。大分県の赤池村がその例としてあげられるでしょうし，これからもいくつかの自治体がこうした介入をうけると思われます。つまり，自由主義的経済政策は国内・外を問わず私たちの周りいたるところにあるのです。

マルクス主義

自由主義経済学の最も包括的な批判を展開したのがカール・マルクスです。マルクスはドイツの哲学者という言い方もできますが，その関心は哲学から経済学的，社会学的，政治学的領域まで展開したと言われますし，そうした領域を研究する現代人に大きな影響を与え続けています。彼の自由主義および資本主義批判は広範かつ深遠です。その結果，彼は多くの後継者を生み出しました。いわゆる伝統主義的なマルクス主義から新マルクス主義まで，その範囲は非常に広いものです。ギルピンはこれを「レーニン的革命主義マルクス主義」から「社会民主主義的進化的マルクス主義」までという言い方をしました。[23] この広大な理論的地平を全て包括することは不可能でしょうから，ここではとりあえずマルクスが「資本論」で展開した議論を中心に話を進めたいと思います。

資本主義の競争原理に基づいた衝突的な本質を描く中で，マルクスも近代合理主義者として直線的な歴史の発展という概念を中心に議論を進めます。社会には常に理想的な共産主義社会へ向かって進む傾向があると彼は主張します。そして，歴史は単なる出来事の羅列ではなく経済の

---

(23)　Robert Gilpin (1987), op.cit., p35.

近代化にともなう生産関係の変化によって秩序付けられていると。そして，マルクスは四つの経済発展の段階——原始共産主義，封建主義，資本主義，そして共産主義——を提示し，社会はこの順番で発展していくと考えたのです。

　ここでの鍵となる概念は，生産様式と呼ばれるものです。これは一般的には経済的利潤の生産と分配をコントロールする（特に階級と言う形での）社会勢力についての抽象的概念と理解されています。マルクスにとってこの概念は人間にとっての社会的・政治的・精神的な側面を究極的に決定するものでした。簡単に言えば，経済関係がその他の政治的・社会的側面を決定するという考え方です(24)。

　史的唯物論と呼ばれる彼の歴史観は彼がなぜ生産関係にこだわったかを明らかにします。歴史を決定してきたのは，彼にとって，人々の物質的な生活以外のなにものでもありませんでした。最も原始的な生活体系の中で最も重要なことは食べること，飲むこと，居住空間を持つこと，そして衣服を着ることなどの非常にベーシックな欲求の充足にあると。もし，こうした欲求が充足されなければ，そのときの社会体制は市民の強烈な反対にさらされるでしょう(25)。そして，最悪の場合その体制の崩壊さえ予想されるのです。ですから，彼は物質的な生活体系が社会構造を決定する最も重要な要素であると考えたわけです。

　しかしマルクスが言うように，社会的生活環境が生産関係の変化——物質的生活体系の変化——によって影響されるとすれば，いったいなぜこうした生産関係の変化自体が起こるのでしょうか。そしてそれがどのような道筋を辿って社会的変化へと続くのでしょうか。彼は生産の優位性という概念をもってこれに答えようとします。ある生産関係に基づい

---

(24) Mandell M. Bober (1950), *Karl Marx's Interpretation of History*, Harvard University Press, Cambridge, p.24, quoted in Gerald M. Meier and Robert E. Baldwin (1966), *Economic Development: theory, history, policy*, John Wiley & Sons, Inc. New York, p.47.

(25) Karl Marx and Friedrich Engels (1974), *The German Ideology*, Lawrence & Wishart, London, p.48.

て形成された社会はそこで一旦安定するのですが，科学が発展し生産技術が進化すると社会はさらなる経済発展へ向かいます。するとその生産技術は逆に社会の発展を阻害する要因となるのです。そして，その瞬間にこそ，この一つの生産関係が次の生産関係によって取って代わられる瞬間なのです。そしてその後，生産関係の変化から政治的社会的制度が変革を迫られていきます。

こうして考えれば，マルクスは科学的決定論の発想を持っていたことが明らかになります。彼はこの理論が封建制から資本主義の移行などの歴史的出来事を説明できると主張します。そこでは，工場制度がギルド制に取って代わり，その工場制度が効率的に機能するために労働市場が出現したことなどがその社会的結果として例示されます。そしてその後，商業的資本主義の発達によってこの工場制度が終わりを告げます。こうして現代は商業資本主義として位置付けられるのです。

・マルクスの資本主義論

マルクスの「資本論」は資本主義を賛美するものではなく，逆にその悲観的な運命を描いたものです。彼の議論は一貫しており，とてもクリアーです。そこでは，可能な限り純粋な市場を想定し，そして現実の社会にある多くの障害を全て除いたこの純粋な市場でさえ悲観的な結末を迎えることをマルクスは証明したのです。[26]

完全競争のもとでは，各商品はその価値と釣り合う価格で売買されます。マルクスは，この価値はその生産に投入された労働量によって決定されるという労働価値説的立場をアダム・スミスやリカードと同様その理論的基礎とします。例えば，もし帽子の生産が靴の生産の二倍の労働力が必要であるとすれば，帽子は靴の二倍の価格で取引きされるというような意味です。

マルクスの理論では二つのグループしか経済関係に登場しません。いわゆる階級という概念を元に作られたこの二つのグループは資本家と労

---

(26) Robert Heilbroner (1991), op.cit., p.156.

働者というものです。労働者が提供できる唯一の商品は労働です。これに対して資本家は完全競争の下で資本を奪い合うという仮定がされています。マルクスはここで，市場にある内的論理である「収穫逓減の法則」に注目します。そしてこの論理が資本主義をその終焉へと導くと考えたのです。資本を蓄積するためにはより多くの労働者が必要です。全ての資本家がより多くの労働者を雇用するとすれば労働者は不足します。この労働力の不足は賃金の上昇を意味します。同時に，より多くの労働者を雇うことは労働費用の逓増を意味します。こうして生産を拡大すればするほど，利潤率は低下するという資本主義に内在したパラドクスが出来上がるのです。

　この論理はマルクスの理論に限られた話ではありません。労働価値説をとる理論——例えばアダム・スミスやリカード——の多くはこの矛盾を抱えます。ちなみにアダム・スミスはこの矛盾を生活水準の上昇にともなう人口の増大というロジックで乗り越えようとしました。つまり，労働力不足は遅かれ早かれ労働人口の増大によって相殺されると考えたのです。リカードは双方の利益が増大するはずの国際貿易という論理を使ってこの矛盾を解決しようとしました。

　これに対して，マルクスは楽観的な視点を否定します。そして資本家は労働力削減のための機械化を行い，これによって失業が増大すると考えました。労働市場の中では失業者の増大はアダム・スミスが想定した人口増大と同じ意味を持ちます。アダム・スミスとマルクスの理論の違いはその後の予測です。スミスは人口増大が労働市場における労働力不足を補うと考え，その結果労働者の賃金レベルは変化しないと考えました。マルクスはスミスと異なり，賃金レベルは労働者がやっと生活できる程度まで低下すると考えました。労働者は搾取される運命にあるのです。そして，その結果，労働者は消費を抑え，生活費を切り詰めます。そのため，消費は停滞し，供給過剰の状態が訪れます。いわゆるデフレの状態です。デフレは，生産活動の停滞を呼び，生産活動の停滞はより多くの労働者の解雇を意味します。平成不況の真っ只中の日本においては，全く同様の状況がみられるようです。

マルクスは，特定の商品が供給過多になる傾向があること，そして資本は一箇所に集中する傾向があることも指摘しています。前者は後にケインズによっても議論されるものです。こうした傾向があることは，自由主義経済理論の完全競争による均衡という前提を否定するものです。それだけではありません，マルクスはむしろ市場は独占へと向かう傾向があると考えたのです。結局マルクスは，市場経済の参加者が合理的であるという前提があっても，市場自体は非合理的な結末に終わるということを証明しました。

　こう考えると，マルクスの資本主義分析はすばらしいものであったことがはっきりとします。しかし，彼は徹頭徹尾正しかったのか，というとそうでもないようです。彼が資本主義を乗り越えるものとして考えた共産主義は，世界的に失敗しました。失敗しただけではなく多くの人命を奪ったこともまた忘れることはできません。資本主義分析で見せた彼の鋭い切り口は，残念ながら自己批判的に共産主義思想に向かうことはありませんでした。そういう意味では，彼もまた自分が作り出した理想像の前に批判能力を失ったナルシストであったのかもしれません。

・帝国主義論

　マルクスも労働者の団結による国際平和という意味では国際関係にも関心はあったようですが，マルクス主義の中で最初に国際関係を深く分析したのはレーニンであるというのが一般的な見方のようです。レーニンは近代の資本主義の特徴は急速な産業発展と大企業による資本の極端な集中であると仮定します。つまり経済の発展に伴う独占企業の出現です。

　レーニンは，独占を資本主義からさらに高度のシステムへの移行期に起こる現象であると捉えました。(27) そしてその独占体制がなぜ帝国主義へと必然的に移っていくのかという疑問を抱きました。彼は，その答えを資本輸出という概念の中に見つけます。今でいう海外直接投資です。伝

---

(27) V.I.Lenin (1976), *Imperialism: the highest stage of Capitalism, in V.I.Lenin Selected Works in Three Volumes, 1,* Progress Publishers, Moscow, p.700.

統的な資本主義社会では輸出は商品に限られていましたが,独占企業が登場する現代の資本主義では商品よりも資本の輸出が大きくなるとレーニンは考えます。そこでは独占企業による資本の余剰とその投資先としての海外市場という関係があります。それらの企業が国内に投資しない理由は,国内経済はすでに収穫逓減の法則が実現し効率的な資本投資ができないと考えられるからです。[28]

ですから,帝国主義は(1)独占企業が生まれるぐらいの資本集中が実現している経済状態,(2)金融資本と産業資本との融合とその結果としての金融市場の寡占状態,(3)資本の輸出,(4)国際的な独占企業の連携による世界の分担所有,そして(5)それにともなう列強による世界の分割,というような流れを持つと仮定されます。そしてこの分割は平和的プロセスではなく列強による領土争いという形で行われるのです。

この時点では,世界中の特権階級と化した資本家とその他大勢の労働者とのギャップは相当拡大しています。また労働者は労働組合や労働者政党を通してその政治的能力を自覚するようになっています。そしてこの労働者が世界的に連帯し協力しあうことでしかこの帝国主義体制は解決されない,そうレーニンは主張します。そして,資本主義とは帝国主義の予備状態であると考えたのです。

このレーニンの主張はソ連を生み出しましたし,同時に世界中で共産主義の流れを作り出しました。20世紀の初頭の話です。この共産主義体制は資本主義体制と軋轢を生み出しました。いわゆる冷戦の誕生です。つまり,冷戦は思想的にはマルクス・レーニン主義と自由主義との対立を意味していたというのが一般的な解釈でしょう。ですから,ソ連では自由主義思想家を「粛清」し,アメリカや日本という資本主義国家では共産主義者を「狩った」のです。どちらも思想の自由を侵したという意味では非常に大きな犯罪であったことは明らかです。そして,愚かなことにこの冷戦期を通して地球を4回半破壊できるほどの核兵器が量産されたのです。地球上のすべての人々を恐怖に陥れ,今でもその影響が残

---

(28) V.I.Lenin (1976), ibid, p.678

っているという意味では，共産主義国であろうが資本主義国であろうが，冷戦を作ったという点で同罪でしょうし，大きな反省が求められます。ブッシュ政権が打ち出しているミサイル構想などには，反省のかけらも見られませんが。

・新マルクス主義

レーニンの帝国主義論は現在影響力を持つ政治経済学の幾つかの論理にも大きな影響を与えています。しかし，現代のマルクス主義的理論は世界的な社会主義革命を目指しているわけではありません。どちらかというと，なぜ社会主義革命が起こらないのかという点に注目するのです。これらは新マルクス主義と呼ばれます。この流れを簡単にまとめるというのは極端に難しい作業なのですが，無理やりにまとめてしまうと二つの大きなカテゴリー化が可能でしょう。まず一つ目は，ラテンアメリカで発達した従属論と呼ばれるものです。この考え方は新重商主義とも微妙に重なってきます。というのも従属論は強烈なナショナリスティックな響きを持ち，国家主義的な性格を持っているからです。近年，このアプローチはラテンアメリカに限らず，その他の地域の分析にも用いられるようになっているようです。第二の理論は，世界システム論と呼ばれるもので，長いスパンでの世界経済のダイナミックな変化を分析するもので，1950年代から60年代に旧来の比較政治学における政治発展および国家形成分析にたいする反論として展開されました。この流れで最も有名な理論家と言えばウォーラーステインで，いわゆるマクロ社会学的な経済変化理論を構築しました。[29] ここでは，まず従属論から説明していきましょう。

・従属論

マルクス主義的世界経済理論に大きな影響を受けてはいますが，従

---

(29) Immanuel Wallerstein (1979), *The Capitalist World-Economy*, Cambridge University Press, Cambridge.

属論は自由主義的経済発展論者たちが直面した「なぜラテンアメリカではロストウの五段階経済発展論通りの発展が不可能なのか」(30)という疑問に対して展開されたものです。自由主義経済発展論者達は，伝統的な社会構造や文化的な遅れが「発展途上国」の経済発展を阻害していると考えました。そして経済発展を達成するためには，日本がそうであったように，伝統的な生活形態を排除し，輸出主導型の経済政策が必要であると考えました。そのため「第三世界」のためのもう一つのマーシャルプランが必要であると主張しました(31)。

　こうした議論は従属論者に痛烈に批判されます。自由主義論者達は国ごとの文化的・社会的差異を無視し，世界中のどの国の人々もアメリカやヨーロッパのような特性を持っていると仮定していると。従属論者の批判はそこにとどまらず，既存の資本主義システムにおいてラテンアメリカ諸国を北アメリカに結び付けている政治的・社会的な要因にまで及びます。そして，ある国家もしくは地域の開発を理解するためには，その世界の政治経済システムでの歴史的な位置——とくに帝国主義時代のそれ——をきちんと位置付ける必要があると主張します(32)。また，国際経済における偏った発展は16世紀の世界的な資本主義経済の出現にまで遡る事ができると議論します。幾つかの国々は工業生産に特化しましたが，これはヨーロッパの国々に限られ，これらの国々がその後他国を植民地化したと主張するのです。その植民地と本国との関係は一方的で，本国は植民地から必要な資源や一次産品を輸入し，工業品を輸出しました。まさに，比較優位説がモデルとしそうな関係ですが，しかし実際には比較優位説が唱えるような相互利益は起きませんでした。利益の分配は本国と植民地との明らかな権力関係のなかで本国側へと一方的に流れてい

---

(30) Walt Whitman Rostow (1969), *The Stages of Economic Growth: a non-communist manifesto*, Cambridge University Press, Cambridge.

(31) J. Samuel Valenzuela and Arturo Valenzuela (1978), "Modernization and Dependency: alternative perspectives in the study of Latin American underdevelopment", *Comparative Politics*, vo.10, no.4.

(32) J. Samuel Valenzuela and Arturo Valenzuela (1978), ibid, p.544.

ったのです。

　こうした不平等な政治経済関係は植民地における社会的・政治的構造の進展の過程に大きな影響を与えました。結果的に植民地側の経済は一次産品の輸出に適した構造を持つようになり，その結果周辺化されたのです。そして，周辺国は「先進国」が辿ったような発展の道を再現することはありませんでした。そのため，そこでは「先進国」にみられるような企業家の出現はみられなかったと言われます。従属論者は異なった経済動機を生み出すような経済構造の違いにも焦点をあてます。そして国内的・国際的な経済構造が関与しあう道筋に注目します。結局，彼・彼女らは「低開発」は単なる周辺国への国際的な経済要因の影響だけでは説明できないと主張するのです。いかなる社会においても従属というのは複雑な社会・経済の絡み合いによって出来上がるものであると。

　また，多くの従属論者はレーニンの議論にある資本主義の独占に向かう傾向を指摘します。貿易関係は独占企業の市場コントロールに基づき，これは従属国で生み出された利益を本国へ送る機能を果たします。金融関係は支配者側の論理で進められ，利子や余剰資金もまた本国の利益となります。こうした関係は本国の経済を潤しその周辺国に対する支配力を強めます。逆に言えば，こうした本国と従属国との関係は周辺国で生み出された資本の流出を意味し，これは周辺国自身の資源についてのコントロールの喪失を同時に意味します。この状態を維持していくには周辺国での巨大な富の生産と中心国による搾取が必要となります。しかし，通常これは高度な技術をもって達成されるのではなく労働者の搾取によってなりたっているといわれます。その結果，周辺国の市場の発展は阻害され，生産技術の革新や文化的発展もまた阻害されます。それ以上に，周辺国の人々の精神的・肉体的健康も急速に悪化するのです。

（33）　Theotonio dos Santos (1978), "La crisis del desarrolloy las relaciones de dependencia en America Latina", La Depencia politico-economica de America Latina, in H. Jaguaribe, ed., *La Dependencia politico-economica de America*, quoted in J.Samuel Valenzuela and Arturo Valenzuela, ibid, p.544.

従属論者は現代の世界政治経済における相互依存の増大はこの中心国－周辺国の関係を悪化させていると考えています。しかし，現在の世界状況では周辺国の経済的な主権の問題は棚上げになったままなのです。

・世界システム論
　世界システム論者も世界経済が二極化――持つものと持たざるもの――していると考えています。彼・彼女らの議論も幾つかの点で従属論と重なってくるところがあります。例えば，世界システム論者も世界経済を分析するなかでの歴史的背景を重要視しますし，また従属論者のようにその理論的射程を経済領域に限らず政治的社会的領域も分析の対象とします。また中心国－周辺国という枠組みも従属論と重なってきます。しかし，ウォーラーステインは，従属論者と異なり，世界経済は民族国家をベースとしたシステムでは説明できないと議論します。資本主義という世界経済のシステムはその出現当初からひとつの一貫したシステムであって，国民国家によって分割されたものではないと主張します。逆に国民国家システムはこの資本主義という世界システムの論理の中から生み出されたものであるとさえ主張します。
　世界システム論者は，世界は三つの異なったゾーンに分けることが可能であると考えます。それは（1）富が蓄積され，資本集約的な生産をおこない，強大な軍事力を誇る中心国――西ヨーロッパ諸国，アメリカ，日本など（2）富が流失し，低賃金労働に基づく生産を行っている周辺国――いわゆる「第三世界」，そして（3）この二つの間に入ってくる半周辺国――東南アジアなど――というものです。
　この半周辺国という概念はウォーラーステインによって考案され発展されました。彼にとって周辺国というのは経済的な意味よりも政治的な意味の方が重要であるようです。すなわち，中心国に政治的に対抗する勢力として周辺国を位置付けるわけです。そして，そこにおいて半周辺

---

(34) Theotonio Dos Santos (1970), "The Structure of Dependence", American Economic Review, LX (2), May, p 231.

国という概念が重要となってきます。ウォーラーステインによれば，この半周辺国というカテゴリーは中心国が直面するであろうそれ以外の国々による連帯した反抗を弱める役割をします。というのはこの半周辺国は中心国によって搾取されてはいるのですが，同時に周辺国を搾取しているのです。ですから非中心国の連帯という中心国にとって最悪のシナリオはこの半周辺国の存在によって否定されるのです。こうして半周辺国は中心国と周辺国との間に入る「緩衝材」の役割をはたすとされます[35]。

　ウォーラーステインが半周辺国の政治的重要性を協調するからといって，経済的な側面を無視しているというわけではありません。資本主義という経済システムを理解するにあたって政治・社会的な分析が必要であると考えることが経済システムの検証において重要であると主張しているのです。そして，この経済システムは幾つかに分断された経済の統合体というものではなく，一つの大きなシステムであると議論します。

　使う言葉や議論の類似性から世界システム論は従属論とよく間違えられます。しかし，歴史的な視点の深遠さやより多くの発展段階の設定が世界システム論を従属論から区別します。ですから，世界システム論者は，世界経済における歴史的パターンや変化と言うものと政治経済の関係をより的確に分析することができると主張します[36]。

　伝統的なマルクス主義であろうと新しいタイプのマルクス主義であろうと，明らかに重商主義や自由主義よりも包括的な視点を提示しています。これは，政治戦略的側面，政治経済的側面，そして政治社会的側面の全てを網羅した理論であるからでしょう。世界システム論はその意味では非常に注目に値する理論です。システム論者は現代的な重商主義者や自由主義者よりも数値化の重要性に疑問をもち，GNPやGDPなどの経済指標の信憑性を疑います。

---

(35) Immanuel Wallerstein (1974), "The Rise and Demise of the World Capitalist system", *Comparative Studies in Society and History,* vol.16, no.4.

(36) Stephen Gill and David Law (1988), op.cit., p.62.

しかしながら、マルクス主義もやはり合理主義－実証主義の欠点を持っています。たしかに、政治社会的な側面をその分析の中に反映させようというのはすばらしい考え方ですが、その領域にしても資本主義の発達という要因から一義的に引き出される結論として位置付けてしまう傾向があるようです（最近のウォーラーステインの著作はそうではないようですが）。ですから、マルクス主義系統の国際政治経済学者は現代世界の特徴であるグローバリゼーションも特定の生産関係の拡散というコンテクストでのみ捉えてしまいがちです。政治社会という側面もこの意味でのみ重要となります。

また、「自己」の形成という意味でもマルクス主義は他のイデオロギーと同様の特徴を持ちます。ここでの「自己」は労働者です。社会の発展と社会主義革命についての言説は階級闘争というプロセスの中に存在する人々にとってのみ意味を持ちます。そして、マルクス主義、特に伝統的マルクス主義、は労働者の勝利と資本主義の避けがたい悲観的な結末についての物語なのです。そしてこの物語は普遍的で絶対であるとされます。

この特定の「自己」についての物語という性格は、固定的な共産主義思想という形に帰結します。マルクス主義は資本主義の批判という意味では素晴らしい包括性を持つのですが、共産主義というユートピアについての自己批判能力は皆無であると言えるでしょう。その結果、女性や少数民族などの「他者」が作られてしまいます。実際世界中の労働者による運動の中に女性や他民族に対する差別があったことはよく言われることです。この問題については次章で詳しく議論します。

国内においても、労働者運動において同様の問題が良く見られます。労働運動をしているからという理由で、もしくは「正義のために戦っている」からといって、女性差別や人種差別が正当化されるわけではありません。女性に対する差別を、階級闘争の一部と位置付けることで、これまでのマルクス主義者たちはジェンダーの問題にまったく関心を寄せてきませんでした。労働組合の組織率が、女性においては異常に低いのがこのことを物語っています。また、外国籍の労働者に対して日本の労

働組合の門戸が開かれたのはほんのこの数年のことであることは意外と知られていません。このように，固定化された「主体」は多くの周辺化された人々を生み出してきました。これもまた近代合理主義がもたらした弊害のひとつといえるでしょう。

近代合理主義

　こうして見て来ると，主流派の国際政治経済学理論というのは幾つかの仮定に基づいていることが明らかになります。例えば，重商主義者は世界が無政府状態であること，国境は不変であることなどの内側・外側という違いを強調します。自由主義者は完全な情報，労働力や資本の流動性，そして自発的な市場の均衡という仮定があります。マルクス主義は構造――経済関係とスーパーストラクチャー――政治社会関係という二つの領域の関連性や，資本主義の自己崩壊性などが仮定されます。

　しかし，こうした仮定の違いを強調してしまうと，共通性を無視してしまうことになります。そしてそれは政治経済と人々のアイデンティティー形成という問題を無視することになります。この側面を理論的射程に入れるということは近代合理主義に注目するということを意味します。さきに述べましたが，近代合理主義とは人々を客観的にし，個人化し，物質的にし，無神論者にするような啓蒙思想に基づいた思想です。

　これまで紹介してきた国際政治経済理論はすべて，客観的に世界を「見て」いる「自己」によって書かれたものです。この「自己」は世界から距離をとり，理論と経験を使い世界をモデル化し，これが彼・彼女の頭の中で彼・彼女が考える「現実の社会」にフィットするかどうかを試します。これは科学的な合理主義的客観主義の典型的な例です。自由主義のセクションで多少議論しましたが，客観主義は人間の認識力を増大するとされる認識論上の技術として位置付けられます。実際この技術は近代文明を生み出し，その前にあった（前近代的な）認識技術と比べ物にならないぐらいの信頼感を得ました。客観主義は，しかし，個人化をも促進します。なぜなら，この技術は「自己」が本来その中に存在するはずの社会から乖離することを必要条件とするからです。もちろん論

理的には，この個人が人間社会から完全に離れて存在することは不可能です。しかし，抽象的な空間ではこの「自己」が他の社会の構成員と離れるという感覚を作ることは可能です。近代化された個人とはこの技術を持つ人々で，究極的には「個人化された個人」という言い方も可能です。

客観化は，現代の国際関係に大きな影響を与えました。すなわち神の存在と妖術的な言語の使用を意味の無いものとし，こうしたものを祭りなどの「文化的」側面に押し込めることに成功したのです。そしてそうしたことを行うコミュニティーをも意味無くさせていったのです。近代的物語，特に大きな物語としての政治経済学は，こうした現象に全く関心を寄せてきませんでした。これは近代主義の避けられない結末なのか。偶然なのか。

ジム・ジョージはこれを近代主義がもつ還元主義にあると議論します。[37]近代主義者たちは複雑で，曖昧で，多様な存在を，シンプルで普遍的な「現実世界」を作ることによって説明しようとします。そしてこれが人間の生活の本質を表しているとして，人々の生活形態から切り離してモデル化します。この結果，実世界は本来曖昧で矛盾し多様であるはずですが，近代主義はこれを簡単に表象できると主張するのです。もちろんこうした表象は部分的であるに過ぎません。例えば，重商主義は世界を国家間システムという視点でのみ分析します。ですから，人間の生活がこの物語に登場するのは国家との関係でのみです。自由主義は世界を市場という視点でしか見ようとしません。自由主義政治経済理論は人間の相互関係を生み出すのは個人の利益への欲望のみであると議論します。この相互関係は政府の介入が無い限り全ての人々に利益をもたらすと主張します。マルクス主義者にとって重要なのは生産関係のみです。ですから，この生産関係の変化のみが世界の変化を導くのです。

こうした還元主義によって近代主義国際政治経済学は包括的と言えな

---

(37) Jim George (1994), *Discourses of Global Politics: a critical (re)introduction to international relations*, Lynne Rienner, Boulder, p.11

いような言説を生み出していきます。これは，この還元主義がその理論的地平を限ってしまうからです。上記したような領域以外の人間の行動は全て意味が無いとみなされるか重要でないと考えられてしまうのです。ですから，人々の日々の生活はほとんどの近代的な政治経済物語で無視されています。例えば，重商主義は人種差別問題を取り上げることはほとんどありませんでしたし，自由主義者は企業の論理が女性を差別してきたことに関心を示してきませんでした。

　また，合理主義者達の客観主義は歴史を直線的なものであると仮定してきました。開発論と言う意味で上記の3つのイデオロギーはそれぞれ独自の論理を持っています。例えば，自由主義者にとって経済発展というのはロストウの経済発展論のみを思い出させます。多くのマルクス主義者にとって経済発展とは資本主義から共産主義への移行を意味します。また，重商主義者にとってはより自己充足的な経済的変化をもっての発展とします。いずれの場合にしろ，歴史は直線的で逆行できないものとして描かれます。もちろんこうした歴史認識は，多様な文化的・歴史的背景をもつ国々に一様に適用することは不可能です。ですから，こうした理論が適さない地域に持ち込まれようとすると，理論と人々の日々の生活との間に大きな葛藤が起きます。

　近代主義者による客観化は質と量の矛盾を生み出します。自由主義者が経済発展を議論するとき，通常GDPの成長率について議論します。重商主義者が保護主義を主張するとき，その政策が保護しようとするのはGDPの規模であるのが普通です。また，マルクス主義──特に従属論者──の議論もGDPの規模というのを重要視します。それぞれGDPを中心に世界の政治経済を見る理由は異なります。しかしある国の経済を見るときには常にGDPが中心的な指標となることは全ての物語に共通します。

枠組みの問題

　ここで取り上げた重商主義，自由主義，マルクス主義は，一般的には「右派」から「左派」という，一直線のスペクトラムとして考えられるのが通常のようです。重商主義は国家という概念を中心に置くことから，

「保守」すなわち「右派」として定義されますし、マルクス主義は、現代社会を革命によって変革させようとすることから「革新」＝「左派」と定義されます。こうして考えると、重商主義、自由主義、マルクス主義の順番で右から左へと続く直線を想像します。これがフランス革命に端を発する、保守と革新を直線で結んでその間に自由主義をおく政治思想の位置付けです。

　しかし、ことはそんなに簡単ではないようです。例えば極端な右派としてのファシズムと極端な左派としてのスターリニズムはとても似た政策をとりましたし、こうした強権的な政治体制は軍国主義か共産主義のどちらかの政治形態をとることが多いようです。ということは、ここで仮定した政治経済思想の直線的な配置は、いまひとつしっくりしないものとなってしまいます。アンドリュー・ヘイウッドは、これに関して馬蹄型の配置を考えます。つまり横軸に右から左への政治スペクトラムをとり、縦軸に個人主義から全体主義への流れを考えるのです。そうすると、政治配置はまさに馬蹄型となります。（図1）

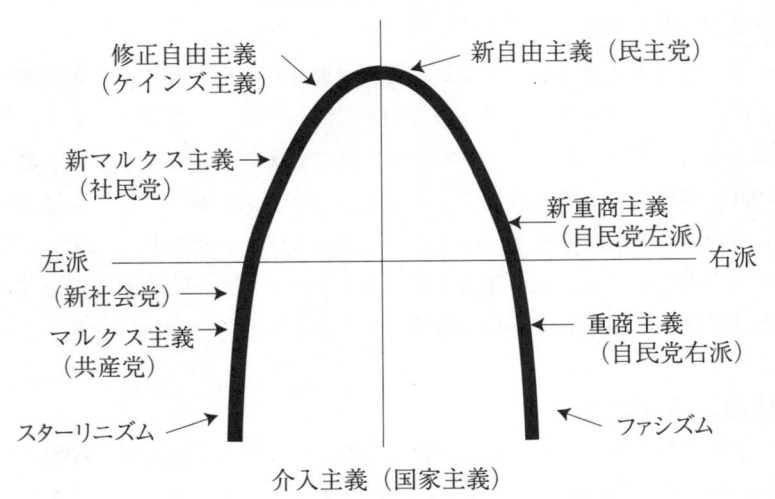

図1

この配置で現代の国際政治経済を考えると，これまで不明確だった政治経済思想とその現実化についての問題が明確になります。すなわち，重商主義にしろマルクス主義にしろ，何らかの形での集団を前提にするのですが，これが国家間システムの中で現実化されたときには，国家中心主義という意味においてほとんど同じような形態をとってしまうことです。本来重商主義とマルクス主義とはまったく別の思想体系からできているはずなのに，国家間システムと資本主義が中心となった世界において同様の体制となってしまうというのは皮肉なものです。

　図1では，参考のために日本の政党名を入れてみました。もちろんこの配置図が的確に政党の方向性を表しているかどうか疑問のあるところです。また，政党の内部でも思想的なばらつきがあることも注意が必要です。ですから，どちらかというとこの政党の置き方は無理やりという感じですので，この政党の配置はあくまでも参考ということにとどめて置いてください。

　ただ，この配置図はこれで完成したわけではありません。ここでは，先に述べたように右・左という軸と個人主義・国家主義という軸でしか描かれていません。極端な言い方をすれば，右・左という政治学上の軸と国家中心・市場中心という経済学上の軸のみをもって私たちの世界を描こうとしているのです。いわゆるカッコつきの「政治経済」を意味しているともいえるでしょう。しかし，実はこうした軸というのは，社会が多様であればあるほど数が増えると考えられます。この図は二次元ですが，本来は何次元にもなるはずなのです。そしてその総合したものが私たちの生活空間を作っていると考えられます。逆にいえば，この段階の配置図にあがってきている思想体系は人々の生活空間を簡素化し，単純化してつくりあげられたものでしかないのです。これは近代合理主義にベースをおく思想体系の典型的な特徴で，この単純化によって多くの社会的要素――特に市民生活の質的な側面――が無視される結果となります。この近代主義者による人々の生活の質的側面を無視することは，同時に近代主義の理論的な行き詰まりを表すものです。次章では，こうした点に特に注目しながら，いくつかの議論を紹介したいと思います。

第3章

大きな物語批判：
国際政治経済と現象学

> おまえたち，明敏なわが兄弟よ，私たちはみな貧しい。太陽の下，私たちの国ほど貧しい国はない。私たちのところには，箱にいっぱいの丸い金属も重たい紙もない。パパラギ（白人）の考えからいえば，私たちはみじめな物乞いなのだ。……だがしかし！ おまえたちの目を見，それを金持のアリイ（紳士・男）の目と比べるなら，彼らの目はかすみ，しぼみ，疲れているが，おまえたちの目は大いなる光のように輝いている。喜びに，力に，いのちに，そして健康にあふれ，輝いている。おまえたちの目は，パパラギの国では子どもだけしか持っていない。言葉も話せない，それゆえお金のことは，まだ何も知らない子どもだけしか。[1]
> ——ツイアビ：1900年初頭西サモア・ティアベアの首長

イントロ

　この章では，前章で紹介した伝統的な国際政治経済学理論に対する批判（現象学的アプローチ）を紹介していきます。こうした批判の数というのはかなりあってどれを紹介するか迷うのですが，ここではいわゆる国際関係の中で周辺化・疎外化された人々による伝統的な国際政治経済学批判を取り上げて行きたいと思います。具体的にはフェミニスト，環境保護主義者，そして先住民といった人々などですが，もちろんこれらの人々のみがこのカテゴリーに入ってくるというわけではなく，私が考えつくそうした「周辺化」された人々がこれらの人たちであったということです。上記の人々の声は，それぞれジェンダー関係，文化と自然の

（1）　エーリッヒ・ショイルマン（1981），「パパラギ：はじめて文明を見た南海の酋長ツイアビの演説集」，岡崎照男訳，立風書房，東京，p46.

関係，そして人種関係を中心とした視点からの批判であり，それらは現代国際関係を見ていく中で重要な役割を果たしていると考えられます。また，これらの視点は伝統的な政治経済理論がもつ認識論上の問題を乗り越えたものであるとも言われます。なぜなら，伝統的理論は近代合理主義のベースである客観主義に頼って議論が成り立っていますが，現象学はそれを乗り越える枠組みを持っていると言われるからです。

では，現象学とは何なのか。通常この言葉は数人の哲学者の議論を使って説明されます。この章はそうした哲学者達の理論をもってスタートしたいと思います。

哲学における現象学

哲学の中に，認識論という分野があります。この認識論についての議論は当然人間の認識についての問題――「人間はどのようにして物を認識するのか」――を扱う分野です。通常，人が物を認識するとき，主体――例えば「私達」――と客体――例えば「物」――は完全に分離しているとされます。そして，その主体から分離した客体――例えば石――を認識できるということは，単に頭脳がそのように認識する機能があるからだと思いがちです。しかし，私たちの頭の中にある石の像と私たちの目の前にある石とが全く同じであるということが言えるのでしょうか？　何をもってその同一性を証明できるのでしょうか？

最も一般的な答えは，カントの議論（実証主義）に代表されます。それは，すべての人間には同様な認識力があり，すべての人間はこの石を同様に認識していると仮定するものです。100人のうち100人が同じようにこの石を認識したとすれば，それによって人々の頭の中にある石と目の前にある石とが同じであると言えるのではないか。これが（多少無理やりという感はありますが）その議論の要約です。

この議論に異を唱えた代表的な人物にエドモンド・フッサールがいます。数学者としても著名だった彼は，現代実証主義が拠って立つ論理学と数学の仮定を検証することから彼の哲学的アプローチを始めたとされます。そしてその後，彼の関心は市民生活の全般にまで広がって行きま

した。彼の主要な関心はあくまでも心理学的な側面ではあったのですが，最終的には現象学と呼ばれるものに行き着きます。[(2)]

　フッサールの現象学は実証主義の論理を拒否します。全ての人が同様な認識力を持つという実証主義の発想は，単なる仮定であってそれは証明不可能であると。彼は，実証主義に代わる理論として現象学を提唱します。現象学というのは大変難解な理論なのですが，一般的には，科学的な装いの客観主義の前に，その物にまつわる私達の生活経験の意味を再確認する試みとして定義されます。現象学にとって重要なのは，世界を客体化することではなく，世界というのは私たちの経験によって構成されていることを認識することであるとされるのです。そのためには，主体と客体との分離を乗り越えるような人と物との関係を作ることが第一のステップとして考えられます。実際フッサールは主体と客体との関係性に焦点を当てていきます。この関係とはいわゆる二つのものを繋げるという意味での関係ではなく，どちらかというと二つのものを包み込むものとしての関係として捉えた方がより理解しやすいかと思います。

　実証主義的な考え方では，世界は個人の経験の前に存在すると仮定されます。その仮定では，私たちは世界と切り離されて存在し，世界を客観的に観察するとされます。フッサールはこの議論を逆に展開します。彼は私たちの意識が世界の前に存在すると主張します。世界は認識プロセスの蓄積の結果であると。ですから，実証主義者が基礎とする客観主義は不十分なレベルでの論理でしかないと言い切ります。彼は実証主義者の仮定は私たちの思考から取り除かれねばならないと主張し，そうすることによってのみ私たちは物自体へアプローチできる，すなわち正しい認識を得ることができると言います。物自体へアプローチするというのは純粋経験を中心に世界を考えるという意味で，これによって所与とされる仮定を取り除くことができるということです。認識論という意味で言えば，私達の純粋な意識のみが正しい認識を得られる存在なのです。

（2）　Richard Bernstein (1975), *The Restructuring of Social Political Theory*, Methuen, London, p.xvii.

ドイツの哲学者ハイデッガーはフッサールの現象学を引き継ぎ，実存主義と呼ばれる体系へと発展させました。実存主義は自由と創造性についての人間という存在の意味を主要な視点とします。フッサールの現象学が，世界は人間の存在の前に「どこか」に存在すると仮定する実証主義を批判し，世界は人間との関係性の中にあるとしました。ハイデッガーの実存主義はそこからさらに発展し，人間と世界がどのように関係するのかということに注目します。実証主義と異なり，実存主義現象学は主体の存在がすでに世界の中にあることを強調します。世界の中に存在する主体は必然的にその世界に生活する意味や重要性を探し出す必要性があります。ということは私達がいかに存在するか，すなわち世界をどのように認識するかは本能などの先に決められた法則によって決定されるのではなく，私たち自身がどのように存在するのかということによってのみ決定されるのです。逆にいえば，すべて所与とされてきた世界は，実は人間ひとりひとりが作るものであるのです。

　フランスの哲学者サルトルはさらにこの議論を進展させます。サルトルの議論は上記の二人の科学的な問題意識から政治的な問題意識へと移行します。彼にとって人間のアイデンティティーや能力は，彼・彼女の選択によって決定されるのです。そしてその選択は，彼・彼女自身の意志に基づいてなされ，前もって決定された本能などによるものではないのです。人間の本能は人間が存在する前にすでに決定されているといういうような実証主義では，こうしたアイデンティティーについての選択は不可能とされてきました。しかし実存主義はそうした考え方を否定することで，ここに人間の個人の意思による選択と行動の自由を（少なくとも論理的には）達成します。その結果，歴史は開放的になり，真っ白なキャンバスになり，そこに描かれるものおよびその方法はすべて人間の意志によって決められるのです。

　国際政治経済学における現象学的アプローチはこうした議論を受け入れ，現代の国際関係を分析します。そこでのスタートはまず，世界にはいろいろな問題──オゾン層の破壊や熱帯雨林の減少，そしていろいろな社会的・政治的抑圧──が山積していることを認識する作業にありま

す。しかし，国際政治経済学の「大きな物語」ではこの世界の状況での人々の生活の意味を知ることは出来ないと，現象学のアプローチをとる人々は主張します。そして，私たちは世界が人々の意思によって作られていることを認識しなければならないと主張します。

伝統的な政治経済学者は世界を「客体化」して観察しようとするために，人々の日々の生活経験を無視していることは明らかです。つまり，この学者的・知識人的視点から見た世界と言うのは人々が作るものではなく人々の生活以前にすでに存在していると仮定されているものです。現象学的なアプローチから言えば，これは明らかにおかしな見方です。なぜなら，世界は人々が作るものであり，人々の経験や意思が映し出されると言う形で人々の前に現れるものであるからです。そして，世界は私達の日々の生活に基づいた形で作られなければならないのです。

この意味では，現象学的なアプローチは「ボトムアップ」の意志決定過程を作るための試みとして解釈することも可能です。国際政治経済の伝統的な言説では，世界は幾つかの普段の生活から切り離された部分・機関によって構成されると仮定されています。それは，例えば，国連であり，民族国家であり，政府であり，国際機関などの一般的に国際関係という名前から連想されるようなものです。しかし，現象学は「ボトムアップ」の要素で構成される世界像を描きます。それは，現在の世界がいかに人々の生活を破壊し，蹂躙し，混乱させているかを明らかにし，そしてその経験を元にした代替的政策の提示を意味します。まさに国際政治経済における草の根活動と呼べるでしょう。

ここからは，国際政治経済の「大きな物語」についての幾つかの現象学的な批判を紹介します。最初にフェミニズムによる国際政治経済学批判，第二に環境問題という視点からの批判，第三に先住民から提示された議論という順番です。これら三つの視点は，これまで国際政治経済学が依拠してきた前提や仮定がいかに人々の生活という側面を無視してきたのかという点を明らかにします。そして，そうした側面から新たな世界像を描き出すのです。

フェミニズム

　先の現象学・実存主義全般の説明の後に，フェミニズムが来ることを不思議に思う人も多いかも知れません。フェミニズムがここで紹介される理由と言うのは，フェミニズムがこれまで重要視してきた女性の日々の生活が実は政治的であるという事実，すなわち "Private is Political"（私的なものは政治的である）という発想によります。私的な領域で行われる事は政治的ではないという一般的な解釈に異議を唱え，人々の日々の生活が実は多くの権力構造や政治信条によって作られ，そして同時にそれを再生産していることを明らかにしました。その最も顕著な例としてあげられるのが家父長制――男女間の差別の構造――についての批判です。

　しかし，これまでの国際政治経済学は「女性」の声をその理論的枠組みに入れることはありませんでした。フェミニストは18世紀から本格的に政治的な活動を始めたということ，世界の人口のおよそ半分が「女性」であるといった事実にもかかわらず，国際関係学の主流派はジェンダー関係に十分な注意を払うことが無かったというのがその理由であるといわれます。実際，イギリスの国際関係学者，フレッド・ハリデーは最近までジェンダー関係について国際関係学がほとんど関心を持たなかったことは，学術図書館や大学の図書館の書棚を見ても明らかであると述べています[3]。国際関係学の中でそうなのですから，その一分野としての国際政治経済学のなかでジェンダー関係が無視されてきたのはある意味当然なのかも知れません。

「女性」が国際政治経済学のなかで不在だった理由を詳しく見ていくと，さらにいくつかその要因が見えてきます。ひとつは国際政治経済という学問はジェンダー中立的であり，「女性」について特別に議論することは無いという実証主義的な信じ込みがあります。これは経済学などの科

（3） Fred Halliday (1991), "Hidden from International Relations: women and the international arena", in Rebecca Grant and Kathleen Newland, eds., *Gender and International Relations,* Open University Press, Milton Keynes, p.158.

学的な装いを持つ学問に共通なもので，科学，特に国際政治経済は，「女性」の社会的地位や「男女間」の問題に影響すること，もしくは影響を受けることは無いと信じられてきました。そこでは，性分業や性差というものは国際政治経済という分野においては全く意味が無いと思われてきたのです。すなわち，国際政治経済とジェンダー関係とはつながりの無い二つの分野として捉えられてきたわけです。

　二番目の理由は，フェミニスト達自身が国際政治経済学の中に登場することが最近までなかったことがあげられます。これまでの多くのフェミニストは小さなコミュニティーの中もしくは特定の国家の中での「女性」に対する抑圧は分析してきましたが，国際的な視点からそれを行うことが少なかったというのも事実でしょう。これまでの「国際的」なフェミニズムも国家ベース，特定分野ベースでの横のつながりとしてしか展開せず，世界を一つと考えた上で「女性」の経済的抑圧構造に抵抗する世界的なフェミニズムという形にはなってこなかったのもこうした要因のためなのかも知れません。

　しかし，こうしたフェミニズムの国際政治経済における不在は，1980年代から90年代にかけて国際関係へのフェミニズムの登場とともに終わりを告げます。1988年に国際関係の最先端の学会誌として有名な「ミレニアム」が「女性と国際関係」という特別号を発刊し，1993年にはこれまた有名な学会誌「オルタナティブズ」が「フェミニストが書く国際関係」という特別号を出します。また，アメリカの国際関係学会であるISA（International Studies Association）の「フェミニスト理論とジェンダー学」（Feminist Theory and Gender Relations）という部会が近年急激な勢いでメンバー数を増加しているのもこうした関心の高まりを表しています。

　フェミニズムが国際政治経済学の中で展開する主流派批判は，当然それらの理論の中におけるジェンダー関係の不在に集中します。この点は，主流派政治経済学の中での登場人物に埋め込まれている仮定に象徴されます。そこでは，すべての登場人物は自律的で，利益最大化を目指し，そしてそれが合理的だと仮定されます。この仮定が国家に適用されたと

き，重商主義は納得のいく理論となります。自由主義もまた個人や企業のトップ，金融コンサルタント，銀行家，そして多国籍企業などをこの合理的な人間像をもって分析します。また，マルクス主義は階級がこうした合理性をもつと考えます。

そうした中で，フェミニストの多くが特に批判の標的にするのは，自由主義が典型的に前提とする「合理的経済人モデル」と呼ばれるものです。「合理的経済人」は自由主義思想の中では全ての人間行動の本質を表していると仮定されます。しかし，このモデルはミクロ経済学の教科書でよく見られるロビンソー・クルーソー・モデルで説明されるところからも明らかですが，ヨーロッパの特定の地域（イギリス）の男性人間像をベースとしていることも注意が必要です。このモデルに見られる人間行動は，イギリスにおいていかに男性が合理的な計算をもって行動を計画・遂行するかということについての社会的・文化的な「常識」を前提します[4]。そこで，多くのフェミニスト，例えば，A・ティックナーやS・ピーターソンはもし女性の経験が人間行動のモデルに組み込まれたら，こうした前提の多くが崩れると主張します[5]。また，A・ジャガーは，「合理的経済人モデル」は，マインド（頭脳）とボディー（身体）との乖離を前提とし，マインドの方がボディーよりも重要であるという前提によって成り立っていると主張します。そしてマインドは男性と，ボディーは女性と関連させられ，その結果，資本主義の発達とともに，男は仕事・女は家庭というような性的な分業を促進したと言います[6]。実際，若干の例外を除き，資本主義の多くの国では男性が政治，科学，経済，

---

(4) Morishima Michio (1990), "Ideology and Economic Activity", in Alberto Martinelli and Neil J. Smelser, eds., *Economy and Society: overviews in economic sociology*, Sage Publishers, London, p.52.

(5) J. Ann Tickner (1991), "On the Fringes of the World Economy: a feminist perspective", in Craig Murphy and Roger Tooze, eds., *New International Political Economy*, Lynne Rienner, Boulder, p.191.

(6) Alison M. Jaggar (1983), *Feminist Politics and Human Nature*, Rowman & Allanheld, New Jersey, p.46.

文化そして宗教など「公的」な分野を支配し、女性は家事や育児などの「日々の生活」もしくは「私的」な分野についての責任を負うという構造が存在しているようです。ですから、女性が考える政治学理論というのが、人々の相互依存や子どもなどにある依存性などをまったく無視した形になるとは考えにくいとの主張も当然ありえるでしょう。またそうした理論は自由主義が当然視する強烈な自己中心主義や完全な自己自律性のみを合理的であるという仮定を簡単に受け入れることはないであろうとも言えます[7]。

また、多くのフェミニストは自由主義政治経済学が拠って立つ「完全競争」の概念も批判します。その批判の中では、絶対的な利益配分と相対的な利益とが区別して考えられなければならないと主張されます。確かに自由主義政治経済学が主張するように「完全競争」下では全ての人が何らかの利益を得るかもしれません。すなわち、絶対的な利益は全ての人々に行き渡るかもしれませんが、しかし、金持ちの所へはより多くの富が、そしてそうでない人たちの所へはより少ない富が配分されているという感覚は拭い去れません。実際、南北格差は戦後のどの時期よりも現在の格差の方が大きいですし、同時に男女間格差もまたなかなか解消できていません。つまり、自由主義が前提とするような公平な所得配分は達成できていないばかりか、逆に格差を広げる傾向があると言われます[8]。

A・ティックナーは、女性の仕事は市場の外で行われる事が多いので、市場を活性化するような政策は男女間の所得格差を広げがちであると議論しています。さらに、女性が市場へ参加しようとしても、女性は男性と同等な報酬を受け取っていません。女性の手の中にある富の少なさや、

---

(7) Alison M. Jaggar (1983), ibid, p.46
(8) 実際、国連の*Report to the U.N. Committee on the Status of Women*, April 1981では、「世界における女性は、人口の半分を占める一方で、労働市場における1/3の労働力、1/10の所得、1/100の資産しか持っていない」と述べています。
U.N. Secretary General Kurt Waldheim (1981) *Report to the U.N. Committee on the Status of Women*, April 1981, p18, quoted in Allison M. Jaggar, op.cit., p.138.

仕事をしても周辺的な仕事ばかりさせられるという事実は，女性が市場参加するときに相当不利な状況を作り出しているのです[9]。

　ジェンダーの視点からは，これまでの開発についての理論にも問題があることが指摘されています。実際，開発政策と女性の社会的地位については，これまで多くの問題があると批判されてきました。国連の「女性の10年」では，近代化と開発についての政策プロセスにおいて地元の女性の参加が著しく少ないことが「第三世界」における女性の社会的・政治的地位の低下と関連していることが明らかにされました[10]。同様に，現在の開発戦略は女性の日々の生産的役割や女性の方が社会的変化による政治的・経済的な打撃を受けやすいことなどをこれまでの開発政策が無視してきたということもよく言われます。ですから，開発戦略の企画・運営への女性の更なる参加が求められているのです。

　しかし，女性が政策決定に参加することのみで女性の地位が自動的に向上するとは言えません。なぜなら，開発政策の多くは，開発理論——ジェンダーという点について伝統的に非常に無関心である——に基づいて作られるからです。つまり，理論自体の形成に女性が参加しなければ，いくら政策決定プロセスに女性が参加しても，男性中心的な理論に基づいて開発が行われるのならその効果は半減してしまうと考えられるということです。実際，多くの開発政策の根幹を形作るのはIMF（国際通貨基金）や世界銀行で，それらの機関による政策——特に悪名高いSAPs（構造調整政策）——は「途上国」において女性の地位を低下させる強い傾向があることが報告されています。自由主義に基づくこうした市場中心的な政策は経済発展に直接的に結びつき，全ての人がその恩恵に預かるはずなのですが，実際には女性はその恩恵どころか，そのつけを払わされているのが実情のようです。なぜなら，経済の自由化・市場の開放は多くの場合，賃金の払われる仕事から賃金の払われない仕事（伝統

（9）　J. Ann Tickner (1991), op.cit., p.195.

（10）　J. Ann Tickner (1992), *Gender in International Relations: feminist perspectives on achieving global security*, Columbia University Press, New York, p.76.

的に女性の仕事とされてきたものや，脅迫や暴力による賃金の未払いによる）へのシフトを意味しているからです。そこでは，女性による市場外の労働もしくは何らかの理由で賃金の払われない労働が重要な役割を果たすと考えられます。[11] 換言すれば，自由主義政治経済学は市場外で取引される財・サービス（ここでは労働）について全く無力であると考えられるのです。そして，そうした現代の自由主義政治経済学に基づいて作られるIMFや世界銀行の政策は，どうしても男性と女性との間の格差を拡大してしまう傾向を持つというわけです。

　もちろん，フェミニストの批判の対象は自由主義政治経済学にとどまりません。重商主義政治経済理論も，自由主義と同様の前提を持っていることから同じ様に批判の対象となります。前章で述べたように，重商主義は国家のみを国際政治経済の主要なアクターとして考えますから，フェミニストの重商主義分析はまずこの国家という存在自体がジェンダーという視点から問題が無いかどうかという点から始まります。そして国際的な空間――特に外交政策・国防・そして経済政策――が男性によって支配されているかどうかを検証します。

　よく言われるのは，現在の国防や外交政策によって女性よりも男性の方がより多くの利益を受けているのではないかという問題です。これまでの戦争の歴史に登場する女性の少なさを見ればこの問題は明らかです。同様に国家の富を最大化しようという経済政策も男性有利に機能すると言われます。一般的には重商主義自体，男性中心的な論理によって成り立っていることは明らかです。国家の特徴がその「合理的」行動にあり，そしてその「合理性」が男性によって定義されているのならば，国家を中心とした論理が男女間の格差を促進していることは明らかでしょう。

　また，重商主義では国家は統一された存在として定義されています。ですから，重商主義者は国家内での富の分配という問題にはまったく関

---

(11) Caroline O.N. Moser (1991), "Gender Planning in the Third World: meeting practical and strategic needs", R. Grant and K. Newland, eds., *Gender and International Relations*, Open University Press, Milton Keynes, p.104.

心がなく，その関心はもっぱら蓄積された富の国際間比較という形をとります。しかし，ジェンダーの視点からはこれは非常に問題があるということになります。というのも，経済という言葉の定義を人々の生活レベルの問題であるとする経済分析においては，一国のGDP（国内総生産）の増加が全ての人の生活レベルを向上させているかどうかが重要な問題となるからです。そして，もしそこで男女間の所得格差や資産格差があるのならば，いかに一国の総合的な生産が伸びていようともその国の経済が向上したとは言えないというジェンダー論的な結論になります。

　重商主義が国家主権の存続を中心とした考え方であることはこれまでずっと述べてきましたが，そのため重商主義者は防衛支出や国家主権にからむ支出は他の政府支出よりも重要であると主張する傾向があります。この考え方をする人々は同時に福祉支出や教育，そして社会保障関係の支出を削減しようと言う政策提言に賛成する傾向があるようです。こうした政策の導入はしばしば男性より女性に大きな打撃を与えます。特にシングル・ペアレントや失業中の人々，貧困ラインよりもより低い生活水準で生活する人々に与える打撃は顕著です。そして，こうした人々のなかに女性の占める割合というのは非常に高いのです。

　しかし，重商主義者はこうした人々の生活に直接与える打撃よりも国家の存亡により関心があるようです。そしてそうした人々が主張する理論においては，「合理的」という言葉は国家存続という目的に照らし合わせてのみ使用されます。そして，その目的に反するものは，それがいかに人々の生活に直接的にプラスになろうとも，国家存続が優先されるのです。簡単に言えば，食事ができなくなっても戦争は続行しなければならないということです。これは戦前の日本をみれば明らかでしょう。現代社会においても，自分の所属する社会の経済的繁栄のためには家庭を顧みないほどの努力が必要ということでしょうか。家族や，個人の利益は国家の利益の前にはさほど意味の無いものであるとされてしまいます。この意味では，自由主義者が主張する経済的合理主義が男性を有利にするように，重商主義者が主張する戦略的合理主義もまた男性を有利にするのです。

先に述べましたが，重商主義は世界の無政府状態を前提として理論化されています。そこでは，中世の哲学者ホッブズが自然状態と呼んだ「万人の万人に対する闘争」という状態が仮定されています。そこでは，暴力や欺瞞が常識的な人間の行動とされます。ですから，それを前提とした行動のみが「合理的」となるのです。そしてその「合理的」行動は，実はヨーロッパの男性像をベースとして作られているという事実は，その理論をベースとした政策による，ジェンダー関係の悪化を十分に説明できるでしょう。

　こうして，自由主義，重商主義についてのフェミニズムからの批判を紹介してきましたが，フェミニストによるマルクス主義批判は微妙にその重商主義・自由主義批判と色を異にしていることを明確にしなければなりません。それは，フェミニズムとマルクス主義には共通する部分があるからです。第一に，フェミニストもマルクス主義者も知識というものが社会構造の一部であると考えます。マルクス主義は重商主義や自由主義が拠って立つ普遍的なそして抽象的な合理性や客観性に疑問を呈します。これはフェミニズムも同様です。第二に，マルクス主義者は社会の中で不遇されている・疎外されている人々のために議論していると主張します。そうした意味では，フェミニズムもマルクス主義も現在の社会構造を改革しようとする点で共通性があります。

　しかし，こうした共通性はフェミニズムによるマルクス主義批判が存在しないということを意味しているわけではありません。やはり，マルクス主義にも女性の日々の生活を無視して理論が作られていると言う特徴は厳然としてあるのです。そうした意味ではマルクス主義もやはり男性中心主義的な理論であるという点は重商主義や自由主義と同様です。

　マルクス主義は世界を一つの普遍的な経済「システム」と捉えます。ですから「階級システム」や「資本主義システム」といった概念が世界を描写するのに最も適当であると考えるのです。そして，こうしたシステムはジェンダーと言う点では中立的であると考えるのです。ここがフェミニストの批判する第一点目です。

　第二の点は，マルクス主義が階級を唯一の社会の構成要素であると考

える点です。例えば、コールは女性の日々の生活が階級という観点からは捉えられないことを主張します(12)。つまり、マルクス主義は、女性の日々の役割が階級そしてその闘争という領域外に存在することを無視しているのです。ですから、フェミニストの多くは、マルクス主義が現代社会は少なくとも二つの異なるシステム——資本主義システムと家父長制——によって形作られていることを無視していると批判します。つまり、伝統的マルクス主義者は、資本主義システムとそのベースとしての階級関係を社会の決定要因とし、男女間の差別的構造には目もくれないという状況にあるのです。しかしフェミニスト側からすれば、この二つのシステムは互いに関係し合い、影響し合っており、一方を分析するときには他方を無視できないという関係にあるとされます。例えば、資本主義社会においては、ジェンダーの不平等な関係は資本主義が崩壊し共産主義に移ると解消されるといわれてきましたが、共産主義社会にも多くのジェンダー・バイアス（男女間の不平等関係）についての報告がなされてきました(13)。身近なところでは、マルクス主義に基づいた労働組合の運動が強力な男性中心主義的な構成をもってなされてきたことなどもその例としては適当でしょう。

　このようにいかに疎外された人々を支援しようとするマルクス主義であろうとも、ジェンダーという意味ではかなり不完全なものであることが明らかです。ですから、この理論に基づいた政党、社会運動、労働運動の多くで女性に対する差別が日常的に発生していることは当然過ぎるほど当然なことです。そういう意味では、これからのマルクス主義は階級闘争のみを前提とした経済偏重型の思想体系を柔軟に変えていく必要があることは明白です。この点に関しては第四章で詳しくとりあげます。

（12）　Diana Coole (1993), *Women in Political Theory: from ancient misogyny to contemporary feminism*, second edition, Harvester Wheatsheaf, Hertfordshire, p.149-150.

（13）　例えば、Maxine Molyneux (1991), "Marxism, Feminism, and the Demise of the Soviet Model", in Rebecca Grant and Kathleen Newland, eds., *Gender and International Relations*, op.cit., p.55.

環境保護主義：エコロジーな批判

　私が環境保護主義と呼ぶのはいろいろな意味での自然環境の保護を求める思想体系で，この思想は人々の日々の生活に直接関連する環境をその焦点としているという意味から現象学的であると考え，このセクションで取り上げることにしました。これまで，国際政治経済学は多くの環境保護主義者から，環境問題を無視してきたこと，人間と自然のかかわりに関心を向けてこなかったこと，人間の政治的・経済的活動が環境に与える影響を少なく見積もってきたこと，そして人間の環境に対する責任を検証してこなかったことなどの点について批判を受けてきました。

　環境保護主義といってもいろいろなバラエティーがあります。例えば保守的な環境保護主義は，環境の保護のためには私たちは自然と人間とが分離されていなかった時代に「戻る」必要があると説きますし，比較的新しいアプローチでは「世代間の平等」という概念をつかって，現在の世代は将来世代のために今の環境を残す義務があると主張します。しかしいずれにしろ，これまでの伝統的な国際政治経済学の「大きな物語」が環境をその分析対象から切り離して「外部性」などという言葉をつかって考えてきたことを批判するという意味ではともに重要な視点であることは確かでしょう。

　環境保護主義から提示される第一の問題は，これまでの国際政治経済学が経済的な評価を徹底した統計・数値化によってのみ行ってきたというところにあります。例えば，M. ウォーリングは，現在一般的に使われている国民経済計算と呼ばれる経済評価方法では，環境を守るための政策はまったく経済的な価値をもたないとされることを指摘しています。[14] 実際，現在の経済学では，そうした政府や企業による支出は利益ではなく「費用」とみなすのが一般的です。果たして，このような経済評価方法が環境という点から，そして人々の日々の生活という点から「適切」なものであるのか。その部分は当然疑問視されるべきところでしょう。

　第二に，環境保護主義者は伝統的な「安全保障」の概念にも批判の目

---

(14)　Marilyn Waring (1988), *Counting for Nothing*, Allen & Unwin, Wellington.

を向けます。国際政治経済学の「大きな物語」では,「安全保障」という言葉は非常に狭く定義されていて, 一般的な国際政治経済学においては民族国家の主権と独立を守ることであるとされます。しかし, 自然環境に関心をよせる人々は, この定義ではより広い範囲への「安全保障」概念の適用の可能性を無視していると批判します。では, より広い範囲とは何なのでしょうか。それは, 人々の生活の安全性確保であり, 食料の安全保障であり, 水道水の安定供給であり, 多様な種の保存であり, 公害汚染の除去であり, その他いろいろな自然環境に関連したことがらについての安全保障であるとされます。彼女・彼らは, 資本主義社会における経済的な富や権力の追求は長期的には人々の生活を破壊するであろうと警告します。資源が有限であること, 地球の公害を自浄する力にも限度があることなどを考えれば, この議論は当然過ぎるほど当然です。先に述べたように, 重商主義においては世界は無政府状態をもって表されます。そしてその中で, 全ての国は富と権力を求めて手段を選ばず競争しあうと仮定されます。その結果が, 人類史上先例のない環境破壊であり維持不可能なレベルでの汚染物質の排出なのかも知れません。

　人間の環境を搾取するという行動は, 国家システムと資本主義の登場を契機にするとよくいわれます。16世紀から17世紀にかけて, 世界は重商主義によって支配されていました。その当時に自然環境や資源を国家の権力関係のなかで捉える考え方が出現したといわれます。そうした考え方が出現する前には人間は自然環境の一部であるという考え方が一般的であったと考えられます。この視点から見ると, 人間と自然との分離は不可能であるとされます。この分離が可能となるのは, 17世紀以降の考え方——近代合理主義——の出現を待たねばなりませんでした。この17世紀が国家間システムと資本主義との出現の時代でもあるというのは偶然ではないでしょう。そして, そこでついに人間は自然の支配者としての地位を（勝手に）確立するのです。自然は機械と同様に生命を剥奪され, 人間の社会と文化の展開の道具と成り下がったのです。

　この自然と人間との関係についての概念の大転換は一般に, 啓蒙思想家——ベーコンやニュートン——による科学革命の結果であると言われ

ます。それに続く現代科学の発展は，資本主義経済に自然の搾取の権利を付与するという結果になりました。そして，資本主義経済の急速な発展は更に科学の発展を加速させたとも言えるでしょう。このように科学の発展と資本主義の展開とは相互に関連しあっていると言えるのです。

フェミニストであるA. ティックナーは資本主義的市場経済の出現は環境という意味でとても大きな出来事であったと言います。その飽くなき拡大と終わりなき自然の搾取が科学革命を促進し，それと資本主義が国家間システムの出現とそのヨーロッパを越えた拡大に密接に関連していると主張します。[15] 新しく「発見」された大陸，「前人未到」の「処女地」はヨーロッパの文明の帝国主義とその基盤の科学よりも低位に置かれました。先住民の自然環境との関係は破壊され，同時に資本主義と国家間システムが地球全体を包囲したのです。その結果は，非西洋文化の自然との関係における伝統の完全なる破壊でした。

ティックナーはさらに次のように主張し続けます。とどまることを知らない国家間システムと資本主義の展開は地理的空間についての概念を完全に変えてしまったと。これと同様にマーチャントは，自然を機械的にとらえようとする試みは，ヨーロッパの探検家などによって幾何学的な関心事に変化させられたと議論します。そしてこの国家間システムと資本主義の拡大は，帝国主義時代を通して新しく「発見された」土地や人々の生活を完全に破壊してしまったのです。[16]

こうした機械的な視点は重商主義に限られたわけではありません。自由主義のなかにもこの傾向はしばしば見られるのです。伝統的な自由主義は最近まで自然という概念を明示的には受け入れてきませんでした。しかし，自由主義が暗黙に仮定する「無尽蔵の自然」という概念は，実は自然に大きな問題をもたらしていたのです。第一に，自由主義もまた

---

(15) J. Ann Tickner (1993), "State and Markets: an ecofeminist perspectives on international political economy", *International Political Science Review*, vol. 14, no.1, p.60.

(16) Carolyn Merchant (1989), *Ecological Revolutions: nature, gender, and science in New England*, University of North Carolina Press, Chapel Hill, p.2.

生産や金融，GNPやGDP，失業率やインフレ率などを重視します。こうした指標は，人々の日々の生活を計るに不十分なだけではなく，自然への影響を全く無視しているという意味で有害でさえあるという議論もあります。

例えば，GDPはその時点での価格水準で計られた，その一年間に生産された財・サービスの総計とされます。しかし同時に，こうした財・サービスというのは資源の消費と環境の悪化をともないます。ところがGDPは，こうした環境の悪化を計ることはできません。つまりGDP，GNPの測定方法に問題があるのです。というのも，GDPやGNPの測定においては，環境を悪化させるような生産工程を持つ商品でもプラスとして測定されるのです。逆に，生産過程において環境を保全するような措置を導入した場合，それはコストとしてマイナスの意味で計られることになります。ですから，GDPやGNPの測定方法というのは環境問題においては重要な意味を持つのです。

現代の自由主義者（特に新自由主義者）は，こうした環境に関心を寄せる人々の批判を，自由主義理論独特の方法ではね除けてきました。典型的な例は環境保全を訴える人々を，市場原理を知らない「非合理的」な人々であると決め付けるものです。1992年，世界銀行の幹部は，環境保護主義者の活動を「世界銀行がこれまで行ってきたことに対する大きな脅威である」と述べています。その理由は「そうした人々の中には，ニューエイジや宗教を信じる者などの，合理的・科学的な社会統計を信じず，また長期的な利益を無視する者たちが多く含まれているため」であるとします。[17]

自由主義者の環境に対する反応は，こうした直接的な否定だけに限られません。一方では，環境の問題を無視することはできないが，だからといってそれほど重要な問題ではないという見方も自由主義者の中に多く見られます。これについては多くの重商主義者も同じような考えをも

---

(17) Susan George and Fabrizio Sabelli (1994), *Faith and Credit: the World Bank's secular empire*, Penguin, London, p.164.

っているようです。そこでは，自然というのは，あくまで人間がコントロールし管理するものであり，人間の役に立ってこそその意味があると言われます。つまり，自然というのは社会の進歩に役立つからこそ意味があると言うのです。ですから，経済発展にともない環境が悪化したとしても，それは社会が進歩していることを意味するのですから，それはそれでいいのではないだろうかというような論調になります。

　この考え方から言えば，環境問題というのはそれほど重要な問題ではない，ということになります。世界銀行はこうした議論も援用して，環境派からの批判をかわそうとしました。実際，世界銀行のレポートでは，自然環境の問題というのは「イメージ」の問題であって，実際の経済の問題とは比べ物にならないほどの，小さな問題であると述べています。[18]ですから，世界銀行の大きなプロジェクトであるブラジルやインドネシアでのダム建設プロジェクトをやめる必要は全くないと主張するのです。

　一般的に環境問題は，自由主義経済学理論においては市場外での出来事として「外部経済」と呼ばれ，環境問題などのように社会的にマイナスの効果を持つものは特に「外部負経済」という名前で呼ばれています。これは，「市場の失敗」という概念で語られることもあり，例外的な事例として扱われています。こうした市場に関係しないと言われる事象についての理論的な側面が，自由主義に基づいた政策に影響していることは明らかでしょう。その影響のもと，世界銀行などによって計画される政策においても上述のように環境問題というのは小さな問題として扱われているのです。

　また，自由主義政治経済理論と環境問題を語るときに，見逃してならないのはいわゆる南北問題です。多くの環境問題を研究する社会科学系の研究者は，現在の資本主義社会が資源を持続的に利用している「南」

---

(18) Marjorie Messiter (1986), "In the Eye of the Environmental Storm", *The Bank's World*, November 1986, quoted in Susan George and Fabrizio Sabelli (1994), ibid, p.163.

(19) Paul Ekins (1992), *A New World Order: grassroots movements for global change*, Routledge, London, p.141.

の社会から資源を浪費している「北」の社会への資源の移動によって成り立っていることを指摘しています[19]。つまり,「豊かな」社会の人々の生活は,「貧しい」人々と世界的な環境の破壊によって成り立っているという言い方も可能なのです。

　所得レベルや経済発展という意味で「先進国」に追いつこうとしている「南」の国々にとって環境問題というのはやっかいな問題です。それらの国々はしばしば次のように主張します。「先進国」はその発展段階において,多くの環境破壊を行い,森林を伐採し,空気を汚し,有毒の廃棄物を生産してきたのに,「途上国」はその発展の前に環境保全を強要され,それが経済成長の障害となっていると。つまり,世界的に環境問題を重視することは,「途上国」の「先進国」への移行を阻止するため,そして「先進国」の特権を保持するためにしか機能しないであろうと議論するのです[20]。

　自由主義者にとって,こうした問題はある意味避けがたい問題,すなわち必要悪として理解されています。彼・彼女たちにとって環境問題の顕在化は,避けられないことではあるのですが,同時に経済発展のプロセスの中でおこる短期的な結果でしかないとされるのです。「途上国」が環境の悪化を招くのは単に財政的に環境を保護する余裕がないというだけの話で,経済が成長し財政的な余裕が出てくればこの問題は必然的に解消されると自由主義者達は議論します。もっとも,環境保護を唱える人々からはこの議論は机上の空論でしかなく,具体的にどれだけのGDPに成長すれば環境を保護するだけの余裕が出てくるのかはっきりしないという問題があることを指摘しています。この指摘はもっともで,環境を保護するだけの財政的余裕については,自由主義者はクリアーな基準を持ち合わせていません。そういう意味では,この「余裕」という概念は抽象的なものでしかなく,具体的な根拠がないという批判が出てくるのは当然のことです。

　環境保護思想はしばしばフェミニズム分析の中でも利用されます。そ

---

[20]　Susan George and Fabrizio Sabelli (1994), op.cit., p.169.

れが，いわゆるエコ・フェミニズムと呼ばれる流れです。そこでは，近代合理主義の流れである自然と人間活動との分離は女性に対する差別と同時に始まり，この二つは同じ起源を持つと議論されます。この主張は国際政治経済においては非常に重要なもので，ある意味国際的な権力構造と富の創出についての見解に革命的なインパクトを与えました。

例えばA. ティックナーは，啓蒙思想の科学者や哲学者——ベーコンなど——が使用している性的な例示について疑問を呈します。そして，ベーコンの自然についての表現は非常に男性的であると議論するのです。実際E. F. ケラーによれば，ベーコンは科学的な頭脳の役割というものは自然を馴らし，作り直し，科学に従わせることであると言うのです[21]。

また，ティックナーは次のように述べています。

　17世紀の科学は自然を女性の身体と結び付けました。他方，合理的な思想と頭脳とが男性と結び付けられました。この文化・自然という二分法は女性の地位を低下させることを正当化しました。その意味では啓蒙の時代は女性にとっては進歩的な時代ではありませんでした。フェミニストの歴史家は，偉大な歴史的な変化と進歩の時代である啓蒙時代は女性を政治的・経済的に阻害した時代でしかなかったことを指摘しています[22]。

国家間システムの拡大と資本主義社会の展開は更なる「進歩」を導きましたが，同時に女性の隷属化と自然の搾取もまた導いたのです。世界的な市場経済の拡大は女性の活動を家事のみに押し込め，国内的・国際的とにかかわらず男性と女性との性分業を促進しました。そして，また同時に人間社会の「発展」と富の創造のために地球を「管理」し人間に「従わせる」ことを正当化したのです。

---

(21)　Evelyn Fox Keller (1985), *Reflection on Gender and Science*, Yale University Press, New Haven, p.36.

(22)　J. Ann Tickner (1993), op.cit., p.61.

先住民の権利

　先住民とよばれる民族のリストは非常に長いものです。簡単に述べるだけでも，中南米のインディアンと呼ばれる人々，カナダのイヌイット，オーストラリアのアボリジニ，アオテアロア／ニュージーランドのマオリ，スカンジナビアのサーミ，日本のアイヌ・琉球人，そしてアフリカ，インド，旧ソ連やパプアニューギニアやフィリピン・台湾など，世界各地に見られます。(23)先住民は，ヨーロッパ諸国の植民地にのみ見られるわけではなく，スリランカ，タイ，バングラディッシュ，インドネシアの東チモールやフィリピンのモロと呼ばれる人々などいろいろなケースがあります。そしてそうした人々の多くが，彼・彼女たちの要求を体現するための組織化された社会運動を持っていると言われます。(24)これが，現代世界に広がる先住民運動と呼ばれるものです。

　国際法上，先住民は共通の歴史的伝統，人種的・民族的アイデンティティー，文化的同一性，領土的なつながり，そして共通の経済生活を持つ人々とされます。そして，先住民は独立した民族としての意識を持つこともまたその要件とされます。(25)

　これについてはILO（International Labor Organisation）の169条で，次のように述べられています。すなわち先住民とはある独立国において現在の国境設定の時，もしくは征服や植民化の時点でその祖先がその国もしくはその地域に住んでいた人々のことを指すとされます。更にそこでは，そうした人々のために社会的，経済的，文化的，政治的な面につい

---

(23) Ralph Pettman (1991), *International Politics: balance of power, balance of productivity, balance of ideologies*, Lynne Rienner, Boulder, p.222.

(24) M. Abdus Sabur (1995), "Resurgence of Nationalities: cultural resources for peace and development", in *Culture in Development and Globalization: proceedings of a series of symposia held at Nongkhai, Hanoi and Tokyo*, The Toyota Foundation, Tokyo, pp.374-5.

(25) Sir Paul Reeves (1993), *Indigenous Peoples and Human Rights*, The Australia-New Zealand Studies Center, Pennsylvania, p.3.

て法的な措置をとる必要性が述べられています。

　ILOがそうした措置をとる必要性があると主張するということは，逆にいえば先住民の人々は現在の社会において不利な立場にあることを意味しています。それは，どのようなものなのでしょうか。よく言われるのは，ヨーロッパ諸国による植民地主義が残した問題です。資本主義の進展と，国家間システムの拡大は，西欧文明による多くの「未開の」土地の「発見」をもたらしました。この新世界の「発見」は，「未開」の人々の植民化に続いていきます。資本主義における私的所有権と西欧独特の生産様式は，それまで狩猟を中心とした私的所有権を持たない生活体系を維持してきた人々の生活に大きな衝撃を与えたのです。[26]

　この私的所有権の問題は先住民問題を考えるうえで大きなポイントとなります。私的所有権をもつ社会体系は必然的に所有と交換を導きます。これはミクロ経済学の最初の仮定で，ミクロ経済学では人間が二人いればそこに交換が起こる，すなわち市場が出現すると説明されます。しかし，これは私的所有権を前提とした仮定でしかなく，私的所有権を持たない人々にとっては交換という活動は必然ではなく，そのため現在の経済学で人間生活に無くてはならないと仮定される「市場」の概念も当然ないのです。

　先住民の多くがこの私的所有権の概念を持たなかったということはどういうことでしょうか。アオテアロア／ニュージーランドのマオリや日本のアイヌなどは典型的な例ですので，まずそこから議論を進めていきましょう。上にあげた先住民に対して私的所有権をベースとした経済構造の西欧や日本が生産品の交換・貿易などをしようとしても，それがまともに成り立たなかったのはある意味当然の話です。そして，一般的には私的所有権を持つ側が持たない側を，暴力をもって時には騙すような形で支配するという結果を招いています。そしてその不当な貿易や支配に対して多くの先住民が反乱を起こすのです。実際，日本におけるシャ

（26）Jan Jindy Pettman (1992), *Living in the Margins: racism, sexism and feminism in Australia*, Allen&Unwin, Sydney, p.18.

クシャインの戦いやマオリのワイタンギ条約に結実する戦いなど，世界中にそうした抵抗を見ることができます。一時期，ハリウッドで量産されたカウボーイ映画の多くは，こうした抵抗を白人の目から見たものであると言えるでしょう。ただ，90年代に入って逆に先住民（ネイティブ・アメリカン＝インディアンと呼ばれた人々）の立場からの映画も出てきているようです[27]。

　この私的所有権という概念にまつわる説話は世界中に見ることができます。これらの説話の共通点は，私的所有権概念を持たない人々が盗人的な烙印をおされ，これらの人々はぐうたらで仕事もまともにしないというイメージで描かれます。例えば，日本ではこの構図は「鬼」にまつわるいろいろな説話という形で出てきます。桃太郎やその他の多くの「鬼」が登場する話では，「鬼」は必ず里に下りて来て村の作物を「荒らし」ます。日本の先住民には，他の地域の先住民と同様私的所有権の概念がなかったでしょうから，「私のもの」と「あなたのもの」との区別は非常にあやふやな形で定義されていたと思われます。その文脈で言えば，神からの授かりものとしての食物は誰に帰属するわけでもないのですから，そこが森であろうと畑であろうと，それらの人々がそこにある野菜や果物を採っていくのは当然です。

　私的所有権の概念をベースに作られた社会に生まれた人々は，このような狩猟型の生活をしている人々を「盗人」と呼ぶでしょう。なぜなら，ある個人が耕した畑でとれた作物はその個人に帰属すると考えるからです。その作物を無断で採っていく人々は「盗人」ということになるのでしょう。歴史的に見て，この私的所有権にまつわる考え方の違いは残念ながらその概念を持つ側の論理が一方的に優勢となるという事例が多いようです。オーストラリアのケース，アオテアロア／ニュージーランドのケース，日本，アメリカなど，私的所有権を持つ側が支配的な位置を占め，持たない側がそのシステムに無理やり引きずり込まれるという構

---

(27) 例えば，「ダンス・ウィズ・ウルヴス」や「デッド・マン」，さらには「ザ・ラスト・オブ・モヒカン」などは典型的な例といえるでしょう。

図が多く見られます。日本の場合は、そのシステムの論理が「他者」としての先住民をさらに疎外し、その結果「鬼」にまつわる説話が生まれたと考えられます。「鬼」が最終的に謝り改悛するという場面が持つ意味は、私的所有権のない側がある側によって抑圧されたということなのです。節分に子どもたちが叫ぶ「鬼は外・福は内」という言葉は、世界を危機的な状況に追い込み、今でもその影響が強く残っている植民地主義の典型的な言説であると言えるのかも知れません。

　このような私的所有権についての一方的な抑圧は、今でも世界中に見ることができます。アオテアロア／ニュージーランドではマオリの人々に対して、「ぐうたら」で失業保険にばかり頼って生きている人々というイメージを持つパケハ（ヨーロッパ系移民）は多いですし、オーストラリアでも「アボリジニ」の人々に対する差別は同様のイメージをベースとして作られています。日本においても、アイヌの人々に対しての差別はこの文脈で語ることが可能だと思われます。こうした差別的なイメージは社会レベルにとどまらず、公的な側面にも見ることができます。

　ハリウッドの映画が歴史の支配者側からの一方的な視点に基づいて作られてきたように、多くの国家は歴史を自分たちの都合のいいように作ってきました。例えば、J. J. ペットマンは、オーストラリアの歴史は白人の支配を正当化するために、先住民や暴力の歴史、略奪、人種差別を隠してきたことを指摘します。そして、そうした問題が顕在化するとき、その被害者の方に問題があったと国家による歴史は述べてきたことを指摘します。しかし、オーストラリアの先住民には彼・彼女たちによる歴史があり、その歴史に基づいて彼・彼女たちのために何がなされるべきなのかという独自の知識もあると、彼女は主張するのです。[28]

　もちろん、これはオーストラリアに限った話ではありません。日本でも、アイヌ民族や琉球の歴史について教室で語られることはほとんどありません。ましてや、北海道が日本という国家による植民地であり、そ

---

(28)　Jan Jindy Pettman (1988), "Learning About Power and Powerless: Aborigines and white Australian's bicentenary", *Race and Class,* vol. 29, no.3, P.69.

こに設立された札幌農学校(現在の北海道大学)が,日本が対外的に展開した帝国主義的植民地政策の理論的支柱を作り出していたことなど,歴史の教科書では触れられることもありません。逆に,アイヌ民族に対する差別的表現を繰り返し使っていたにもかかわらず,日本の歴史において新渡戸稲造などは最初の「国際人」として祭り上げられてしまうのです。

　こうした,先住民に対する差別的な社会構造は,彼・彼女たちに徹底的に不利な状況をもたらします。もともと私的所有権のなかった先住民の人々が,市場の交換のなかで不利にあったのは簡単に想像がつきますが,先にも述べたようにそれが支配者側の公的な歴史の上では「怠惰」で「非合理的」な人々として烙印を押さる結果となるのです。今でも日本(特に北海道)に残るアイヌ差別はこの典型的な例です。

　現在では,こうした問題も徐々に解決の方向へ向かっていると考える人もいます。例えば,オーストラリアにおいては先住民の文化が復興していますし,日本においても不十分なものではありますがアイヌ新法が制定されたこともその主張を裏付けます。こうした新しい動きは,確かに先住民の存在が顕在化したという点においては評価できるでしょうが,逆にこれでは不十分であると指摘する声も少なくありません。例えば,先のJ. J. ペットマンは,大学の中の問題を指摘しています。彼女によれば,確かに最近大学や高等研究期間において先住民の人々を見る機会が多くなってきているものの,そのほとんどの人は,先住民についての学問やそれにまつわる分野でしか働くことができないのです。つまり,そうした人たちが雇われている理由は純粋にその人々が先住民であるからというものでしかないと言えます。逆に言えば,それ以外の職を得ることが先住民にとって困難であるということを意味しているのです[29]。確かに,オーストラリアでは先住民の文化は商品化されていますし,日本のアイヌのケースでもアイヌ新法はアイヌ民族を「文化」の枠に押し込めてしまっています。先住民の存在がその希少性,もしくは主流派の生活

---

(29)　Jan Jindy Pettman (1992), op.cit., p.138.

形態からの逸脱によってのみ定義づけられてしまっています。つまり，私的所有権をベースとした資本主義の論理の中に包含しようという動きとしてこれらの新しい動きがあるとも言えるでしょう。そして，それは先住民の人々の生活全般にわたる問題，つまり人種差別や社会的な不利益を隠してしまうかも知れないのです。

しかし，1990年代後半に入って，先住民の生活体系に学ぼうという動きも出てきていることは注目に値します。これは，その希少性に焦点を当てるのではなく，その生活体系の環境との関係性に注目するアプローチです。土地や自然環境との関係を重視する先住民の生活システムは，いわゆる発展の維持可能性という概念と重なり合います。環境を無限の資源の供給源としか見てこなかった西洋合理主義と近代政治経済学は，環境破壊という結果を招きました。これに対して，環境を生活システムの一部として位置付ける先住民の生活のほうがより洗練された生活体系なのではないだろうかという意見が出てきています。

この点において，先住民と環境保護を訴える人々との間の協力関係ができると言えます。この協力関係によって新たな政治経済オルタナティブの可能性が出てくるのです。そしてこのオルタナティブにこそ，大衆消費社会による破滅的な将来像とは対照的なクリーンな将来像が出てくると主張する人も多くいます。[30]

先住民のコミュニティーに基づいた思想様式は，行き詰まった現代民主主義概念にも重要な示唆を与えています。現代の政治経済的な発展理論は，民主主義と市場原理とを主要な原理としてきましたが，実際にはすべての人の参加をベースとした政治経済体制というのはまだまだ実現されていません。参加できていない人々が存在するということは同時に多くの問題が存在していることを意味しています。政策を策定・施行する場合にそうした阻害された人々の声が無視されることは往々にして起

---

(30) M. Abdus Sabur (1995), "Resurgence of Nationalities: cultural resources for peace and development", in *Culture in Development and Globalization: proceedings of a series of symposia held at Nongkhai, Hanoi and Tokyo*, The Toyota Foundation, Tokyo, pp.374-5.

こることです。これは，多くの先住民のコミュニティーにおける意思決定と大きな違いをなす部分です。よく言われるのは，こうした先住民のコミュニティーではコンセンサスに達するまで十分な議論や意見の交換という努力が払われるという特徴があるといわれます。経済的合理性の名のもとに議論もそこそこで多数決で決定する現代の民主主義とは大きな違いを見せます。そしてこのルールは，理想としていわれるのではなく当たり前の規範として存在するのです。M. A. サブアはこれが先住民コミュニティーの強さの源であると言います(31)。その意味では，この意思決定の先住民の手続き論もまた将来の政治経済に重要な示唆を与えるものと言えるでしょう。

そのほかにも先住民の生活様式・思想体系が現代政治経済に示唆するものは多くあります。例えば，先住民は多くの場合現代的な消費至上主義を否定します。自己中心的な消費至上主義は，先住民的な考え方である「自然の中に存在する自己」という概念とは対立するのです。また，個人主義的な西洋思想と対立した概念としてのコミュニティーをベースとした人間像も先住民の思想体系に特徴的なものです。こうした視点から現代政治経済を見ることは批判的な視座からの分析を促進しますし，同時に先住民の生活体系が意味するものの重要性を明らかにします。

残念ながら，先住民の思想はしばしば現代思想に比べて時代遅れで保守的であるというようなイメージで語られることが多いようです。しかし，先住民の思想には現代社会における思想が受け入れることができない，見逃してきた，そして想像すらできないような考え方が多く見られます。例えば，先住民社会における医療は，西洋型の医療――身体を部分に分け局部を治療する――と異なり身体全体をひとつのシステムとした医学を持っていることが多いと言われます。そこでは，身体の概念の中に脳も入ってくるわけで，その意味では西洋型の頭脳と身体の分離という典型的な合理主義思想とかなり異なっています。つまり，「病は気から」というように身体の不調は精神的な不調と深い関係があるという

---

(31) M. Abdus Sabur (1995), ibid, p.376.

このように，先住民の権利についての闘争は，単にそうした人々に対する差別を阻止するだけでなく，将来の地球全体に対する重要な示唆を与えるものであると言えます。その意味では，先住民の思想・生活体系に注目することはこれからの国際政治経済の中で大きな意味をもちますし，絶対に見逃してはならないポイントであることは明らかです。

枠組みの問題　その2

前章で述べた，枠組みとこれら新しいアプローチとの関係はどうなるのかという問題はここで避けて通るわけにはいかないでしょう。ここで紹介した三つの視点は，これまでの国際政治経済の枠組みの中では無視され，疎外されてきたものであることは，この章の最初で述べました。しかし，ここまで議論してきたように，ここで紹介した議論のどれもがそれぞれの合理的な思想体系を持ち，非常に洗練された論理を展開しているのです。

こうした議論が国際政治経済の枠組みに入ってくることは，すなわち国際政治経済の「主体」の多様化を意味しています。フェミニズムにはフェミニズムの，環境保護主義には環境保護主義の「主体」が存在し，ある場面ではそうした主体同士のオーバーラップさえ起こりえるのです。これに対して，伝統的な国際政治経済理論は固定化した「主体」を前提としてきました。そして，ここにこの画一性と多様性との軸の出現があり，枠組みの問題を再論する必要性がでてくるのです。

前章で紹介した図1を思い出してください。そこでは，右派・左派という対立軸と個人主義（市場主義）・集団主義（介入主義）という対立軸によって伝統的な政治経済思想を考えました。そこでは，スターリニズムやファシズムという極端な思想や新自由主義・新マルクス主義などの位置付けを見ることができたと思います。さて，ここにこの現象学的なアプローチ群を導入するためにはどのような図が必要となるのか。まず，先の図のままで二つの軸を中心に考えてみましょう。

例えばフェミニズムについての考え方は，図1の曲線状のどこに位置

するのか。これは難問です。なぜなら，この曲線にのっている理論群自体がジェンダーの問題などまったくその理論的な視野の中にもっていないからです。伝統的な政治経済理論は競争や紛争を中心的な概念にすることで発展してきました。暴力や搾取がその主役だったのです。では，そこでどれほど女性の存在が注目されてきたのでしょうか。最近の国際政治経済の中で注目を浴びた女性といえばイギリスのマーガレット・サッチャーぐらいでしょうし，サッチャーの政策が「フェミニズム的」であったかどうかはかなり疑問のあるところです。つまり，明らかに理論の中で女性は無視されてきたわけです。では，先住民はどうでしょう。どれほどの先住民が国際政治経済の舞台に登場してきたのでしょうか。これもまた皆無といわねばなりません。日本のアイヌ民族や琉球民族も国際的な問題の主体として取り上げられることはありませんでしたし，アオテアロア／ニュージーランドのマオリやネイティブ・アメリカンの人々もまた国際舞台とは無縁のようです。

　これらの人々が国際的な言説の中で無視されてきた理由は，これらの人々が言説を作る主体ではなかったということがあるでしょう。女性や先住民の内どれほどの人が国政政治を「語る」側に存在したのか。残念ながら，これまで多くの国際政治学者や国際的な政治家はアングロ・サクソンで中流階級出身の英語圏の男性か，もしくはそうしたカテゴリーに属する機関で訓練を受けた人々でした。つまり，国際政治経済学の主体の画一性が国際政治経済学の顕著な特徴であったのです（この点については第5章でより詳しく議論します）。

　では，こうした主体の画一性は，先ほどの図（p.96）との関係で何を意味するのでしょうか。それは，図1が平面であることを意味します。もし，第三の軸として主体の画一性と多様性の対比を導入するならば，当然のように先の図は立体的にならなければなりません。つまり，主体の画一性を前提とした理論体系は，二次元にとどまってしまうということになります。

　先の図1に，多様性の軸を導入すると，図2になります。これに，図1の馬蹄型の配置図を重ね，これを図2の右下の方（右派・左派軸上の

市場主義（個人主義）

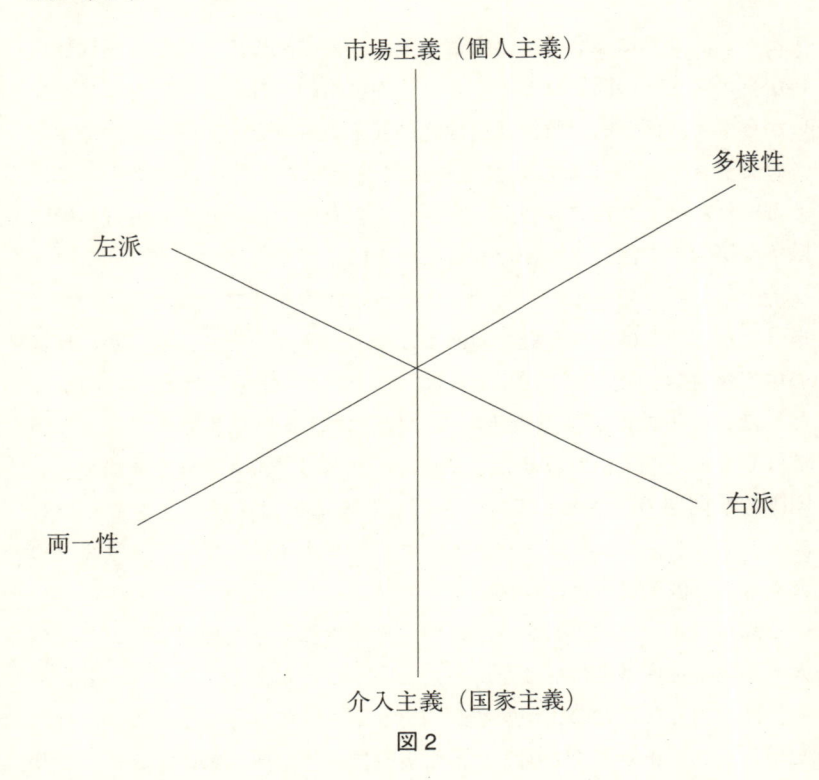

多様性

左派

両一性

右派

介入主義（国家主義）

図2

右端）から見てみます。すると，図3のようになるでしょう。

　ここで，配置がゆるやかなカーブのコの字型となっているのは，これらの思想体系すべては画一的であるのですが，中でもファシズムやスターリニズムが徹底した集団的思想を強要するのと同様に新自由主義が徹底した個人主義を強要することからこうした形にしています。そういう意味では，新自由主義もまた主体の画一性を前提にしているという点からファシズム的であると言えます。ここでも，日本の政党名を入れていますが，これもまたあくまでも参考ということで考えてください。

　この図からわかるように，伝統的な思想は活動主体の多様性という意味で非常に弱いと考えられます。特に，現代の国際政治経済の中で重要なのはファシズム・スターリニズムと新自由主義でしょう。ファシズムが画一化を強要するのは日本の軍国主義を見れば明らかでしょうし，ス

市場主義（個人主義）

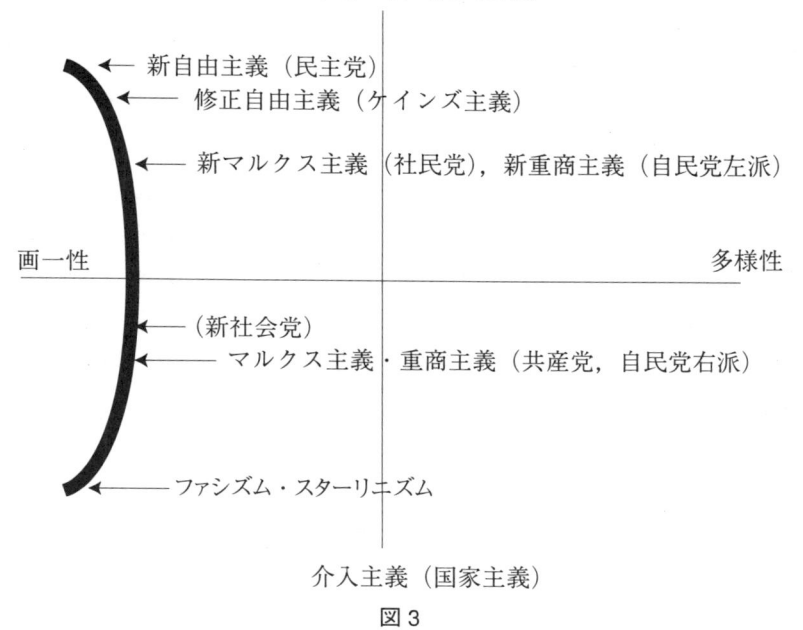

　　　←── 新自由主義（民主党）
　　　←── 修正自由主義（ケインズ主義）
　　　←── 新マルクス主義（社民党），新重商主義（自民党左派）

画一性　　　　　　　　　　　　　　　　　多様性

　　　←──（新社会党）
　　　←── マルクス主義・重商主義（共産党，自民党右派）

　　　←── ファシズム・スターリニズム

介入主義（国家主義）

図3

　ターリニズムがソ連の共産主義において「粛清」の名のもとに多くの人の命を奪ったことを考えればスターリニズムの画一性の説明は不要でしょう。さて，これに対して徹底した個人主義を求める新自由主義ですが，逆にこの個人主義のみをベースとした考え方は個人主義的な画一化を作り出しているともいえます。つまり，特定の人間像がモデルとされ，そこから逸脱する人々をそのモデルに沿った形で個人化していこうとする強力な力が働いていると考えられるのです。先にも述べましたが，そのモデルとは「合理的経済人」モデルであり，これはヨーロッパにその起源をもつものです。そしてそのモデルから逸脱する人々をこのモデルをベースとした人間に変えようとします。

　例えば，自分の民族に誇りをもち，その誇りを維持しようとする人々——先住民——に対して個人化を強要することは，その民族の崩壊を意味します。ヨーロッパ植民地主義時代には，先住民の生活を市場化する

こと——個人化すること——が頻繁に行われ，多くの先住民の民族的な生活が崩壊させられました。また，現代社会においては女性が働く——市場化——するためには男性化し，出産や育児をしないことを強要されます。もちろん，ここで男性が育児する可能性もあるのですが，このヨーロッパ型合理的経済人モデルでは，出産・育児というのは完全に無視されています。つまり，このモデルをベースとした経済理論では，企業は出産・育児休暇をとるような労働者よりもそうでない労働者を採用することが「合理的である」とされるのです。そういった意味で，新自由主義における個人化とは，合理的経済人としての個人化と考えられるのです。ですから，新自由主義の個人とは非常に画一的でもあるのです。

　この章においては主体の多様性についての可能性を探りました。そこでは，伝統的な政治経済理論が主体を画一化して考えられていることが明らかとなりました。しかしながら，ここで多くの方も気づいていると思いますが，これらここで紹介した議論はあくまでも個別問題についての話のみで，包括的な政治経済学のオルタナティブを提示するまでは至っていません。そこで第四章と第五章では，このオルタナティブの可能性として国際批判理論とポストモダニズムをとりあげることにします。

第4章

批判的国際理論

> 自分の国を愛する。それは素晴らしいことだ。でもどうして私たちは国境で立ち止まらなきゃいけないんだろう。[1]
> ——パブロ・ピカソ：画家

> 「わたしが世界一の魔法使いなら戦争もほかの悪いこともつぎつぎやめさせるのに」とランドセルのわたしは勇ましく，大きくなってからも願いは同じ。けれどもそれがわたしの魔法ではなく，みんなの力ならもっといい。[2]
> ——上山ちひろ：家事手伝い

イントロ

　前の章において，現象学的なアプローチの国際政治経済への適用に挑戦しました。このアプローチは，現代の世界事情における人々の毎日の物質的生活をその視点の中心に置くことをその特徴としています。現象学的なアプローチは国際政治経済の伝統的な理論が女性の状態，環境の状態，及び，先住民の苦境のような現代の国際政治経済の理解に欠くことのできない側面を無視していると主張します。その議論によれば，重商主義，自由主義，マルクス主義といった主流派の議論はまったく包括的ではないと言えます。そして，国際政治経済の伝統的な理論は西欧人的男性像を中心に置いた力学に基づいた世界像によって支配されているのです。そのため伝統的理論は，その理論的画一性をもって潜在的なそして重要なオルタナティブを除外するのです。この画一性は，性，人間／自然関係，民族に関してまったく無関心の国際政治経済学となって

---

(1) 南風椎（1994），「ピースメイカーズ　平和」，三五館，東京，p5.
(2) アムネスティー・インターナショナル日本（2000），「ひとりじゃないよ：21世紀に生まれてくる子どもたちへ」，金の星社，東京，p24.

現れてきました。

　しかし，こうした現象学的なアプローチは個別分野的での展開であって，包括的な理論体系にまでは発展していません。この章においては，現在提示されている包括的オルタナティブのうちのひとつを紹介します。すなわち国際批判理論とネオ・グラムシアンとよばれるものです。とりあえず，ここではこの二つを指すのに「批判的国際理論」と呼ぶことにしましょう。このアプローチと第5章で紹介するポストモダン政治経済学の間の区別を明瞭にするために，ここではまずこのアプローチの哲学的な基礎的理論を紹介し，その国際政治経済への実用的な応用を説明することにします。

　双方ともが国際政治経済の主流派理論に批判的であるという点で，批判的国際的理論とポストモダン国際政治経済学はよく同じであると誤解されています。しかしながら，それらは，そのスタートからかなり異なっており，そしてある意味では反対の哲学的伝統をもつともいえるのです。ですから批判的国際理論を十分に理解するためにはその哲学的基礎の分析は不可欠であるともいえるでしょう。

　主流派理論に埋め込まれた実証主義と批判的国際理論の間の区別が明瞭にされ得るように，国際政治経済学の伝統的理論の哲学的な基礎も同じく検証されるべきだと言えます。従って，国際政治経済学の主流派理論の哲学的な基礎についての分析でこの章を始めることにしましょう。

国際政治経済学の主流派理論への哲学的なバックグラウンド

　すべての国際政治経済学の主流派理論は啓蒙思想に深く影響を受けたといわれます。一般的な解釈では，啓蒙思想家は科学的知識を社会に導入することによって前近代の社会の神話や迷信から個人を解放すると考えていたとされます。この知識は抽象的にではありますが，すべての生活社会を客観化しました。客観化は個人が慣習，因習，及び迷信という一種の魔法をかけられるのを防ぐための主要な方法と見なされたのです。その意味では，世界，国家，市場，階級，そして，個人等の概念はすべてリアルなものと見なされました。

そして，人間を社会的な個と認識するために使われた主体と客体の客観主義的・実証主義的分離は，当初人間社会の正確なそして精密な科学的説明を可能にしたかのように見えました。それは，人間による社会に関する信頼できるデータの獲得を保証したのです。こうして神話の魅力は，科学的知識をもたらす新しい客観的認識方法の魅力によって取って代えられたと考えられました。

科学的知識は，主体によって発見されるのを待っていると考えられていた社会的な要素を客観的に観察・分析することによって得られるとされます。科学的知識は，科学の客観化が世界を数値化——そしてそれが正確な説明を保証すると考えられている——するという事実において中立であると考えられてきました。すなわち数字による論理的展開は中立であると考えられたのです。そしてそれが，客観化が現在の中心的な認識方法の主流となった理由でもあるのです。しかしこのアプローチは，客観的方法によって事象を知ることについて，そしてその前提となる普遍的な真実が存在可能であるかどうかについて疑問を呈することはありません。これらは認識論・存在論とよばれ，そうした議論についての批判的視座の欠如は，科学的アプローチのひとつの重要な特徴といわれます。

国際政治経済学の画一化された主体と異なり，批判的国際理論家は，主流派理論が想定する「現実」はいったいどこまで現実なのか，信頼できるはずの客観化のプロセスは，世界を「知る」ための方策として本当にどこまで信頼できるのか，といった点を批判的に考察します。互いに関係するこれらの問題は，知識の性質について説明するこの章においては中心的な問題となります。ちょっと難しい言い方をすれば，伝統的な学派が（気が進まないためなのか，はたまた彼・彼女たち自身の認識論的な前提のためなのか，または彼・彼女たちの無力さのためなのかは定かではありませんが）こうした問題を無視している一方で，批判的国際理論は，知識の自己再生機能を含む現代の知識の作られかた自体を分析するとされます。

ここで，ひとつ注意が必要なのですが，ひとつのカテゴリーの下で

様々な学者，及び学派を評価することは複雑な仕事です。しかしここでは，いかに彼・彼女たち自らが自分達を分類するかによって分けて考えていきたいと思います。例えばM. ホフマンやA. リンクレーターは国際批判論者として分析されることになります。他方，R. コックスやS. ギルは，自らをネオ・グラムシアンと見なしていますから，それに従ってカテゴリー化することになります。簡単に言えば，彼・彼女たち自身がどのように名乗るかによって分類していくということです。

この章は批判的国際理論を紹介しますが，まずは国際批判理論の哲学的な基礎についての議論からスタートします。そのために，まずは国際批判理論がモデルとしたフランクフルト学派の近代思想批判から始めることにします。

フランクフルト学派

フランクフルト学派の最初の主要な哲学者は，1944年に彼の同僚T. アドルノと共に批判理論における最初の重要な研究である啓蒙の弁証法を発表したM. ホルクハイマーであったということが一般に言われます[3]。まず彼らがそこで展開したのは近代合理主義とそれに基づく啓蒙思想に対する批判でした。一般的な解釈では，啓蒙思想は近代合理主義をもって神話や迷信に基づいた抑圧の恐怖から人々を解放し人間の主権を安定させることを目指してきたとされます。ところが，アドルノとホルクハイマーは，この人間解放のための啓蒙思想の挑戦が，逆に人間を抑圧する結果になったと主張するのです[4]。彼らはこの挑戦が結局のところ神話や迷信と同様に真実の生産を行うだけで，こんどは科学に基づいた真実の物語が現代の人間を支配するようになっただけであると主張しました。

これら初期のフランクフルト学派批判論者のアプローチは，現代資本

---

(3) Max Horkheimer and Theodor W. Adorno (1969), *Dialectic of Enlightenment*, John Cumming, trans., Herder and Herder, New York. Original edition: Social Studies Association, New York, 1944.

(4) Horkheimer and Adorno (1969), ibid, p.3.

主義の批判的な見解の可能性を提示しました。この批判的見解は，資本主義についてのマルクスによるいわゆる弁証法的と呼ばれる理解に深く影響を受けているといわれます。ホルクハイマー及びアドルノは，社会に当然あるであろう多様性が資本主義経済の拡大とそれにともなう画一化の力によって減少したと主張しました。

　しかし同時に画一化は個人化も意味します。人間ひとりひとりが同様な生活体系の中に放り込まれると同時に個人は他の存在から疎外され孤立させられるのです。例えば，南洋諸島のホテルに滞在する個人は，欧米や日本のホテルで提供されるサービスを期待します。クリーンな部屋，きちんと清掃されたトイレ，クリーニングされたシーツ，テレビに電話など，その部屋が南洋諸島である必然性は必要ありません。そして部屋の間取りも，トイレの形も，シーツもテレビも電話もどのホテルのどの部屋においてもかなり似ているのです。ここに現代社会に特徴的な個人の画一化の側面を見ることができます。同時にこの個人が泊まる隣の部屋でも同様なサービスが提供され，そこに滞在する個人もまたそれを期待します。その隣でも同じですし，いわばこのリゾートホテル街全体そうなのです。しかし，こうした個人たちは孤独であり，隣の人とつながることはありません。彼・彼女たちがつながるのはホテルの従業員であり，マネージャーでしかありません。つまり，個人は他の個人と接触することはなく，企業という巨大な組織としかつながらないのです。そしてそこに個人の疎外が生まれるのです。こうした現代社会特有の効率化にともなう画一性と個人化にともなう疎外性との複雑な関係は個人を解放するどころか逆に押さえつける結果になっていると考えられるのです。

　ホルクハイマーとアドルノは，合理主義が社会的抑圧の治療からその原因へと変化していったこうした道筋について論じました。彼らの現代の資本主義についての分析は，技術的合理性と資本主義市場との関係性に集中しました。現代の社会におけるこれらの2つの中心的な制度の統合は，洗練された方法による官僚的で合理的な国の機関による支配を導き，そしてその結果現代における個人の圧迫に帰結したと主張しました。つまり各々のこれらの装置は，個人にある種の社会的規範を提供し彼・

彼女たちをそれに従って行動させることによって社会統合を高めることに成功したとされるのです。ここで重要なのは，アドルノとホルクハイマーは資本主義と合理主義との不幸なマッチングが，啓蒙思想が目指した個人の解放と逆方向に暴走したことを的確に指摘したことです。そしてこの合理主義という羊の顔をした狼の化けの皮を見事に剥がしたのです。

ホルクハイマー及びアドルノは，社会的合理性が抑圧へと変わった道筋と同様に合理性が狂気に変わった道筋，啓蒙のプロジェクトが欺瞞に変わった過程，そして自由や進歩という概念が社会的な後退の原因になった過程に注目しました。そのもっとも中心的な動機はナチズムの出現であったと言われます。彼らは，合理主義的啓蒙概念は現代の全体主義政権に反映されていたのではないかという視点から，それらが他の思想を追放した方法，唯一の正しさや合法性を手にいれた過程を検証したのです。つまり，彼らは合理主義に付随する他の考え方を絶対に受け入れないという画一的思想，つまり真実はひとつしか存在しないという仮定の究極の形がファシズムという狂気を生み出したと考えたのです。そして，啓蒙思想に基づいた合理主義はその特徴である画一化に付随してきた支配や抑圧という点において神話と何らかわりがないと結論づけました。これは，現代思想によって開始された挑戦の皮肉な結論なのです。そして彼らは言います。神話は啓蒙であり，啓蒙は神話学への逆戻りであると。つまり，彼らにとって，啓蒙は宗教に起因した強力な服従や崇拝を再現しているだけだったのです[5]。

歴史を見てみても，具体化された合理性は優れた知識を体現するという理由で日本の軍国主義やドイツのナチズム，ソ連のスターリニズムなど多くの全体主義を正当化してきました。そして啓蒙思想は官僚的で制度的な支配を合理主義に基づく社会への近道として正当化したのです[6]。

---

(5) Steven Best and Douglas Kellner (1991), *Postmodern Theory: critical interrogations*, Macmillan, London, p.219.
(6) Best and Kellner (1991), ibid, p.219.

合理主義（とその認識論上の対応概念である実証主義）と神話は同じコインの異なる側面でしかないのかもしれません。そして，特定の合理性が優越した知識を体現しているという議論は，現代の世界のエリートたちによって社会的・政治的に明瞭に主張されたのです。ですから，実証主義と神話との唯一の差異は，実証主義が国家中心主義や資本主義の正当化に役立ったことと，他方神話は特定のコミュニティーに潜在する精神的イデオロギーの正当化に役立ったことでしかないとさえ言う批判論者もいるほどです[7]。

　私たちの現在の生活は，実は神話や宗教といった精神論的な言説と近代合理主義を体現した国家や資本主義といった物質論的装置が混在したものであると言えます。例えば，冠婚葬祭などの儀式はこの二つを典型的に表しています。まず，この世界に生まれると，その子どもは公的機関に「出生届け」を通して登録されます。そして一ヶ月後には神社での「お宮参り」があります。結婚しようとするとそこには「婚姻届」があり，通常の結婚式は神社や教会で行われます。死亡すると，「死亡届」を提出し，そして葬式があります。このように，私たちの生活の節目節目に二つの支配様式，すなわち精神論と物質論の言説が入り混じった一連の儀式があるのです。

　フランクフルト学派の批判理論はマルクスの弁証法的な説明を利用することによって現代社会の分析を行ったと述べましたが，アドルノとホルクハイマーによる分析は伝統的マルクス主義よりも更に洗練された認識をもって資本主義が日常生活を支配するために合理的知識を使い，それ自身を再生産し安定させていることにまでその理論的地平を広げます。こうして，旧態依然とした古典派マルクス主義者はマルクスが主張したプロレタリアートによる革命を予期し続ける一方，フランクフルト学派は資本主義に対するあらゆる反対勢力による革命が起こらない理由に注目しました。

（7） Stanley Aronowitz (1972), "Introduction", in Max Horkheimer, *Critical Theory: selected essays*, Herder and Herder, New York, pxv.

この文脈で最も優れた業績を残したのが，その後フランクフルト学派の中心となったハーバーマスでしょう。実際，彼はフランクフルト学派の第二世代のリーダーと一般的に呼ばれています。彼の現代思想への貢献は，現代という時代，資本主義，そして美についての哲学の分析を含み，非常に多種多様です。そうした彼の貢献のなかで，国際政治経済学者が最も魅力的であると考える理論的側面は，実証主義に対する彼の批判です。彼が実証主義の継続的な批評を中心に据えて表した認識と関心は，国際批判理論にとって中心的なテキストとしての役割を果たしてきました。この著書において，ハーバーマスは，実証主義が消した知識の次元を再導入しようとします。彼は，18世紀から19世紀にかけて実証主義の最初の意図した解放は，ある程度神話的伝統と関連していたドグマから個人を解放したと言えるであろうと言います。ところが，現代の社会において科学的知識は解放の道を提供するよりむしろ，社会的意味の理解や知識の重要さを損なうようになってしまったと議論します[8]。

　アドルノとホルクハイマーが近代主義的合理性や現代の資本主義社会への徹底的な悲観論的な論調を維持したのに対して，ハーバーマスは近代合理主義のプロジェクトを「未完」と位置付け，そのため啓蒙思想の完成に楽観的な見方をします。そして，これをベースに知識についての彼独自の見解を展開するのです。すなわち，彼は，解放のためのプロジェクトに新しい活力を与えることに知識の意味を見出すともいえるでしょう。逆にいえば，ハーバーマスは近代合理主義自体が問題なのではなくその社会への適用方法が問題であると考えたのです。なぜならこの適用のプロセスで資本主義という巨大な力が近代合理主義を歪めてしまうからです。ちょっと哲学っぽく言えば，知識は重要な枠組みである認識論や存在論から離れ，単なる技術へと変化してきたのです。ハーバーマスはこの状態を，彼が「古典的な政治」と呼ぶ状態と比較します。古典的な政治は前もって決まった原則や原理がなく，常に流動的であり，結

（8）　Jürgen Habermas (1980), *Knowledge and Human Interests*, Jeremy J. Shapiro, trans., Polity Press, Oxford.

論に関しては前提がなかったとされます。そして,古典的な政治は,全ての社会理論が科学の確立に基づき,また個人のモデル化された「合理的」な計算が前提とされるような現代の政治とは正反対であったというのです。[9]

　この段階において,政治は当初の目的——人々を解放し自由を手に入れる——を失い,全てが所与である社会の中での管理・経営の技術になりさがりました。個人は,そうした政治的アクセスを奪われ,そして同時に政治的意識を失ったのです。政治経済活動を考えるときにとりあえず「就職に有利なように技術を身につける」ことが重要となり,政治経済全体の構造やそこに潜在する問題の解決を考えることは時間の無駄となるような社会になってしまいました。逆にいえば,現代社会で経済学を学ぶということは,政治経済を分析対象としてその哲学的・倫理的側面を研究するのではなく,固定化していると仮定された経済構造の中でいかにうまく生きるかを学ぶことになってしまっているのです。そこでは,個人の抑圧からの解放のための知識ではなく,抑圧のもとでの最善の生き方についての方法論が主要な関心となっています。ですから,その抑圧を覆すこと,すなわち政治的な活動はまったく意味を持たないようになってしまうのです。

　こうして,政治経済学という政治的合理主義思想は科学の合理性に組み込まれ,その解放のための機能を失いました。政治的問題は,技術的な問題になり,「誰が,どのようにして,何を手に入れるのか」という問題と同義語となり,そこではもう「なぜ?」という質問はなげかけられなくなりました。こうした状況を見て,現代の科学は社会的・政治的なコントロール機能しかもっていない,とハーバーマスは言い切ります。政治は所与の富の再配分における権力争いと同義語となり,経済学は個人の自由な意思に基づく行動についての理論からGDPをいかに増やすか

（ 9 ）　Jill Krause (1995), "The International Dimension of Gender Inequality and Feminist Politics", in John Macmillan and Andrew Linklater, eds., *Boundaries in Question: new directions in international relations*, Pinter Publishers, London, p.128.

という問題についての理論となりました。同様に，民主主義は自己の生活に関する自己決定の問題から，多数決原理を擁護する功利主義政治学の影響の元，速く効率的に集団的意思を決定するための技術論へと豹変しました。そしてそこでは，現行の科学も単なるイデオロギーの一種でしかないことが暴露されます。ハーバーマスによれば社会の現実と機能重視の「科学」というイデオロギーは互いに補完し合い，また促進しあいます。ですから，彼は唯物論的な立場からの資本主義批判ではなく，実証主義的視点に基づいた科学イデオロギー批判をその中心的な課題としてきたのです。[10]

批判理論の資本主義批判は大変複雑ですが，同時に示唆するものも多いと言われます。例えばアドルノによれば，封建制から近代への移行は新しい経済システムとそれに伴った資本の蓄積そして新しい階級としてのブルジョア層の出現をもたらします。しかし，このブルジョア階級の社会的位置は，経済が安定しない限り保障されません。戦争や経済の不確実性，政治の不安定性や労働者階級による反対勢力というブルジョア階級にとって厄介な要因を前にして，ブルジョア階級の知識人やエリートは，現在の経済・社会の安定，そしてその基礎となる知の側面についての安定を求めようとします。つまり保守化の傾向を持つということです。この安定のための知を求める者たちは，デカルトによって定式化された哲学の認識論における普遍的確実性，カントによって発展された絶対的真実という概念とその実践という流れにそってその議論を展開してきました。[11]こうした普遍性や絶対的真実という概念を駆使することによって社会科学，特に経済学は発展し，その主要な関心は人々の生活を良くすること，経済構造の公正な改革から単なる経済の将来予測へと変化してきたのです。つまり，アドルノによれば，経済学は社会的不安定要素を取り除く技術的な知識へと変わってしまったということになります。

---

(10) 詳しくは，Jürgen Habermas (1987), *The Theory of Communicative Action, (Vol.2)*, Beacon Press, Boston を参照してください。

(11) Best & Kellner (1991), op.cit., pp.230-231.

この社会科学や経済学の試みが成功すれば，当然ブルジョア層の安定が保障されます。そして経済的な成功とは，この状態での資本主義の量的な拡大と同義語とされてしまったのです。

この文脈で言えば，ポロックはフランクフルト学派の重要な論者と言えます。彼は，古典的な自由主義をベースとした資本主義は1920年代の恐慌によって終わったと主張します。失業や工場の閉鎖そして資源の無駄使いなどの中で資本主義は自由放任型から計画経済型へと変化してしまったと。ですから，20世紀の経済は政府による市場介入の増大によって特徴付けられるとしばしば言われるのも納得できます。ケインズ型の経済理論がこの流れをいっそう強くしたともいえるでしょう。ポロックはこうした経済——国家が経済的安定のために介入の度合いを強め，インフレや失業を避けようとする経済——を「国家資本主義」と呼びます。

介入主義的な経済を「国家資本主義」と呼ぶ理由は二つあります。第一に，このタイプの資本主義はあくまでも公的という概念と対立する私的な経済領域の存在を前提とします。すなわち資本主義経済の前提である私的所有権を否定しないということです。第二に，私的な領域における利益が経済を動かす主要な要素であることを否定しないという点から，この形の経済は社会主義的ではないことがあります(12)。この国家資本主義では，直接的なコントロールのシステムが市場の価格機能と競争的配分のシステムに取って代わります。国家は労働と資源の完全雇用をこうしたシステムによって達成しようとするのです。

ポロックは，国家資本主義を二つのタイプに分けて考えます。彼は，ひとつを専制的国家資本主義，もうひとつを民主的国家資本主義と名付けます。前者は，少数のエリートもしくは個人が，特定の利益集団のバックアップを背景として経済をコントロールするものです。ここでいう特定の利益集団とは，大企業であり，エリート的官僚組織であり，いわ

---

(12) Friedrich Pollock (1978), "State Capitalism: its possibilities and limitations", in Andrew Arato and Eike Gebhardt, eds., *The Essential Frankfurt School Reader*, Urizen Books, New York, p.72.

ゆる社会的な「成功者」たち，すなわちブルジョア階級とされます。ですから，こうしたグループに所属しない人々は単なる支配の対象とされるのです。これに対して後者は，市民の意志決定プロセスへの参加を前提とした国家資本主義とされます。このタイプの社会では官僚組織の利益集団化が阻止され同時に大企業の利益誘導型の政治的プレッシャーを無力化するような，何らかの制度が確立されていることを前提とします。

この二つのタイプの国家資本主義概念は重要です。というのも，前者は日本における利益誘導型の政策をその典型としますが，だからといって介入型の資本主義がすべて悪いという現代にありがちなハリウッド型の善・悪の図式に基づいた考え方とは異なるからです。ここで特に注目したいのは，ポロックの議論は介入型でありつつも民主的な意思決定プロセスをもつ政治体制が可能であることを示唆している点です。その意味では，現代社会における利益誘導型から脱皮した政府のあり方についてのひとつのモデルとして考えられるのです。

では，フランクフルト学派は第三章で紹介した現象学的アプローチとどのように異なるのでしょうか。両者とも現代資本主義社会における支配と従属の関係に関心を寄せていることには間違いありません。しかし，この両者を区別するのは，前者が近代合理主義，すなわち「知」と資本主義との関係をその分析の中心的なアングルとする一方，後者は支配と従属についての詳細な具体的な記述をベースとしていることと言えるでしょう。この批判理論の分析手法は明らかにマルクスやウェーバー，そしてニーチェの影響であると言われます[13]。さらに，現象学的アプローチが，世界をある程度まで所与とみなし，その中でどのように疎外された人々の議論を部分的に展開するかというところに焦点を絞っていたのに対して，批判理論はすべての所与を取り払った包括的な分析を行っていることもこの二つのアプローチを分ける点でもあります。

---

(13) その辺りは，ケルナーの次の著書に詳しく書かれています。Douglas Kellner (1989) *Critical Theory, Marxism and Modernity*, Johns Hopkins University Press, Baltimore, p.3.

簡単にまとめれば，批判論者はホルクハイマーとアドルノが主張するように，人間は自分達が生み出した啓蒙思想によって支配されるようになったことをその問題意識の中心に置いているのです。エリートや知識人が現行の資本主義のシステムを所与として実証主義的にそして科学的客観主義にコミットすればするほど人々の解放の可能性が減少し，人々の日々の生活が特定の社会権力に従属する可能性が増大するのです。これは，フランクフルト学派に限った考え方ではなく，マルクスも「労働の商品化と疎外」という言葉で触れています[14]。この視点から言えば，啓蒙思想，資本主義，近代化そして実証主義は，単に関連しているのではなく，お互いに補完しあっているということになります。

このように，フランクフルト学派の理論というのは，多種多様ですが，同時に徹底した近代合理主義批判，資本主義批判というところにその特徴を見出すことができます。こうした理論は国際政治経済学でも1980年代以降かなり使われてきました。次のセクションでは，国際政治経済学における批判理論を取り上げることにします。

国際批判理論

フランクフルト学派が近代化と知識の問題を分析の中心に置いたように，国際政治経済における批判理論も政治経済の物質的な側面と同時に知識の問題に焦点を合わせます。ここでの知識というのは政治経済人としてのアイデンティティーの作られ方を意味しています。言葉を換えれば，経済を考える上で常識として捉えられてきた多くの理論が持っている政治的な意味とその社会への広がり方についての考察を展開してきたのです。そしてそうした中で現代社会の既存の構造が所与とされ，啓蒙思想に基づいた伝統的な政治経済理論が人々の解放への意思を打ち砕こうとする強力な力へと変化していく道筋を明らかにしようとします。そ

---

(14) Mark Rupert (1995) "Alienation, Capitalism and the Inter-State System" in Stephen. Gill, ed., *Gramsci, Historical Materialism and International Relations*, Cambridge University Press, Cambridge, pp.69-70.

の意味では政治戦略の側面，政治経済の側面そして政治社会の側面の関連をみていこうとする試みであるということになります。

　フランクフルト学派の流れを汲む国際政治経済学の批判論者は二つのポイントを主に取り上げてきました。第一に，これまでの国際関係理論のなかに埋め込まれていた近代合理主義・資本主義の論理，第二に，規範的な議論としてのコスモポリタニズムです。ここでは，順番に取り上げていくことにしましょう。

　批判理論を国際学の文脈に適用するにあたっての国際学の規範的な理論の構築においては，現在の世界の状況における「所与」と仮定されているシステム——国家間システムや資本主義——がどれほど本当に所与であるのか，それらは変革可能であるのかどうかという点が重要な論点となってきます。例えば，M. ホフマンやA. リンクレーター，R. アシュレーといった代表的な批判理論家たちはオルタナティブとしての規範的な世界秩序の形成に挑戦しつづけています(15)。こうした理論家たちは，実際にどの程度そしてどのようにして政治的な変革が可能であるかを知ることができるのか，とういう点を議論の争点としてきました。彼・彼女たちは「不可能性」を否定し，世界が所与であるという理論の建て方に異議を唱えます。この視点から必然的に，彼・彼女たちの批判の標的は現代国際政治経済学の中で，国家間システムのバックボーンとして存在するネオ・リアリズム（新重商主義）と資本主義の理論的基礎としてのネオ・リベラリズム（新自由主義）となります。そして，この両者が拠って立つ啓蒙思想をベースとした実証主義も当然その標的に入ってきます。こうした思想群が力を持つ現代社会において，人々の生活はこれら現代思想に隷属し支配されています。つまりこれらのシステムによる呪縛の餌食となっているのです。そしてその状態から人々を解放するために世界の「所与」を超えた新たな思想が必要とされると主張します。

　例えばアシュレーは，ネオ・リアリズムの理論展開の仕方は，その他

（15）　この中でも，アシュレーは後にポストモダニズムへと転向していきます。ここで取り上げる議論は，アシュレーの前期の論文をベースとしています。

の多くの可能なオルタナティブを無視しがちであると主張します。それは，ネオ・リアリズムの理論は多様な世界を非歴史的な儀礼の連続へと作り変えてしまうからだと言うのです。彼は，現代の国際関係学は科学的客観性をベースとした「技術的リアリズム」と経験性をベースとした「実践的リアリズム」との不幸な結婚であると述べています。この不幸な結婚は二つの災いをもたらしました。すなわち，国際政治経済における基本的な仮定についての批判的自省が許されなくなったことと，そのことによって暴力に基づいた権力構造を超越するような思想的展開を示すオルタナティブの出現が完全に封じ込められてしまったことです。特に暴力構造を否定しようとする後者，例えば平和運動や非暴力主義，については，まったく非合理的であるという烙印を容赦なく押し付けてきました。

彼の批判は，ネオ・リアリズムやネオ・リベラリズムにとどまりません。科学的な伝統的マルクス主義についても批判します。すなわち，これまでのマルクス主義は全ての出来事を経済の構造のみをもって説明しようとしてきた点，それによって社会や政治という重要な国際関係の側面に十分な注意を払ってこなかった点，そして経済の発展段階という「普遍的」な歴史観に固執し，人々の生活という最も重要な視点を無視してきた点などです。結局アシュレーのポイントは，どのようなイデオロギーをベースにしていようとも，実証主義的なアプローチは世界の動きを特定の要因に還元し，機械的なそして非歴史的な説明となっていく点，そしてこうした説明はオルタナティブとしての思想の出現を阻止してしまい，結果的に特定の論理（現代においては現実主義と新自由主義）の発展のみが許されるような状況を作り出していることにあります。この特定の思想にのみ寄与するような思想空間では，現代の主流派国際政治経済学がその理論自体に自己批判をくわえるような状況を作り出すことは不可能となるために，そうした理論を駆使する知識人たちは結局ドグマ的な知識人的儀式を繰り返すのみになっていくのです。その結果が国家間システムと資本主義という二つのシステムの「不可変性」となります。[16]

オーストラリア国立大のJ.ジョージはこの自己批判能力の欠如には四つの要素があると議論します[17]。第一に，単一で普遍化された歴史概念をもって多様な歴史解釈の可能性を否定すること。例えば，理論的なカテゴリーは常に所与とされ，新たな解釈による歴史の登場に伴う新しい理論的カテゴリーの出現は非常に困難になってきているのも事実でしょう。言葉を換えれば，国際関係というフィールドは特定の形に領土化され，その領土から出ることも他の領土から入ることも難しくなってきているのです。

第二に，モデル化された「合理的経済人」の行動様式によって作られる政治社会的「現実」をもって，実践に基づいた多様な思考の可能性を否定することがあげられます。ここでは，抽象的理論が全てに勝る位置を与えられているために，実践の重要性，特に人々の日々における実践的瞬間の積み重ねとしての歴史という意味での実践の意味が無視される傾向にあることが強調されます。つまり，「合理的経済人」モデルが普遍的であり，また絶対的であると仮定された瞬間に，このモデルに当てはまらない人々の日々の実践は歴史という舞台，世界という舞台から疎外されてしまうのです。ですから，理論的に構成された抽象的「現実」は実践の積み重ねとしての歴史的「現実」を凌駕し，自己批判の可能性を完全に失います。

第三に非常に狭義に解釈された権力概念と，その中で想定されている利益に基づいた計算方式で全てを分析しようとすることがあげられます。これは，権力という概念が少数の人々の手によってコントロールされている暴力概念と同義語化されることによって，そしてそれがあたかも学問的常識であるかのように語られることによって，異なった権力概念の出現を阻害していることを示しています。ここでは，暴力と富のみが権

---

(16) Richard Ashely (1981), "Political Realism and Human Interests", *International Studies Quarterly*, vol.25, no.2.

(17) Jim George (1994), *Discourses of Global Politics: a critical (re)introduction to international relations*, Lynne Rienner, Boulder.

力概念を構成すると仮定され，E. H. カーが指摘したような思想や信条などの社会的な側面に見られる権力をまったく無視してしまう結果となっています。

　そして第四に，全ての世界的事象を効用最大化のための闘争と位置付けることによって定義される「政治」概念の不適切さです。ここでは，個人が先に述べた「合理的経済人」として振舞うように想定されているために，政治は「前もって設定された目的を達成するための最も効果的な純粋テクニック」の問題となります。つまり，所与のシステムをそのまま受け入れてしまうために，国際政治という思想体系はは規範的・倫理的な問題をその理論的地平から締め出し，所与のシステム下における特定の目的達成のための費用・便益計算の技術となってしまっていると言えます。ですから，そこでは多種多様な人々の生活的実践という意味での政治的な要素や国際政治における新しい枠組みによる規範的理論はまったく無視され，非常に狭義な権力概念とからみあいながら特定の政治的空間を生み出しているといえるのです。[18]

　国際関係・国際政治経済の言説をドグマ的実証主義から救うために，国際批判理論者は短期的なそしてテクニカルな「プロブレム・ソルビング」（問題解決）型のアプローチから長期的，歴史的，そして解放のための国際批判理論への移行を主張します。そしてそこにこそ世界的な平和の糸口があると主張するのです。つまり，平和とは主流派の国際政治学者たちが主張してきたような暴力装置の均衡によって達成されるのではなく，国際関係を規定してきた伝統的理論のドグマからの解放と歴史に基づいた新たな規範的・倫理的理論の展開によって達成されるとされます。そしてそのひとつの提案が次に紹介するコスモポリタニズムであるといえるでしょう。

　国際批判理論による規範的なビジョンとしてのコスモポリタニズムは主としてA. リンクレーターを中心に展開されてきました。この流れに

（18）Jim George (1994), ibid, pp.173-4. およびRichard Ashley (1984) "The Poverty of Neorealism", *International Organisation*, vol.38, no.2, Spring, p.258.

ある多くの国際批判理論者は、啓蒙思想の原点に返りそして人々の解放を目指すという意味でカント的であるともいえます。その視点からは、現代社会における人間性の解放への道は支配的な特定の秩序によって歪められ分断されていると述べられます。ですから、現在の支配的な世界秩序をいかにして乗り越えていくのかということが、批判論者の主要な論点のひとつとなっているのです[19]。例えばリンクレーターは、カント的な意味での人間の自律性に焦点をあわせます。つまり、自己決定の力を持ち、そのための行動を起こす能力をもつ人間像を思想の根幹に据えるのです[20]。デヴタックも同様に、将来像を「不必要な障害を持つことなく形作っていく能力」として人間の自律性を重要視します[21]。ですから、こうした人間の自律性を阻害する要因、すなわち支配体系や歪められたコミュニケーションなどを除去し、個人の自己実現と良心を通して個々人の将来をそれぞれが決定していくような社会の実現を目指します。

　アシュレーやリンクレーターは多かれ少なかれカントのコスモポリタンな政治的安全保障理論に影響を受けているといわれます。では、カントの安全保障論とはどのようなものなのでしょうか。カントは安全保障論という言葉を現在の国際関係の中で使われている意味とは多少異なった意味で使いました。彼の安全保障の主体というのは人々であって国家ではなかったのです[22]。こうしたカントの個人の自律的な存在のための安全保障論と個人の自由の概念は国際批判理論によるコスモポリタニズムの中心的概念とされます。というのも、現在の国際関係論・国際政治経済論においては国家の安全保障のためであれば個人の自律的な存在が破

---

(19) Richard Ashley (1983), "Three Models of Economism", *International Studies Quarterly*, vol.27, no4, p.492.

(20) Andrew Linklater (1991), *Men and Citizens in the Theory of International Relations*, second edition, Macmillan, London, p.135.

(21) Richard Devetak (1995), "The Project of Modernity and International Relations Theory", *Millennium*, vol.24, no.1. p.37.

(22) Immanuel Kant (1970), "Idea for a Universal History" in Hans Reiss, ed., *Kant's Political Writings,* H. Nisbet, trans., Cambridge University Press, Cambridge, p.49.

壊されても仕方ないという論調が目立つのに対して，カントの安全保障論ではそうした個人に対する抑圧なしの世界像を前提としているからです。したがって，国際批判理論によって提示された将来世界のビジョンは，個人の自由に重きをおく啓蒙思想とその伝統に基づいているとも言えます。ここが，国際批判論者が啓蒙思想を未完と考えるハーバーマスの影響を受けている点であると言えます。

　国際批判論者は国家主権よりも個人の自律を優先します。つまり，抽象的・具体的な国境という概念を疑問視します。例えば，最近よく見られる外国人に対する差別の原因は，この批判論的立場から言えば，民族国家の枠組みである国家間システムにあるとされます。もしもコスモポリタンな発想，すなわち世界はひとつであり国境が世界を分断する状態を否定するという思想に基づいて世界を作るならば，外国人というカテゴリーさえなくなってしまうと考えられるからです。そうなると，例えば日本の場合でも「日本人」「外国人」という区別は消滅し，「人類」というひとつの存在となるでしょう。批判論者たちはこの動きこそが最も人間の基礎的な条件である自由で自律的な存在を導くものであると議論します。つまり，コスモポリタンな方向性と人間の解放とは同義語として定義されるわけです。そしてそこでは「内側」・「外側」という区別が無くなり，個人が公的な分野から自由を制限されることもなくなるとされます。[23]

　こうした考え方には当然反対意見も提示されています。例えば，政治というのは常に内側と外側を前提としており，その意味で人間が存在する限り疎外の可能性はあるのだという意見があります。これは典型的に伝統派の国際政治論者に多い議論ですが，これに対して，M. ホフマンは，これは西洋型の政治観であって，疎外型の政治のみが真理であるとするのは想像力の欠如を意味すると反論します。[24] そして多くの批判論者

---

(23) Mark Hoffman, (1994), "Agency, Identity and Intervention", in Ian Forbes and Mark Hoffman, eds., *Political Theory, International Relations and the Ethics of Intervention*, Macmillan, London, pp.201-2.

(24) Mark Hoffman, (1994), ibid.

はこうした疎外型の発想こそ転換の必要性があるとするのです[25]。

　批判論者はまたヒューマニズムという発想を大切にします。これが，批判論者たちが「ヒューマニスティック・マルクス主義」と呼ばれる所以です[26]。そしてこの部分が，批判論者が啓蒙思想を過信するユートピアンであると批判される理由でもあります。しかしホフマンはこうした批判は的確ではないと議論します[27]。啓蒙思想に懐疑的な代表的論者であるR. B. J. ウォーカーは，今の世界で一般に理解されているコスモポリタニズムを「多様性を無視した，お手軽な統合理論」と名づけましたが[28]，ホフマンは，国際批判理論に基づくコスモポリタニズムは多様性を無視した抽象概念ではなく多様性に慎重な新しい形のコスモポリタニズムであると主張します[29]。そのほかにも，批判論者からはこのウォーカーの批判に対しては，「完全な普遍性」という捉え方にも問題があるようにウォーカーが主張する「完全な多様性」という概念にも問題があるという反論がなされています[30]。

　ホフマンは，国際批判理論のコスモポリタニズムをアメリカの哲学者であるロティーが生み出し，発展させた概念である「アイロニー」という言葉を使って説明します。ここで彼がアイロニーであると呼ぶのはコスモポリタニズムという発想が，多様なアイデンティティーが存在する世界をひとつの概念として語ることにあります。そしてそこにある，普遍性と特殊性，内側と外側，そして自己と他者という関係に内在する緊張を包み込むことが，国際批判理論のコスモポリタニズムに求められると議論します[31]。

---

(25) Richard Devetak (1995), op.cit., p.39.
(26) Richard Kearney (1994), *Modern Movements in European Philosophy: phenomenology, critical theory, structuralism*, second edition, Manchester University Press, Manchester, p.4.
(27) Mark Hoffman (1994), op.cit., p.198-199.
(28) R.B.J. Walker (1988), *One World Many Worlds: struggles for a just world peace*, Lynne Rienner, Boulder, p.102.
(29) Mark Hoffman (1994), op.cit., p.199.
(30) Andrew Linklater (1990), op.cit., p.209 and Richard Devetak (1995), op.cit., P.40.

世界に存在する人々の多様性の問題というのは，コスモポリタニズムにとって重要な問題です。そしてその多様性を含んだものとして「世界市民」という概念を展開します。そしてホフマンは，この「世界市民」の概念は，新興独立国の誕生，国連などの国際的な公的機関の設立，アムネスティーなどの国際NGOの展開，もっとも最近では人権概念に基づいた個人の概念の拡大によって徐々に拡大してきたと主張します[32]。

　こうした一連の動きは，国際学で常識とされる国境に基づいた考え方とは異なる動きであると言われます。そしてこの動きは今でも引き続き進展していることが重要であるとされます。リンクレーターは，こうした「世界市民」的な発想の展開は同時に，政治・倫理的なコミュニティーの発展を促進すると論じます。そしてこの倫理的普遍主義は，現在の公的な機関に拠る国家をベースとした倫理観の再定義を導くと主張します[33]。

　しかし，このコスモポリタンな思想は結局のところ世界的な専制政治を意味するのではないかという批判も根強いのも事実です。こうした批判に対して，リンクレーターは反論します。すなわち，この倫理的・政治的普遍主義は文化的な多様性や差異に反対するようなものではないと。そして彼は，この世界的コミュニティーの規範的なアイデアは単なる他者・異邦人の内包化を意味するのではないとします。そこでは，集団的な権利，例えば主権国家内に存在しながら十分な民主的参加がなされていない先住民の人々の権利など多様な集団の権利も認識されなければならないと議論します[34]。そしてそれを達成するためには国境を超えた「市民」の存在が重要であると言います。

　確かに現在の世界中に散らばり山積するいろいろな課題を考えるとき，

（31）Mark Hoffman (1994), op.cit., p.199.
（32）Mark Hoffman (1994), ibid.
（33）Andrew Linklater (1992), "The Question of the Next Stage in International Relations Theory: a critical-theoretical point of view", *Millennium*, vol.21, no.1, p.93.
（34）Andrew Linklater (1992), ibid, p.93.

国際批判論者の議論は説得力を持ちます。インドネシアの東チモールや中国のチベット，パプアニューギニアのブーゲンビルなどの例を考えれば，国境に分断された国際システムの限界を目の当たりにします。1648年に締結されたウエストファリア条約が生み出している問題の解決のためにはウエストファリア体制の超克を必要としているのは明らかです。しかし，その新しい体制には問題はないのでしょうか。結局，国際批判理論によるコスモポリタニズムの問題は，いかにE. H. カーが指摘するようなナイーブなそして表面的なユートピアニズムにもどることなく世界をひとつのコミュニティーと見ることができるかという点に集中します[35]。そしてこの反ユートピアニズム的姿勢が同時にこれまでの主流派である暴力の均衡としての現実主義への回帰とならないような方策もまた求められているのです[36]。この点に関しては終章で簡単に議論します。

ネオ・グラムシアン

ネオ・グラムシアンは国際批判理論と同様にマルクス主義の流れにあると言われます。このグラムシアンという字を見て不思議な名前だと思われた方も多いでしょう。逆に50代以上の学生運動を経験した人ならば，「何故また今ごろグラムシなの？」と思われるかもしれません。しかし，今の国際政治経済学における新世代の潮流はグラムシの理論に多くを負っていることは確かです。グラムシの理論の説明に入る前に国際政治経済学におけるネオ・グラムシアンの簡単な説明をしておきましょう。

ネオ・グラムシアンは多くの点で国際批判理論に似ているために両者とも批判的国際理論というカテゴリーで語られていますが，政治経済という点では前者の方がより高度な議論を展開していると言えるでしょう。例えば，ネオ・グラムシアンの議論は資本主義という概念について詳しく議論していますし，新自由主義と市場経済の拡大という現代政治経済

---

(35) E.H. Carr (1946), *The Twenty Years Crisis 1919-1939: an introduction to the study of international relations,* second edition, Macmillan, London, 邦訳E.H.カー (1996),「危機の二十年：1919-1939」，井上茂訳，岩波書店，東京．

(36) Richard Devetak (1995), op.cit., p.40.

において最も重要な問題を正面から批判的に分析しています[37]。これに対して，国際批判理論はどちらかというと国家主権と人間の解放という極めて国際政治的な問題に関心を寄せてきたのは上に述べた通りです。

　よく言われるネオ・グラムシアンの特徴と言うのは二つあると言われます。第一に，その非常に包括的な経済－社会的な構造の洗練された分析があります。その経済と社会構造との関連の検証は，いわゆる「大きな物語」としての主流派政治経済学のそれとは数段上の繊細さと精密さを持っていると言われます。その第一人者であるS. ギルはネオ・グラムシアンの目的を，グローバル化と呼ばれる現代社会に登場しつつある非常に複雑な政治経済構造を理解することにあると述べています。そのためには，社会勢力としての思想・「知」（イデオロギー，倫理，主体間で発生する言語の交換など），装置（国家，市場，国際機関など），そして社会生活の物質的側面（生産としての破壊を含む広い意味での生産）を概念化する必要があるとその著書で述べています[38]。

　ギルが名付けた，装置・社会生活・思想というのは，第一章で紹介した，国際政治・国際政治経済・国際政治社会という三つの領域と重なり合います。この三つの領域を包含すると言う意味で，ネオ・グラムシアンは非常に包括的に現代の国際社会のさまざまなプロセスを分析できるのです。

　例えば，国際批判理論が展開した国家主権の問題を考えてみましょう。批判理論はその焦点を「市民」に絞って議論しますが，ネオ・グラムシアンはそこに資源配分や経済的な機会，さらにはナショナリズムや合理的経済人思想（経済学思想）などを付け加えた議論を展開するのです[39]。ですからこの学派の立場で言えば，世界と言うのは，その中で政治的権

---

(37) Stephen Gill and David Law (1993), "Global Hegemony and the Structural Power of Capital", in Stephen Gill, ed, *Gramsci, historical materialism and international relations*, Cambridge University Press, Cambridge.

(38) Stephen Gill (1995), "Theorizing the Interregnum: the double movements and global politics in the 1990s", in R. Cox and B. Hettne, eds., *International Political Economy: understanding global disorder*, Zed Books, London, p.68.

力・富・情報技術などを持つ者と持たざる者との間にある不平等性が複雑に絡み合った存在として描くことが可能です。同時に，そうした複雑な要素の絡み合いは国境を越えることもあり，国境の内側で見られることもあり，そしてあるひとつの都市の中でさえみることができるという，まさに人々を混乱させるようなものでもあるのです。

　第二に，ネオ・グラムシアンは世界的な支配構造のあり方について，一般的な見解と異なった独特な見方をしています。その見方によれば，現代の世界における支配的なイデオロギーは構造の上部から強引に押し付けられるものではなく，人々のいろいろな社会的局面への「参加」による構築と再構築というプロセスによって成っているとされます[40]。この点は，次章で紹介するポストモダン政治経済論と似ているところです。ネオ・グラムシアンにしてもポストモダニズムにしても，現代社会の支配関係や権力構造と社会的側面で行われるその生産・再生産に注目しているのです。

　ここまで，簡単なネオ・グラムシアンの説明を行ってきました。では，ネオ・グラムシアンの名前の由来であるグラムシ自身はどのような理論的な展開をしたのでしょうか。ここで簡単に触れたいと思います。グラムシは20世紀初頭のイタリアの哲学者で，ムッソリーニのファシズムに対抗したマルクス主義者として有名です。当然，彼の思想体系はマルクスの思想に強い影響を受けているのですが，同時にマルクスの思想を発展させ大きく飛躍させます。主流派のマルクス主義思想が経済構造による決定論的な特徴をもつのに対し，グラムシは文化や思想と言った社会的側面を強調しました。「大きな物語」の一部としての伝統的マルクス主義は生産関係を強調しすぎるあまり，ある意味「経済主義」的な傾向を持つに至ったとされます。それはレーニンなどの後継者達に引き継がれ，今でもプロレタリア革命というある意味「上からの変革」に論理

---

(39) Stephen Gill (1993) "Gramsci and Global Politics: towards a post-hegemonic research agenda", in Stephen Gill, ed., op.cit., p.11.

(40) Ben Agger (1993), *Gender, Culture, and Power: toward a feminist postmodern critical theory*, Praeger Publishers, Westport, p.49.

的帰結点を求めてきました[41]。これに対してグラムシの変革は，拡大する集団的な可能性の発展による「下からの革命」として定義されるのです[42]。

　グラムシは，こうした「下からの革命」は特定の歴史的な環境によって作られると言います。そして，伝統的なマルクス主義で生産体系が他の要素を決定したのと同様に，ここでは思想体系もこの環境を決定する重要な要素であるとされます。しかし，グラムシが生産体系の重要性を無視したわけではありません。むしろ，この生産体系と思想体系との両者の相互関係がエリート的「現実」を作り出し，それが一般大衆に押し付けられていると考えたのです。つまり，彼の論点は社会の物質的な側面と知識的な側面の絡み合いにあったと言えるでしょう。そしてこの絡み合いによって作り出される「ヘゲモニー」が現代社会に特有の支配構造なのです。

　現代世界におけるヘゲモニーとは何なのでしょうか？　ネオ・グラムシアン論者によれば，それは国家間システムや資本主義を意味します。この二つのシステムは西欧などの支配的国家や多国籍企業などの支配的な社会勢力が，普遍化され一般大衆に浸透するような「常識」と呼ばれる原理原則の生産を通して自分達のポジションを安定化させるような世界的な構造を意味します[43]。

　先に述べたように，グラムシは思想体系と生産体系との絡み合いに注目しました。そこで彼は，思想や文化的な伝統は世論を形成するにあた

---

(41) もちろん理論的には，プロレタリア革命は「上から」ではなく「下から」の革命と定義されています。しかし，実際には第三章でも紹介したように多くの「声」を無視してきたことは明らかです。女性，環境，先住民，外国人等々多くの存在がプロレタリア革命の名のもとに周辺化されてきた事実を無視することはできないでしょう。そういう意味で，プロレタリア革命が「上から」（男性的，近代主義的，西欧主義的，狭義の市民的）であると言えるでしょう。

(42) Stephen Gill and David Law (1988), *The Global Political Economy: perspectives, problems and policies*, Johns Hopkins University Press, Baltimore, p.63.

(43) Robert Cox (1993), "Structural Issues of Global Governance: implications for Europe", in Stephen Gill, ed., op.cit., Cambridge, p.264.

って何が可能であり何が不可能であるのかというような枠組みを設定すると考えました。そして，こうした可能性に対する制限の設定は，社会の中に内面化され制度化されているために非常に目に付きにくいものであると考えたのです。逆に言えば，こうした自由の制限は自然で避けがたいものであるという見せ掛けを持つのです[44]。

　ネオ・グラムシアンが国際政治経済学の中で主張するのは，こうした状態からの脱却です。そのためには理論を歴史から分離させるような発想を改める必要があると議論します。コックスは，現在の国際政治経済理論は過去の出来事の単なる反映でしかないと言います。そこでは，理論は現実を後追いするものとして定義されます。しかし，彼は言います。同時に理論は現実を作り出しているのではないかと。理論が歴史から分離された瞬間に理論の生産者は歴史の空間から乖離することになります。しかし，こうして作られた理論は歴史空間に存在する人々に影響を与え，歴史形成の一要素となります。つまり，この空間に存在する人々は，この理論によって解釈された歴史的文脈によってその行動を抑制されたり促進されたりしながら世界を作るものなのです。もしこのプロセスが正しいとすれば，理論が歴史の生産物であると同時に歴史は理論の生産物であると考えることも可能となります[45]。

　ここに，主体と客体との分離，すなわち理論家と歴史との乖離を前提とする実証主義（ポジティビズム）に代わってポスト・ポジティビズム（脱実証主義）という新しい理論的潮流の誕生を見ることができます。つまり，特定の歴史上の人並みはずれた登場人物が歴史を変え，社会を支配したとするような歴史観は，実は歴史の中にある思想の変化をまったく無視した理論と歴史の乖離という前提をもってのみ可能になるのです。そして客観的な分析が可能であるという仮定は理論家たちに歴史か

---

(44)　Stephen Gill and David Law (1988), op.cit., p.77.
(45)　Robert Cox (1992), "Towards a Post-Hegemonic Conceptualization of World Order: reflections on the relevance of Ibn Khaldun," in James N. Rosenau and Ernst-Otto Czempiel, eds., *Governance without Government: order and change in world politics*, Cambridge University Press, Cambridge, p.133.

ら抜け出た中立的存在としての特権階級の地位へのチケットを与えるのです。これが後に説明する「有機的知識人」の姿なのです。もちろんポスト・ポジティビズムの立場から見れば，このチケットはまったくの幻想で彼・彼女たち自身も歴史の一部として存在していることは明らかです。

　グラムシは，ヘゲモニーは主として同意と暴力的支配のコンビネーションをもって達成されると主張します。ここで「支配」とはリーダーシップの達成のための暴力の使用を意味し，「同意」とは，より微妙な方法でのリーダーシップの達成を意味するコンセンサスを意味します。ここでグラムシは支配体制の達成のためには同意の方がより効果的であると考えました。[46]そして，こうした同意的な支配体制は反体制的な運動の発生を防ぐために継続的な再調整と頻繁に起こる柔軟な再構成を求められるのです。

　このヘゲモニーと呼ばれる支配体制は現代社会の中でどのような形で機能するのでしょうか。第一に，ヘゲモニーとなるであろうグループは，彼・彼女たちが果たすであろう政治的・経済的役割を十分に理解しなければなりません。第二に，役割の十分な理解によって他のグループと経済的な結びつきができてきます。第三に，支配的地位を手に入れたヘゲモニーはその維持と強化のために知識人たちをそのグループの中に取り込みます。この知識人たちがヘゲモニー維持のための倫理的・理論的な基礎を提供するのです。彼・彼女たちがそのヘゲモニーのもとでの哲学や政治経済学を展開し，主流派となって世界像を作り出していきます。

　グラムシはこの知識人を有機的知識人という言葉で表しました。この言葉で彼が強調しようとしたのはいかに知識人たちによる思想体系の生産自体が歴史の変化のプロセスに関係しているかという点です。知識人たち，特に社会科学者たちの主要な仕事は，現在の社会体制がどのよう

---

(46) Kelly Lee (1995), "A Neo-Gramscian Approach to International Organization", in John Macmillan and Andrew Linklater, eds., *Boundaries in Question: new directions in international relations*, Pinter Publishers, London, p.150.

になっているかということを描写することにあります。この仕事は，一見価値中立的なように見えますが，実はその社会の構造や支配体系を所与と見る点において現在のヘゲモニーをサポートし強化する機能を持ちます。その意味では，いかに知識体系が科学的で客観的であると主張しようとも，結局は「理論は常に誰かのため，何かの目的のために」存在すると言えるのです。⁽⁴⁷⁾

ここでコックスやギルなどの国際政治経済におけるネオ・グラムシアンたちが強調するのは歴史的ブロックという概念です。伝統的なマルクス主義が土台と上部構造という固定的な二元論をベースとした経済主義をその理論的支柱とするのに対して，グラムシの歴史的ブロックという概念は，そこに有機的知識人と大衆という弁証法的関係や理論・歴史という実証主義を乗り越えたところでの思想的な構造を取り入れた，より洗練された概念だと言うことができるでしょう。ですから，歴史的ブロックはヘゲモニーを頂点とした社会構造で，その中に思想と生産活動という重要な社会的勢力が存在し，その枠組みが政党や労働組合など多くの集団に埋め込まれるような状態を指していると言えます。こうした枠組みが人々の意識やアイデンティティーを作るとされます。⁽⁴⁸⁾この意味では，歴史的ブロックはヘゲモニーと市民社会との関連を生み出し，特定の物質的，制度的，間主体的，理論的，思想的な構造を生み出すとされます。また，歴史的ブロックの生成は新たな方向性と内部的な一体感をもたらすような覇権的な思想を中心としてなされると言われます。⁽⁴⁹⁾

R.コックスはこうしたグラムシの理論を援用し，「超国家的管理階級」と呼ばれる集団が中心となる歴史的ブロックが生産と資本の国際化をもたらしていると考えました。⁽⁵⁰⁾この階級はトップランクの多国籍企業や国

---

(47) この言葉はR.コックスによって主張されたものです。その解説として以下の本が参考になります。Stephen Gill (1991), "Historical Materialism, Gramsci, and International Political Economy", in R.Tooze and C.Murphy, eds., *New International Political Economy*, Macmillan, London, p.56.

(48) Stephen Gill and David Law (1988), op.cit., p.64.

(49) Stephen Gill and David Law (1993), op.cit., p.94.

際的に展開する巨大銀行，IMFや世界銀行，WTOなどの国際機関がその主要な構成メンバーとされます。さらに細かく見れば，この階級にはいろいろな人々が含まれることが明らかとなります。その意味でコックスのリストはさらに続きます。そこには多国籍企業で働く人々とその家族のみならず，国家・国際機関の経済関係部署に従事する人々や多国籍企業が暴れまくる現代の世界経済のメンテナンスにかかわる人々（例えば，ITの技術者，経営関係の弁護士や会計士，税理士，経営コンサルタントや経済・経営関連学問について教鞭をとる教員）というような世界経済に関連する人々が含まれます[51]。

現代のグローバルな政治経済において，こうした人々は新自由主義思想の展開とその世界経済における規範化に共通の利益を持ちます。この新しい世界秩序に従属するような部署に存在する大衆は周辺化されたグループとなるのです[52]。

例えば，経済関係の教鞭をとる人々を考えてみましょう。彼・彼女たちは一般には新自由主義という言葉は使いません。そのかわりに「近代経済学」というラベルを使うのが通常です。この瞬間に新自由主義政治経済思想は，価値中立的な装いを持ちます。つまり，「主義」ではなく「理論」なのです。そして前者はイデオロギー的であるのに対して後者は科学的な真実についての学問であるとされます。ですから，大学や研究機関においては，自称「近代経済学者」はいても「新自由主義的思想家」はほとんどいません。この近代経済学と呼ばれるイデオロギーの伝播の過程では，ジェンダーの問題や外国人差別の問題，先住民の権利や多国籍企業によって安い賃金で劣悪な環境で働かされている人々の話はほとんど出てきません。ジェンダーや国籍，民族に関係なくすべての社会的事象は合理的経済人というモデルと市場原理によって説明されるのです。もし，ネオ・グラムシアンが主張するように，この近代経済学と

---

(50) Robert Cox (1987), op.cit., p.359
(51) Robert Cox (1987), ibid, pp.359-360.
(52) Kelly Lee (1995), op.cit., p.150.

いうイデオロギーが同時に世界を生産しているとすれば，その世界でジェンダー，国籍，民族等の側面で周縁化されている人々の生活は無視され，破壊される危険性が出てきます。そして現実にそれは起こっているのです。

　このようなネオ・グラムシアンのアプローチは，第二章で紹介した新マルクス主義とよく似ていると言われます。しかし，ネオ・グラムシアンは新マルクス主義が拠って立つ中心国−周辺国というようなシンプルな二分法を越え，より複雑な世界像を提示します。例えば，上述のようにコックスは現代の超国家的資本（多国籍企業）は労働運動を分断しつつ，超国家的管理階級を作り出していると考えています。レーニンが予期した世界的な労働者の団結と異なり，コックスは現在の国家間システムとその枠組みを越える資本の連携は労働者を断片化し分断する力を持っていると考えています。実際，多国籍企業の労働者たちの中には，「途上国」の労働者と比べて相対的に高い所得というような超国家的資本による恩恵を受けている人もいるでしょうし，そうした企業の研究・開発分野やシンクタンクで働く人々は自分達の仕事を安定化するような研究を行うでしょう。また多くの労働者は多国籍企業の存続と自分達の仕事の安定とを重ねて考えているはずです。こうした人々が超国家的管理階級としてひとつの集団を形成するのです。

　1980年代から現在にかけての歴史的ブロックは，新自由主義をその覇権的イデオロギーとして形成されてきたことは先に述べましたが，この新自由主義が超国家的管理階級の思想的枠組みを提供してきました。そして効率性と消費の拡大という新自由主義の決り文句はこの階級による世界政治経済の支配を正当化してきたのです。この新自由主義の展開は先進国だけではなく，発展途上国や旧共産国も巻き込みだしています。例えば，多額の債務に苦しむ国々は，その支払いにおいて新自由主義的機関であるIMFや世界銀行によって「指導」された形で新自由主義的経済理論すなわち近代経済学理論を採用しています。そこでは，政府支出の削減や海外からの多国籍企業による直接投資を促進することが重要であるとされるのです(53)。しかし，政府支出の削減は実際には福祉・教育支

出の大幅なカットという形で行われるのが一般的なようです。残念ながらこうした政策は，老人や子ども，障害者などの福祉支出・年金を受けている人々の生活を直撃します。また教育支出の削減は教育機会の均等を崩し，高所得の人々およびその家族のみが十分な教育を受けられるという状況を作り出しています。これがまさに近代経済学が支えている新自由主義歴史的ブロックが生み出している状況なのです。

　ネオ・グラムシアン論者は資本のグローバリゼーションという現代に特有の現象についても関心を寄せます。この現象の進展により，国家は1980年代以降多国籍企業のために「良いビジネス環境」を提供することが当然と見られだしました[54]。もしそうしなければ，海外直接投資による資金の流入を得られなくなってしまい，場合によっては経済危機を招くことになるとされます。この「良いビジネス環境」はサプライサイド・エコノミクス（供給の経済学）に基づいた政策を実施することによって達成されるとされました[55]。この経済理論は減税と企業を優遇するような政策を正当化しました。イギリスのサッチャリズムやアメリカのレーガノミクス，アオテアロア／ニュージーランドの84年改革などがその典型であるといわれます。

　この現象は国際的な舞台に限った話ではありません。日本国内でも企業誘致（国際経済の海外直接投資に相当する）のための「良いビジネス環境」の整備に東奔西走している地方自治体を多く見ることができます。もしそれが失敗した場合には，その結果としての財政悪化のために中央官庁から締め付けられ，福祉・教育支出カットという形での行財政改革

---

(53)　Stephen Gill (1994), "Knowledge, Politics, and Neo-Liberal Political Economy", in Richard Stubbs and Geoffrey R.D.Underhill, eds., *Political Economy and the Changing Global Order*, Macmillan, Hampshire, p.82.

(54)　Stephen Gill and David Law (1993), op.cit., p.100.

(55)　サプライサイド・エコノミクスについてはBruce R. Barlett, ed., (1983), *The Supply Side Solution*, Chantham House, Chantham; and Lawrence Robert Klein (1983), *The Economics of Supply and Demand*, Johns Hopkins University Press, Baltimoreを参照。

を余儀なくされているケースも多くあるようです。そこでは，住民の福祉的安定や教育の充実よりも赤字の削減，すなわち借金返済が最重要課題とされます。場合によっては中央官庁から官僚が送り込まれ，その地方を何もしらないエリートが借金返済のために財政改革を行います。この中央官庁の動きはまさに国際経済においてIMFや世界銀行が果たしている新自由主義の装置としての役割とまったく同じだといえるでしょう。

しかし，ネオ・グラムシアンの関心はこうした出来事を表層的に分析するのではなく，こうした変化が起こった背景にある思想や規範，政府の役割についての理論，市場の重要性についての考え方などの変化にあります[56]。後期資本主義とも言われるこのグローバリゼーションの時代においては，知識体系は労働者よりも資本側・企業側に役立つような形で発展していると言えます。ここで重要なのは，私的所有権や資本の蓄積といった資本主義に特有な概念が当たり前として捉えられていることです。そして私的領域（ここでは経済的側面）なしでは政治経済体制が崩れるという神話もここに見られます。1970年代から80年代にかけて経済学会のなかでマネタリズムが全盛を極めたことは1980年代以降のこうした経済的「常識」の展開を説明します[57]。マネタリズムすなわち近代経済学のイデオロギーのもと，インフレーション抑制のためのマネーサプライ（貨幣の供給量）を抑える政策が選ばれます。これが世界的に反インフレ的政策の規範として世界的に広がりました。

こうしてそれまで国家によってコントロールされてきた超国家的資本はついに国家の力を超えるような権力を達成するのです[58]。この新しい権力構造の出現によって，企業は資本や資産を，国境を越えるような形で移転させることにより国家による統制を免れることになりました。逆に国家の政策決定はこのように世界を駆け巡る資本の動きを前提にしなけ

---

(56) Stephen Gill and David Law (1993), op.cit., p.101

(57) Milton Friedman (1962), *Capitalism and Freedom*, Chicago University Press, Chicago; Milton Friedman and Rose Friedman (1989), *Free to Choose*, Pelican, Harmondsworth.

(58) Stephen Gill and David Law (1993), op.cit., p.106.

ればならなくなり，その意味では現代の世界政治経済は多国籍企業によって支配されているといっても過言ではないでしょう。ネオ・グラムシアンの分析はこのように企業の利潤極大化論理とそれを当然視する新自由主義思想＝近代経済学によって支配されている世界経済の生まれ出た過程を明らかにします。この過程は当然ですが，西欧諸国に限った話ではありません。「途上国」の多くの国々も同様の過程を経て新自由主義政策を採用しています。ピノチェト政権下のチリなどは典型的な例と言えるでしょう。

　資本のグローバル化のプロセスにおいて，思想やアイデア，知識といったものは大変重要な役割を果たします。ネオ・グラムシアンの分析によって，社会から切り離された存在として自分たちを定義している実証主義的な学者たち，特に新自由主義経済学者（本人たちは近代経済学者と呼びます）たちは，実際には有機的知識人としてその社会のプロセスの中に存在しているということが明らかとなります。彼・彼女たちの視点というのは，彼・彼女たちがまさに分析しようとしている歴史の内側で作られているのです。彼・彼女たちは歴史や社会という継続的に変化するプロセスによってつくられ，またそのプロセスを再生産していくというわけです。そしてネオ・グラムシアンたちは，これら資本主義の無意識のサポーターとしての有機的知識人たちが価値中立的だと信じている客観的理論をもって資本主義を形成し正当化し，そして国際政治経済の中に否応無く引き込まれていく人々の力を奪い取っていると議論します。では，この知識というものはいかにして機能するのでしょうか。コックスによれば，こうした知識人たちの研究の対象となる存在は，彼・彼女たち自身の歴史的な経験から派生しており，そしてこの存在は彼・彼女たちが考える世界の中に再び埋め込まれるのです。例えば，唯一このアプローチでしか私たちが国家という客観的事実を理解することはできないのです。国家は建物のような物理的な存在をもちません。しかし現実に存在しているのです。この国家の存在はすべての人が，国家が存在しているという前提で行動することによってのみ実現します。そして私たちはこの非物理的存在の国家による決定が拳銃や警棒を持った現実

の人々によって守られることを知っているからこそその決定に従うという部分もあるのです。[59]

この学派は現在の国際政治経済学の中で非常に重要な役割をはたしています。コックスをフォローする形で，S.ギルやD.ロウ，K.リーら新しい世代のネオ・グラムシアンがその議論を展開しており，そのターゲットは引き続き近代経済学理論や新自由主義思想と多国籍企業との共同によるヘゲモニーとそのベースの歴史的ブロックとなっています。そして，彼・彼女たちはポスト・ポジティビズム（脱実証主義）という概念を使って，次章で紹介するポストモダニズムと共同戦線を張る形になっています。その中で政治経済の理論や展望はそれ自身が社会的な勢力として社会を形成し，それがまた理論や展望を作り出していることを強く主張します。[60] そういう意味では，理論や展望が，知識の対象すなわち世界像を設定し，それをどのように分析するのか，どのように判断するのか，そしてどのように現実に適用するのかを決定しているとも言えるでしょう。[61]

枠組みの問題　その3

ここでとりあげた理論は，前章まで展開してきた枠組みに対して二つの意味があります。まず，第二章で紹介した議論はすべて実証主義のカテゴリーに入ることを思い出してください。重商主義や自由主義，そしてマルクス主義といった伝統的な政治経済理論はすべて主体と客体とを分離した客観主義をベースとしています。この部分が，これら理論が実証主義であると言われる所以です。そして，第三章で紹介したフェミニズム，環境主義，先住民による現象学的アプローチは，この伝統的な理論の実証主義的な視点によって周縁化された人々の声がベースとなってできたものです。しかし，これらの現象学的アプローチは，それぞれの

---

(59) Robert Cox (1992), op.cit., p.133.
(60) Stephen Gill and David Law (1988), op.cit., p.xvii, and Kelly Lee (1995), op.cit., p.148.
(61) Kelly Lee (1995) ibid, p.148.

視点の総体が必然的に多様性を意味しているとは言え、ひとつひとつが多様性を主張しているわけではありません。フェミニズムにはフェミニズムの「正しさ」があり、環境主義には環境主義の「正しさ」があります。つまり、それぞれがひとつの「正しさ」を求めているという意味において、主流派政治経済学理論と似た部分があるとも言えるのです。

　国際批判理論やネオ・グラムシアンのひとつの意味は、こうした多様な「正しさ」を包括的に理解することによって多様性の概念を国際政治経済の空間に導入したところにあります。つまり、ひとりひとりにはそれぞれの「正しさ」があり、その「正しさ」が多様な形態をもっていることを明らかにしたのです。例えば、コスモポリタニズムを語る時のリンクレーターは、多様性の概念を非常に重要視し、多様性を内包したコスモポリタニズムにこだわります。また、コックスやギルもまた、多様な視点が資本主義や国家システムによって周縁化されていく道筋を丁寧に分析しています。そういう意味では、第三章で紹介したグラフというのは実は、主流派政治経済学理論と現象学的なアプローチを批判理論的に理解したグラフだというふうに理解する必要があると言えます。

　第二に、国際批判理論やネオ・グラムシアンによって、「知」や「思想」といったこれまで社会から切り離されて存在していると仮定されてきた概念を、国際政治経済の真っ只中に引き戻したこともここでのポイントです。知識や理論の生産者階級がこれまで特権的に保持してきた「第三者」的で「中立」と仮定されてきた位置を批判的国際理論は完全に崩れたのです。その意味では、国際批判理論やネオ・グラムシアンが次章で紹介するポストモダニズムとともに形成するポスト・ポジティビズムというカテゴリーはこれまでの学者像を批判し崩し、そしてオルタナティブとしての新しい国際政治経済論を作り出すための大きなうねりとして理解することができます。

---

(62)　ただし、最近のフェミニズムの議論はこの限りではありません。フェミニズムを単数ではなく複数で表現する、フェミニズムズという言い方も多くみられるようになりました。この点に関しては終章で詳しく述べます。

この二番目の意味もとても重要なものです。先述したように思想や理論が作る空間というのは劇場であり，主体間の会話が成り立つ舞台でもあります。この空間を分析の対象とした批判理論とネオ・グラムシアンは，初めて国際政治経済に文化という概念を導入するという重要な展開を行ったと言えるでしょう。つまり，これまでの伝統的な国際政治経済学が分析対象として設定してきた世界というのは，この文化の概念をまったく無視してきたのに対して，ここで紹介した批判的国際理論は，まさにこの概念が世界変動のひとつの中心的な原動力であることを明らかにしたのです。

　実は，この文化の政治的な解釈というのはこの本を通してのひとつの重要なテーマです。ただし，第一章でも述べたようにここでの文化という言葉の解釈はかなり広義なものであることには注意が必要です。芸術や音楽，文学などの文化という概念よりもさらに広義に定義された文化概念は私たちの日々の生活に巻き起こる無数の会話や行動に散りばめられた政治的な物語を意味します。極論すれば，文化とは政治であり，政治とは文化なのです。この文化概念が本書の重要なテーマであるということは，逆にいえばこの本の著者である私はこの批判的国際理論に大きな影響を受けていることを意味します。そしてその文脈で言えば，もう鋭い読者は気づかれているでしょうが，本を書くということ自体にも政治的な意味があることを意識しながら本書は書かれているのです。

　ここでひとつ強調しておきたいのは，もしネオ・グラムシアンが呼ぶ有機的知識人が社会の構造を再生産する装置であるとすれば，逆にその有機的知識人がその構造を利用して新しい社会像を提供することも可能なはずです。そのためには，現在の政治経済の動きと，周縁化されてきた人々，そしてその構造と「知」との問題を理解し十分に分析する必要があるでしょう。それがこの章の目的であったわけです。つまり前章まで展開してきた枠組み論はそのための準備段階であったと考えてください。そして次章ではいよいよこうした構造と「知」の問題を別の角度から解体し，ずらし，突き崩そうと試みるポストモダニズムを紹介します。

第5章

ポストモダン国際政治経済学の可能性(1)

> ……新聞の連載が，私の「知名度」をひろくしたために，わたしのところに，しばしば病院から「脱走」してきた患者が訪問することになった。母親たちから，私は，近代医学にたいする病人のがわからの批判をきかされた。医者のがわからすれば研究への熱意であるが，病人のがわからすれば，病人の人間的な苦悩の無視であった(2)。
>
> ——松田道雄：小児科医

イントロ

　前章で紹介した批判的国際理論とともにポスト・ポジティビズムのカテゴリーで語られるのがここで紹介するポストモダニズムです。批判的国際理論は世界的な事象を国際資本と知識構造によって説明しようとしました。そこでは知識はヘゲモニーをサポートするものとして描かれ，その体系からの脱却という目的のもとにオルタナティブとしての「世界市民」やコスモポリタニズムに基づいた世界像を提示していることを紹介しました。

　しかし，こうしたオルタナティブにはひとつの問題が潜在しています。それは伝統的な国際政治経済理論が犯してきた罪を，この批判的国際理論が再び犯すのではないかという危惧です。その罪とは，近代合理主義に基づく多くの思想体系が犯してきたもの，つまり画一化の危険性です。唯一の「正しさ」を主張することなく，すなわち多様な価値観の渦巻く世界において，いかにしてその多様性を崩すことなく，現在の国家間システムと資本主義による構造を超越できるのかという問題はポスト・ポ

（1）　ポストモダン政治経済理論というのは，世界的に見てもまだほとんど議論されていません。そのためこの章での私の議論は試論の枠を出るものではありません。

（2）　松田道雄（1967），「定本　育児の百科」，岩波書店，東京，p823.

ジティビズムに課せられた大きな課題であると言えます。

　この章では、この多様性の議論に焦点を合わせ、多様性に基づいた解放的な将来像を提示するための理論を紹介します。これは国際政治経済や国際関係といった学問の中ではポストモダニズムと呼ばれる学派で、現在多くの若手研究者を惹きつけているようです。[3]

　この章では、まずフランスの脱構造主義思想を紹介します。ただし、脱構造主義思想というのは非常に幅広く、曖昧に定義された言葉であることには注意が必要です。ここでは、フーコーやドゥルーズなどの理論を中心に話を進めたいと思います。彼らの議論もまた、フランクフルト学派と同様に「知」と権力に焦点をあわせます。そして現代における合理主義に基づいた知識は、個人を解放するという目的が失われ、個人の抑圧となっているという認識も共有します。しかし、脱構造主義者は「知」と権力との関連に注目するのではなく、「知」は権力であるという命題をめぐって議論を進めます。その結果ポストモダニズムの視点から見れば、現代社会というのは複数の権力としての「知」による休みない争いが起こる空間として定式化することができるのです。

　これを国際政治経済の領域に応用した場合、その違いはより鮮明になります。批判的国際理論は、前章で述べたように、知識および知識人はその支配体制の維持のために国際資本によって利用されているというような理解をします。他方、ポストモダニズムの視点から言えば、国際資本とそれに伴う政治経済体制は現代の知識構造によって作られるということになります。

　このような知識が現実を、理論が実践をつくるという考え方は特別新しいものではありません。修正自由主義の大御所であるJ.M.ケインズは1936年に出版されたその名著、「雇用、利子、貨幣の一般理論」の最後で面白い議論を展開しています。そこにはいかなる実践家といえども、

（3）　ポストモダニズムと呼ばれる流れは多くの潮流をその中に包含しています。スペースの関係もあって、ここでの議論は私なりの解釈によってその一部を紹介することしかできません。より深い議論は、M.フーコー、F.リオタール、G.ドゥルーズ、F.ガタリなどの著書を参照してください。

結局は古い経済学の奴隷であるという彼の哲学的議論が述べられています。体制側にいる，政策立案者はその政策を宙に描いて考えるのではなく，数十年前に作られいまや時代遅れとなった経済学理論によってその政策を作成するのです。政策はそうした理論の現実化という形で作られるのに，現代の政治経済学は既存の利益配分ばかりに注目し，徐々に社会に浸透していくようなアイデア（理論）の動きに焦点を合わせることはまったく行ってこなかったことに注意を喚起します。ケインズによれば，そのアイデアの浸透というのはゆっくりとしたペースで進行します。経済学や政治哲学の分野では25歳から30歳ぐらい以降に知った理論によって影響される人は極端に少なく，そういう意味では現在の政治経済政策というのは，理論的に新しいものであることはまずないと言えるのです。そして，ケインズは結論します，もっとも危険なのはいま存在する既得権益などではなくいま浸透しようとしているアイデアであることが早かれ遅かれ明らかになるであろうと[4]。

ケインズが言及した理論の発展とその現実化との間隔は，電子コミュニケーション技術や輸送技術の発展によって徐々に狭まっているようです。しかし，ケインズが語った理論と実践との関係は今でも重要な意味を持ちます。そしてポストモダン政治経済学は，この理論と実践との関係についての理解をより深めるために論理的展開を行います。

ポストモダン政治経済理論は，現代の知識構成と合理主義的客観化には権力関係を生み出す可能性が強いことを指摘します。そしてその中で主張される「真実」についての物語に注目し，その物語が繰り返し語られることによる「真実」の生産と再生産過程を解体します。また，この「真実」の物語が人々の疎外や周縁化に帰結する道筋を明らかにします。そしてこうした「真実」の物語（大きな物語）を否定するポストモダン政治経済理論は，周縁化された人々の声に対して敏感な世界像を描き出します。この周縁化された声は，現在の既成の政治経済学に対するオル

---

(4) John Maynard Keynes (1936), *The General Theory of Employment, Interest and Money*, Macmillan, London, pp.383-4

タナティブを提示するというだけでなく，こうした声が世界の将来に反映されることにより，より民主的な社会が実現されるというところにその重要性があると言えます。

　こうした議論を展開するために，ここではまずポストモダニズムとポストモダニティー（脱近代性）という二つの言葉の説明からはじめることにします。第二にポストモダン政治経済学が最も強い影響を受けたフランス哲学の大きな流れを紹介します。ここではその中でもフーコーの議論に焦点を当てます。フーコーの議論は特に知識と権力の問題に集中していると言われます。そういった意味で，彼の議論は前章からの流れとうまく合いますのでここで特別に取り上げることにしました。第三に，このフーコーの議論を国際政治経済の文脈に適用し，ポストモダン政治経済学の枠組みを提示します。そして第四に，ポストモダン国際政治経済理論が示す，オルタナティブの可能性を探ります。

ポストモダニズムとモダニティー：傾向と対策？

　批判的国際理論の章で述べましたが，多種多様な議論をひとつのラベルのもとにカテゴリー化することは大変な作業です。批判的国際理論はそのひとつの例ですが，ポストモダニズムはその定義という意味でより難しいカテゴリーであることは間違いありません。ポストモダニズムという言葉を良く聞く領域としては，芸術，文学（評論），映画，音楽，建築，ドラマ，写真，哲学，政治学，文化人類学，そして社会学と言うようにかなり幅広い分野があげられます。ただ，どの分野においてもある文脈で定義された「モダン（近代）」を超える概念として使われているという共通性はあるようです。例えば，建築の世界で使われるポストモダニズムは，機能的な側面のみを強調する近代的な建築物から，遊びの感覚を入れた建築物への移行というような文脈で語られることが多いようです。フランスの首都，パリにあるポンピドゥ美術館はその典型的な例であるといわれます。この美術館を訪れた人は良くご存知でしょうが，とにかく遊びの感覚を大切にし，機能や効率性のみを求めた近代的ビルとは明らかに違った楽しさをもった建築様式です。身近なところで

考えれば日本の中にあるビル群というのは逆に，効率重視で味も素っ気もなく，どちらかといえば非人間的な雰囲気を持っているようです。その意味ではいかに狭い土地を効率的に使うかという命題を中心としたモダニズムの一種の典型的なスタイルをベースとした都市づくりによる日本の都会の雰囲気は，パリやポストモダニズムで有名なアオテアロア／ニュージーランドのウエリントンとはかなり異なって冷徹な感じを与えるものであることは確かです。

　このような建築や芸術におけるポストモダニズムは本書で言及できる範囲を大きく超えた問題ですのでこれ以上の踏み込んだ議論はやめておきます。本書で取り上げたいのは，ここから少しずれたところにある（といっても建築や芸術のそれと無関係というわけではありませんが）社会科学や哲学におけるポストモダニズムです。まずここで強調したいのは，ポストモダニズム（脱近代主義）理論とポストモダニティー（脱近代性）についての理論は異なることです。この二つの理論体系は似て非なるものであるのですが，ともに非常に複雑で難解な言葉を多用するため，しばしば混同して使用されます。そこでまずは，この章の中心的な論点ではないポストモダニティーについての議論を簡単に紹介し，後で紹介するポストモダニズムとの対比の要点を述べたいと思います。

　先に結論を言えば，ポストモダニティーについての理論は現代社会をポストモダンな社会と位置付け，この社会とは何なのかについての議論を展開するものです。ポストモダニティーは脱近代性と訳すことが可能ですが，この概念を説明するためにはモダニティー，すなわち近代性について検証する必要があるでしょう。ウェーバーなどの19世紀から20世紀にかけてのドイツ社会学者たちは，社会や政治を近代性と伝統性との対比の中で語りました。もちろんその議論は包括的で簡単に要約できるようなものではないのですが，無理やり簡単に言えば近代性を伝統性から区別するのは産業社会と資本主義国家の発達であるというようなものです。[5]その産業社会と資本主義国家の発達は，特定の形の人間を必要とします。つまり労働者として効率的に生産過程をこなすような人間を必要としたのです。現代の国際関係学の中でも同様の理解を見ることがよ

くあります。一般化して言えば，近代とは一定の価値観や行動様式がモデル化され，そのモデルに従った社会秩序・社会的統一性の形成という特徴がみられる状態を意味すると言えるでしょう。

　脱近代性というのは，この社会的統一性からの離脱として定義することが可能です。フランスの哲学者であるJ. ボードリヤールは，この近代における社会的な秩序を生産重視型の社会構造に求めました。そして生産型から消費型社会へのシフトをもって脱近代性を定義しました。その背景にはいわゆるIT革命があり，バーチャルな世界の登場は現代社会での空想と現実の境界線を消してしまい，その結果すべてがバーチャルで「現実」自体存在しないとまで言いきりました。彼の「湾岸戦争は無かった」という有名な主張はこうした現実の不可能性に基づいてなされたものと理解できるでしょう。[6]

　F. リオタールもまた同様な議論を展開しました。リオタールによれば，脱近代社会というのは脱産業社会を意味し，そこではコンピューターの発達と情報化社会をもって画一的な思想が多様な思想群によって凌駕されること，そして普遍主義が地方主義によって取って代わられることがその特徴とされます。[7] ボードリヤールにしてもリオタールにしても，こうした状態を肯定的に捉えているという意味では共通性を持ちます。

　これに対してF. ジェームソンはこの状態を批判的な視点から分析しました。ジェームソンによれば，この脱近代性を特徴とする現代社会は実は後期資本主義と呼べるものであって，近代からの断絶やその超越を意味するものではないという論戦を張ります。その理由は，リオタールやボードリヤールの言う近代性社会と生産偏重主義からの脱却は，極端な大衆消費社会の裏返しであり，そこにある資本主義による文化的支配とその論理を表象しているに過ぎないというものです。

（5）　Mike Featherstone (1991), *Consumer Culture and Postmodernism*, Sage, London, p3.
（6）　Jean Baudrillard (1983), *Simulations, Semiotext(e)*, New York.
（7）　Francis Lyotard (1984), *The Postmodern Condition*, Manchester University Press, Manchester.

ジェームソンの脱近代性についての否定的な議論は，リオタールやボードリヤールの楽天的な現代社会の読み方と好対照をなします。そのひとつの理由は，ジェームソンはマルクス主義の流れを汲み，ある意味フランクフルト学派と似た議論の展開をするところにあります。その意味では，ジェームソンによるロサンジェルスのウエストイン・ボナベンチャー・ホテルについての描写は代表的なものです。ポストモダンな建築様式で有名なこのホテルは，確かに私たちをびっくりさせるような構造につくられています。しかし，ジェームソンは言います，ここに宿泊したり訪れたりする人々のどれほどが，この特異な建築構造と自分たちとの日々の生活とをつなげることができるのか。本当にこの建築物の意味を知るためには脱近代性という概念に詳しい人の講義を受ける必要があるかも知れません。そしてジェームソンは続けます，結局のところ脱近代性という言葉の意味自体が画一化され，それを理解するためには専門の教育者による訓練が必要となっているという意味ではまったく近代性と変わりがないと[8]。つまり，多様性という言葉を画一的に定義するということは，実は多様性をまったく認めていないということなのです。

　とりかたによっては，ジェームソンの脱近代性についての理解はのちに紹介するポストモダニズム的なものであると言うことができるかも知れません。つまり，脱近代性を脱近代主義的に読めば，後者は前者をネガティブに解釈することになるわけです。先に述べましたが，ジェームソンはフランクフルト学派的な社会の読み方をします。その意味では，批判理論と脱近代主義もまた似たものであると言うことができるでしょう。

　ここで紹介するポストモダニズムは，リオタールやボードリヤールのように社会を客観的・第三者的に描写するというものではありません。というのも，彼らのアプローチは脱近代社会を客観的に分析しているという意味で非常に実証主義的であるからです。これに対して，ここで紹

（8）　Fredric Jameson(1991), *Postmodernism or the Cultural Logic of Late Capitalism*, Duke University Press, Durham, pp.39-44.

介するポストモダニズムは理論や概念の生産といったものが社会の中にあり歴史を作っているという批判理論と同様の認識を持って，多様性の実現に向けた運動としての役割を果たそうとします。その意味で，ポストモダニズムは理論の形をとった運動であり進行形の実践であるのです。その意味でも，ジェームソンの脱近代性批判は重要なものです[9]。すなわち，社会的な画一化の動きを察知し，抉り出し，そして暴くことがポストモダニズムの重要な目的のひとつなのです。

フランス哲学の流れ：脱構築主義

　ポストモダン政治経済理論を展開するためには，その基礎的な理論体系であるフランスの脱構造主義を無視するわけにはいきません。というのも，ここで展開するポストモダン政治経済理論は，フランスの脱構造主義哲学者にその多くを負っているからです。フランス脱構造主義の流れは1980年代後半から一気に国際関係のフィールドに入ってきました。その流入は非常に激しく，ある人はこの状態を見て「デリダ，フーコー，バルト，ボードリヤール，そしてラカンの作品は国際関係の中に新天地を見つけた」と述べています[10]。

　ポストモダン政治経済理論に影響を与えたという意味では，フランス脱構造主義の三つの流れが重要であると考えられます[11]。その三つとは，J. デリダの脱構築主義，R. バルトによる記号論，そしてM. フーコーの系譜学です。いくつかの理由でここではフーコーの系譜学を中心に議論を展開していきたいと思います。その第一の理由は，フーコーの系譜学的アプローチはその他の二つのアプローチを包含するような形で発展していること。第二に，フーコーのアプローチは前章から議論してきた知

（9）　もっともジェームソンは，脱近代性と脱近代主義との区別をはっきりとしているわけではありません。

（10）　Molly Cochran (1995), "Postmodernism, Ethics and International Political Theory", *Review of international Studies*, vol.21, p.238.

（11）　Donna Gregory (1988), "Preface" in James Der Derian and Michael J. Shapiro, eds., *International/Intertextual Relations*, Lexington Books, New York.

識と権力の問題を直接的に扱っていること。そして第三に，上記の三つのアプローチを等しく詳細に議論することはスペースの関係上難しいことです。ただし，フーコー以外の理論家による議論をまったく無視するわけではありません。ここで述べたように，フーコーの議論は他の二者の議論もある程度包含していますので，フーコーの説明のためには当然それらにも言及する必要があるのです。

　ではまず，記号論からスタートしましょう。第三章の現象学的アプローチのなかで説明しましたが，世界で起きている現象を理解するということは，その現象を裸のままで理解することを意味しているわけではありません。私たちがそうした出来事を知覚する瞬間にはすでにその出来事には意味が付与されていると考えられます。言語学の始祖であるF. ソシュールは，こうした意味の付与が世の中に広がっているサインのシステムによってなされると考えました。[12] つまり，言語は無色透明なもので，その仕事は言葉に込められた意味を伝達するものであるというこれまでの言語についての常識を覆し，言語システムが物事の意味を作っているという発想を展開したのです。

　記号論の重要な議論の展開は，シニフィアン（英語で言うSignifying: signifiant＝表象する記号・言葉）はシニフィエ（英語で言うsignified＝表象されるもの）とリンクしていないというものです。表象されるものの意味はそれ自身が決定するのではなく，それを表象する記号とその他の記号との差異によって決定されるとされます。つまり，ある言葉の意味は記号のシステムの中におけるその記号と他の記号との差異によって生産され，その意味の生産システムが言語と呼ばれる体系であると考えられます。ソシュールは，言語とはアイデアの差異と音の差異とが結合されたものの連鎖であると述べています。[13] つまり，言語とは独立した単語のシステムで，それぞれの単語の価値は他の単語の同時的存在によっ

（12）　Ferdinand de Saussure (1966), *Course in General Linguistics,* Wade Baskin, trans., MacGraw Hill, New York.

（13）　Ferdinand de Saussure (1966), ibid, p.120.

てのみ決定されるものであるのです。この意味で言えば，「白人」は「黒人」なしでは存在できず，「男性」は「女性」を抜きに存在できないと言えます。ここで，「黒人」や「女性」は現実世界に存在する具体的な人々と直接の関係を持たないと言われます。「黒人」や「女性」という言葉は直接的に具体的な人種や性別を意味するのではなく，その対抗する言葉との差異によって意味付けられているのです。例えば，絵の具の「黒」色のような「黒人」はほとんどいないでしょうし，一言で「女性」といっても多様な人々がいるでしょう。しかし，言葉は二項対立によって作られたシステムとして意味を生産しつづけるのです。

　この二項対立による言語のシステムをよく理解することが，流暢な言語能力の重要な要素のひとつであるとも言われます[14]。例えば，先のアメリカで起きたテロリズムのあと，「これは戦争だ！」という声がアメリカのみならず世界中から起こりました。「これは戦争だ！」ということは，そのまえに「～ではなく」という文脈が隠されていることを意味しています。では，それは何なのか。この文脈で言えば，それは「テロリズム」です。つまり，「これは単なるテロリズムじゃなくて，戦争だ！」という文章が簡略化されて「これは戦争だ！」となっていると考えられます。そして，この「これは戦争だ！」に込められたインパクトを理解するためには，そこに隠された対抗する言葉である「テロリズム」を理解しなければならないのです。

　では，この「戦争」と「テロリズム」を分けるものは何なのでしょうか。まず考えられるのはその破壊の規模です。死傷者が極端に多かった先のアメリカのテロでは，「もはやこれはテロリズムなどという小さな規模の紛争ではなく，戦争だ！」というのが正確な表現となるでしょう。そしてこの「テロリズム」と「戦争」という対立項はそこで必然的に規模についての意味を付与されるわけです。しかし，今回の事件において

（14）Charles Lemert (1992), "General Social Theory, Irony, Postmodernism" in Steven Seidman and David Wagner, eds., *Postmodernism and Social Theory*, Blackwell, Cambridge, p.36.

この意味は微妙なずれを見せます。「これは戦争だ！」についての意味の比重がアメリカ政府によって恣意的に「戦争」という言葉が持つ合法性へと変化させられたのです。つまり，最初は規模によって意味付けされていたはずの「戦争」という言葉がいつのまにかアメリカ＝「自己」によるテロリスト＝「他者」に対する軍事行動の合法性──すなわち「報復」の正当化──を意味するようになってきたのです。

　戦争は国際法上「国家」にのみ与えられた権利として考えられています。個人や地方自治体，NGOなどには戦争をする権利はないとされているのはこのためです。これをもっと突き詰めて言えば，いかなる暴力の使用も国家にしか保障されていないということを意味します。ここでテロリズムは，法律上付与されていない市民もしくは民間の組織による暴力の行使を行うことを意味します。そのなかで「テロリズム」は正当な暴力の行使としての「戦争」との対比の中で語られることになり，「不当な」という形容詞を伴うことになります。そしてこれがイスラム社会と西欧社会との対比と重なるとき，イスラム社会を表象するパレスチナに対する強烈な差別感を生み出していきます。こうして，「テロリズム」と「戦争」という言葉の対立は，「自己」によって微妙に意味をずらされながら特定の意味を作り出していきます。そしてその特定の意味が特定の行動──ここではアメリカによる軍事作戦の展開──を正当化してしまうのです。

　この「同時テロ」についての報道はこの構図を非常によく表しています。「戦争」としての報復を唱える人々は，正当な「戦争」VS不当な「テロリズム」という対比と，イスラエル（西欧）VSパレスチナ（イスラム社会）という対比，そしてその西欧VSイスラム社会の対比は同時に「世界的な秩序」VS「秩序の撹乱要因」という対比と重なりあい，そしてアメリカの「正義」とイスラム社会の「悪」との構図を紡ぎ出します。この構図は特定の「主体」によって生まれ出された物語でしかないでしょう。こうした物語を立て続けに茶の間に送りつづけるメディアはすべてアメリカのCNNやABCなどのテレビ局を発信源としているのです。つまり，アメリカ発の物語は，アメリカを主体として語られ，同

時にイスラム社会という「他者」を生産・再生産していると考えられます。そしてこの「他者」の生産は，同時に「自己」の生産を意味しています。

このような記号論的アプローチの国際政治経済への適用のもうひとつの例としてD. キャンベルによる日米経済関係についての議論があります(15)。キャンベルは同一性と差異，内側と外側，国内と対外，地方とグローバルといった多様な二項対立に注目して日米関係を分析します。その中でも彼の議論はアメリカ＝「自己」と日本＝「他者」という二項対立に集中します。キャンベルは「同一性と差異という経済的言説はアメリカを中心とした世界の将来像を顕在化する。それとともに日本が問題であるとするアプローチは，アメリカを中心とした国際経済体制に対する代替案が日本を中心とした強権的・専制的体制か無政府状態のようなカオスでしかないというような特定の政治的イマジネーションに帰結する危険が高い」と述べています(16)。

さらにキャンベルは，この危険性は主体の存在が他者の存在によって可能となること，そしてこれがある特定のアイデンティティーの形成にとって重要な役割を果たすことを無視していることから発生していると議論を続けます。つまり，「他者」を生産し，その生産過程で「自己」の「他者」に対する優越性，合理性，合法性，正統性を強調することによって「自己」のアイデンティティーを形成していくのです。そのため，キャンベルは現代の国際政治経済学分析の重要なポイントとしてこの主体性の形成過程をあげる必要があると述べています(17)。

このように，「書く」という行為，すなわち物語の生産は単なる事物の描写ではなく，そのなかで作者のアイデンティティーが物語の「自己」（主体）として生産・再生産され，同時にその「自己」のカテゴリーに

---

(15) David Campbell (1994) "Foreign Policy and Identity: Japanese "other"/American "self", in Stephen J. Rosow, Naeem Inayatullah, and Mark Rupert, eds., *The Global Economy as Political Space,* Lynne Rienner, Boulder.

(16) David Campbell (1994), ibid, p.163.

(17) David Campbell (1994), ibid, p.166.

対抗する存在として「他者」が作られていくプロセスと考えられます。その中で「他者」は「自己」からの逸脱として定義されます。それと同時に「他者」は「自己」という言葉と密接に関連している言葉群（例えば「合理的」,「近代的」,「効率的」など）から逸脱した言葉（「感情的」,「前近代的」,「浪費的」など）を分配され関連付けられます。第三章で説明したように,「女性」という言葉は「男性」という言葉からこうした配置を強要されてきました。つまり,社会のあらゆる局面での「自己」すなわち「主体」（物語の作者）のほとんどが男性であったことの裏返しとして「女性」が位置付けられてきたと言えるでしょう。

上記のキャンベルの例でいえば,「アメリカ」という国際経済の「自己」すなわち「主体」は合理的でスマート,公正,民主的さらには効率的な国家であると定義される一方で「日本」は予測不可能な動きをする専制的な国家として位置付けられています。そしてこのような物語は,「日本」が世界政治経済の覇権を握れば世界は強烈な専制体制となるか混沌とした無政府状態になるというイメージを生産するのです。そこで「自己」によって強調され再生産されるのは,捕虜収容所で拷問をする狂気に満ち溢れた日本兵たちであり,狂ったように敵艦隊に突撃する日本軍の「カミカゼ」であり,汚職にまみれた政治家たちであり,ディズニーが莫大な費用をかけて再生産する「宣戦布告の前」に真珠湾に奇襲攻撃をかけた「卑怯な」日本のイメージなのです。

同様なイメージの再生産は,アジア全体に対しても行われています。ベトナム戦争の物語で登場してくるベトナム共産党の兵士たちはまさに狂気に満ち溢れ,非合理的であり,何を考えているか予測不可能な狂った人々として描写されます。映画「ディア・ハンター」の中で捕虜になったアメリカ兵にロシアン・ルーレットをさせ,それをバクチのねたとするベトナム兵の顔はまさに狂気に満ち溢れた表情を見せます。

更に湾岸戦争以降では,このイメージの生産・再生産は中東の国家に生きるアラブの人々に対して行われています。「アメリカ社会」という「自己」は「合法性」「文明性」「民主主義」「自由」といった言葉と重なり,「アラブ社会」はその裏返しとして「違法性」「野蛮性」「専制」「抑

圧」という言葉と同列に論じられています。映画や小説に登場する「イスラム原理主義者」はいつもテロやハイジャックを計画し，爆弾を抱えています。また，パレスチナ・イスラエルの紛争でアラブを表象するパレスチナ人は常に「石を投げる人々」としてニュースに登場しますが，逆にアメリカをバックに戦うイスラエル兵は近代的な兵器を身につけ，「石を投げる人々」に威嚇射撃をしています[18]。

パレスチナ出身の文学者・政治批評家であるサイードはこの状態をオクシデント（西洋）・オリエント（東洋）との対比で表しました。その中で，西洋と東洋はそこに存在しているのではなく，マスメディアや小説などによって生産・再生産されていることを暴きました[19]。サイードが言うように，そのイメージの多くがマスメディアによって量産されることは確かでしょうが，同時に「知識人」と呼ばれる人々が紡ぎ出す物語という織物にも縫い込まれているのも明らかです。キャンベルの日米経済摩擦についての分析はまさにそのことを暴きます。

このイメージが世界的な政治状況によって変化するという事実を見れば，イメージの生産がいかに流動的であるかが理解できます。例えばイラクという国家のイメージは，イラン・イラク戦争の時，アメリカとの外交関係の悪化していたイランと戦うという意味でアメリカ側つまり「自己」側の存在として生産されていました。しかしイラクがクエートを攻めたときそのイメージの生産は突然停止され，新しいイメージの生

---

(18) この「威嚇射撃」は実はイスラエルの攻撃の一部でしかなく，実際には空爆が頻繁に行われていることを忘れることはできません。つまり，「威嚇射撃」の映像が「アメリカ／イスラエル側の攻撃は人命を尊重している」かのようなイメージを持たせることは，空爆という実際の殺人行為のアリバイとして機能しているとも言えるでしょう。

(19) Edward Saidによる西洋・東洋対比についての本は多数ありますが，Edward Said (1978), *Orientalism: western conceptions of the Orient*, Penguin, London, やEdward Said (1981), *Covering Islam: how the media and the experts determine how we see the rest of the world*, Vintage, London, そしてEdward Said (1993), *Culture and Imperialism*, Vintage, London 邦訳エドワード・サイード「文化と帝国主義1」みすず書房，東京などがあります。

産すなわち「ならず者国家」としてのイメージが量産体制に入ったことを覚えている方も多いでしょう。

こうして記号のシステムが生み出す世界の構造は，私たちの生活の隅々においてまでその力を及ぼします。毎日の会話の中で，パレスチナの人々と「石投げ」とが直接的に関係付けられ，ベトナム人と狂気が同レベルに配置され，日本人が非合理的な神秘性と絡み合う瞬間に，「世界」は生産されるのです。

この記号による「世界」の生産は，具体的な人々についてのみ行われるわけではありません。抽象的な概念，例えば「世界」という言葉についてもこうしたイメージの生産が行われています。例えば，国際関係の父と呼ばれるE. H. カーの世界概念（軍事力，経済力，思想に対する力によって決定される）は，同時期にアメリカで軍事力のみに基づいた国際関係理論を展開させた現実主義者ハンス・モーゲンソーの世界概念と絡められ，「現実主義」の言葉で表されるようになりました。しかし，そこではE. H. カーのマルクス主義理論に影響を受けた歴史的な「現実主義」解釈とH. モーゲンソーの近代経済学理論を援用した科学的「現実主義」解釈との違いについては，あまり触れられることはありませんでした。つまり，この「現実主義」という言葉は「理想主義」という言葉との対比の中でしか理解されなかったのです。そして，この対比に基づいた解釈は，「理想主義」を作り出し，非合理的な世界観として撤退を余儀なくされました。

R. B. J. ウォーカーは，この視点からマキャベリを読み直します。ご存知のようにマキャベリは「君主論」を著し，社会を統治するためには暴力も必要であると説いた15～16世紀のイタリアの哲学者です。国際関係学の中では，現実主義者のモデルとして広く知られた存在でもあり，その理論は国際関係の現実主義や重商主義理論の中で多く見ることができます。例えば，アメリカ国際関係学の大御所であるH. モーゲンソーやS. ホフマンの読みによるマキャベリのテキストは「倫理より力」という言葉に集約され，社会の安定という目的はいかなる手段も正当化するという，ある種「暴力の肯定」という形の結論を導きます。これに対

してウォーカーは，マキャベリの「倫理より暴力」という言葉は，実は緊迫した状態で早急な解決が必要な場合について書かれたものであることに注意しなければならないと議論します[20]。そして，モーゲンソーやホフマンがこれを無視することは，世界における「安定」と「無政府状態」，「国内」と「国際」との二項対立を強調する結果となっていると主張します[21]。この「緊迫した状態」というマキャベリの暴力行使の条件は国際関係の現実主義の理論を根底から覆します。なぜなら，マキャベリのテキストを基礎とした現実主義・重商主義理論が拠って立つ「力による安定」という覇権論的理論は，実はマキャベリ自身短期的なものでしかないと考えていたと言えるからです。つまり，マキャベリにとって政治世界とは短期的・流動的・偶然の積み重ねでしかなかったのであり，恒久的な世界平和という観念は無かったと言えるでしょう[22]。

こうした記号論的なテキストの読み直し作業に続いて，ここで紹介しなければならないのは脱構築という概念です。記号論では二項対立に基づいたテキストが作り出す「自己」と「他者」にまつわる形成プロセスを取り上げましたが，脱構築という概念はもう一歩進んで，その二項対立の不可能性について議論し，二項対立に基づいて作られた世界はその連鎖によるヒエラルキーによって特徴付けられることを指摘します。

脱構築論者は，記号論者が議論するように二項対立の一方は他方の存在を持ってのみ存在できるという議論を前提として論理の展開を行います。つまり，あるシニフィアンは特定のシニフィエを表象するという意味で存在するのではなく，他のシニフィアンとの関係の中においてのみ存在するという議論からスタートするのです。しかし，この段階では二

---

(20) R.B.J. Walker (1989), "The Prince and 'The Pauper': tradition, modernity, and practice in the theory of international relations", in James Der Derian and Michael J. Shapiro, eds., *International/Intertextual Relations: postmodern readings of world politics*, Lexington Books, New York, p.32.

(21) R.B.J. Walker (1989), ibid, p.36.

(22) Jim George (1994), *Discourses of Global Politics: a critical (re)introduction to international relations,* Lynne Rienner, Boulder, p.195.

項対立に埋め込まれた権力関係についての分析についてはあまり注目されていませんでした。そこで脱構築主義者は二項対立に基づいた言語に潜みこむ政治・権力的な側面を強調します。

例えばデリダは、西洋哲学によって作られてきた二項対立の連関は、非中立的な価値のヒエラルキーを構築してきたに過ぎないと言いきります。そしてこのヒエラルキーは「自己」が生産する「真実」の存在を保障するだけでなく、劣位に置かれた側を疎外し周縁化する機能をもつとされます。そしてこれが、現実の見かけに対する優位性、男性の女性に対する優位性、そして合理性の自然に対する優位性などを作り出すとデリダは言います。[23] この文脈で言えば、政治的な分析、権力関係の分析は言語の検証なしでは語れないということもできます。

脱構築主義者たちが脱構築しようとするのは、こうした言語のヒエラルキーによって社会が築かれるその道筋です。そして、その中で頻繁に出てくる二項対立をベースとした考え方（デリダはこれを「ロゴセントリズム」という言葉で表します）を批判します。その批判の中心となるのは、この二項対立で厳格に分けられた二つの言葉は、厳密な意味で不可分であることを指摘することです。例えば、男性と女性とを分かつラインとはどのようなものなのでしょうか。生殖器の違いと定義すれば、いわゆるインターセックスの人々の存在が無視されることになります。また、何らかの事情で生殖器を切除した人々はこの男性と女性という二項対立では説明できなくなります。恋愛対象の設定によって男性と女性が定義されるとすれば、ホモセクシャルの男性（女性）は男性（女性）のカテゴリーから零れ落ちることになります。つまり、男性と女性という二項対立はあたかも自然の摂理のような顔をしていますが、その根拠というのは非常に希薄であると言えます。

しかしながら、社会に蔓延する男性と女性についての科学的・合理的な論理はこの二項対立ぬきでは成り立ちません。それが成り立っている

---

(23) Jacques Derrida (1976), *Of Grammatology*, Johns Hopkins University Press, Baltimore.

という事実は，そこにある「自然の摂理」という物語が社会的に生産・再生産されてきたことを意味します。そしてその過程で，女性は「感情的」「ヒステリック」「自然」などいろいろな他の二項対立で劣位におかれている言葉と結び付けられてきたと考えられます。「男は頭で考え，女は子宮で感じる」などという言い方もこの典型的な例と言えるでしょう。つまり「男性」は「合理的」「論理的」であり，「女性」は「動物的」で「感情的」とされるのです。

　このような論理が「自己」すなわち男性中心主義的な立場からの一方的で恣意的な視点から生産されてきたことは明らかですが，同様の論理は国際政治経済における内側・外側の二項対立にも見られます。一国の内側は，他国から見れば外側であるのはあたりまえです。しかし，日本から見た外側，すなわち「海外」というのは「秩序がなく」，「危険」で，「不潔」で，非常に「犯罪の多い」領域としてまことしやかに語られます。数年前，旧厚生省が海外旅行へ向かうビジネスマンにむけて「いってらっしゃい，エイズに気をつけて」と題したポスターを製作した有名な話はその典型的な例と言えるでしょう。つまり，国内の「安定」と海外の「無秩序」をベースとした二項対立は，同時に「海外」と「エイズ＝悪」という概念化の結合をもって，国境の内側における優位性をアピールしたのです。そして同時に，この対立項の連関が同時に国内におけるHIVの人々を劣位化し，疎外し，周縁化する力を発揮したことも忘れることはできません。

　先のキャンベルの日米貿易摩擦における言説の分析では，アメリカから見れば日本は「専制的」であり，「非民主的」と表現されることを紹介しました。また，「アジア」や「オリエント」な国々，またアラブやアフリカ諸国もまた同様に表現されています。こうして私たちの身の回りに氾濫している物語の多くが，この西洋哲学に起源をもつ二項対立によって生み出され，それが同時に劣位に無理やり配置された「他者」へ向けた人々の視線を決定していると言えるでしょう。これが，フランス哲学の脱構造主義の流れが暴き出してきた現代社会の特徴のひとつです。そしてこれを，政治的に展開したのが次に紹介するM.フーコーです。

フーコーの「知と権力」について

　この章の最初に述べましたが，フーコーの議論は先に述べた記号論や脱構築という概念をベースとしたものと考えることが可能です。フーコーも，他の脱構造主義者たちと同様，言語のもつ政治的な意味に注目します。そして彼はその流れを展開し，言語をその基礎とする理論や知識といったものと現存する権力構造との関係を分析します。彼は，現代社会における権力というのはもはや顕示的なものでも明らかなものでもないと言います。現代の権力は真実や知識という形にその姿を変えていると主張するのです。フーコーの系譜学と名づけられた知と権力についての理論では，知識は存在するその瞬間に権力であると議論されます。彼は，この形の権力を古い形のそれと対比させ，次のように述べています。すなわち，伝統的な権力は国家や機関などの明らかな権力の中心を持ちそこから二次的・三次的な権力が引き出されるのに対して，現代の権力は実質的な側面を持たず，中心の無い偏在した権力概念として定義されると。

　しかし，知識が権力であるという仮定は大変難しい考え方であると言えます。実体の無い抽象概念が権力であるというのは，私たちの常識的な権力の理解とは一線を画します。しかし意外にもこの発想というのはフーコーだけに限られたものではなく，ヨーロッパには古くからあったものであるようです。例えば，イギリスの政治哲学者ホッブズは，究極的には権力というのは他者との差異をもって権力の源泉とするというようなことを述べていますし，F.ニーチェも同様な議論を展開しています[24]。フーコーの議論も同様で，肉体的な強さは他の社会的要因からまったく切り離されて存在するのではなく，他存在の肉体的な強さとの関係性の

---

(24) Thomas Hobbes (1991), *Leviathan*, R Tuck, ed., Cambridge University Press, Cambridge; ホッブズとニーチェの対比については Paul Patton (1993), "Politics and the Concept of Power in Hobbes and Nietzsche" in Paul Patton, ed., *Nietzsche, Feminism & Political theory*, Allen & Unwin, St Leonards を参照。

中でしか定義できないと述べています[25]。「力が強い」ということの意味は，その人自身の力が独立して強いのではなく，他の人々よりも「力が強い」ことを意味しているのです。つまり，「強い」というその力概念は他者の存在を必要とし，「強い」者を表すのではなく他者との関係性を表すと言えます。ですから，権力の源泉は差異であり，差異が権力であると言えるのです。そしてその差異を作りだし，同時にそれをベースとして作られる近代合理主義的な知識構造はまさに権力を具現化するものであると結論付けることが可能です。

では，知識構造はどのようなプロセスで形成されるのでしょうか。一般的に「現実」は，まず人々の頭の中で把握されると考えられるでしょう。「現実」は客観化され，「主体」は「現実」から離れます。こうした客観化は同時に多くの「主体」が他の客観化を経た「主体」とコミュニケートする間主体空間を生み出します。この空間において，客観化した個人の会話によって知識構造が生み出されるのです。

図4は，間主体空間と現実の社会との関係を簡単に描いたものです。個人（i1〜i7）は客観化のために社会から飛び上がります（i1´〜i7´）。そこで彼・彼女はそこにいる他の個人と会話を始め（破線），間主体空間が生産されます。この間主体空間で作られた「現実」のイメージは，政治や経済についての理論として発展し，同時に他の個人との会話の中で再生産されます。そして各個人はこの空間での会話が「真実」を表し，「正しい」答えを導くと信じ始めるのです。

しかし，この「真実」や「正しさ」を保証するものは何もありません。なぜなら第一に個人の認識は言語によって歪められている可能性があるということがあります。先にも記号論のセクションで述べましたが，シニフィアンとシニフィエとの間には断絶があると仮定すると，人間の認識はシニフィアンのシステムを基礎として機能すると考えられます。ある人を女性であると認識するのは，男性・女性という二項対立があるか

---

[25] Michel Foucault (1991), *History of Sexuality, Volume I: an introduction*, Penguin, London.

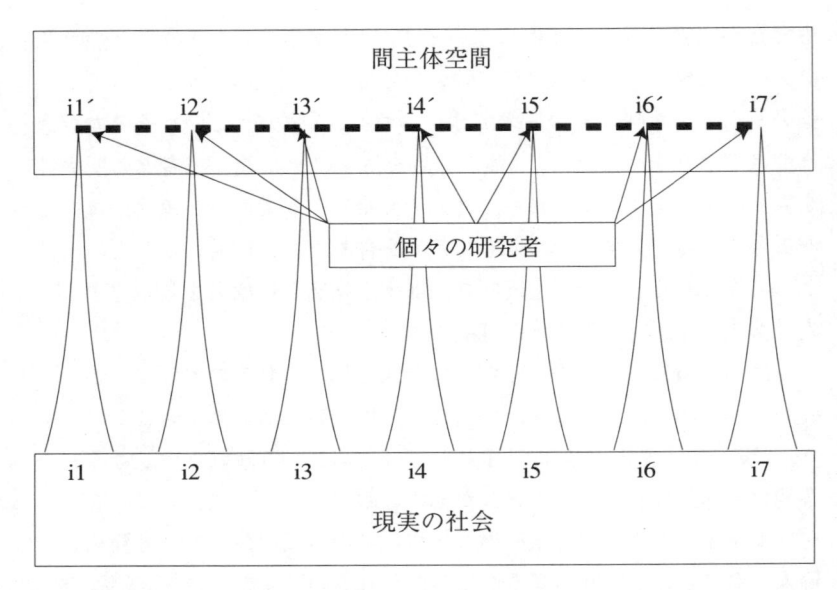

```
┌─────────────────────────────────────────────┐
│              間主体空間                      │
│  i1´   i2´   i3´   i4´   i5´   i6´   i7´    │
└─────────────────────────────────────────────┘

              個々の研究者

┌─────────────────────────────────────────────┐
│  i1   i2   i3   i4   i5   i6   i7           │
│              現実の社会                      │
└─────────────────────────────────────────────┘
```

破線は間主体空間の会話をあらわし，曲線は個々人の客観化プロセスを表す。

図4

らであり，その人が女性であるからであるとは考えられません。なぜなら，もし世界に男性が存在していなかったと仮定すれば，「男性・女性」ともに存在していないと考えられるからです。

　より身近な例でいえば，朝のホロスコープでその日の運勢が悪いことを知った一日はどうも生活のリズムが悪かったり，ついていなかったりします。それは，先に「その日の運勢が悪い」という情報を持ったために，どうでもいいようなことでも「ついていないこと」というカテゴリーに収めてしまうためかもしれません。もしその朝のホロスコープを見ていなかったら，「良いこと」のカテゴリーだったかも知れないのに。同様に，赤い服を着た赤ちゃんを見ると自動的に「女の子」と仮定してしまいます。するとその赤ちゃんの顔がかわいらしく見えてきます。逆に青い服の赤ちゃんにかけられる言葉の多くは「しっかりしているね」や「かっこいい顔をしているね」といったものです。つまり，先に何らかの対抗概念についての先入観があるために，それに従った形でしか認

識できないという可能性があるということです。国際政治経済でも同様です。例えば，人口が減少している社会においてはGDPの成長率すなわち一国の経済規模が0％であったとしても一人あたりのGDPすなわち一人あたりの所得は増大しているという場合もありえます。しかし，そのような場合でも国レベルでのGDPの停滞は，しばしば経済学者や識者たちによって「不景気」や「デフレ」というような悪い言葉で表現されます。つまり，GDPの成長率という一種の占い師の言葉によって彼・彼女たちもネガティブな場面しか認識できなくなっている可能性もあるのです。

　第二に，もしこの間主体空間での会話が，明らかにそうであろうと考えられますが，言語で行われるとすれば，その会話を通して「現実」についての認識が言語に埋め込まれた政治的権力構造によって二次的に歪められる可能性が高いと言えるでしょう。フーコー的に言えば，現実はこうした形で歪められ，再構築され「現実」という形で生み出されるのです。換言すれば，「現実」という物語が実際の現実を作っていくとも言えるでしょう。

　この文脈で，R. ペットマンはどのように私たちが国際政治経済を語るかという側面が実はその国際政治経済とは何かという問題を決定していると議論します[26]。つまり，私たちが国際政治経済を語るというその行為ぬきに，国際政治経済は存在しえないのです。そして，私たちが語るその語り方によって国際政治経済は変化していくと考えられます。E. H. カーも同様に，次のように述べています。

　　政治学での事実は，変革しようとすれば変革のできる事実である。研究者が当初，心のなかに抱いていた政治変革のねがいが，その研究の進展とともに，多数の人々に等しくもたれるものとなるなら，願望は実現されることになる。そうなると，自然科学の場合とちがって，

---

(26) Ralph Pettman (1996), *Understanding International Political Economy: with readings for the fatigued*, Lynne Rienner, Boulder, p.81

目的は研究行為と無関係ではなく，研究と分離できないのであり，それ自体が事実のひとつとなっているのである(27)。

このE. H. カーの議論は，イギリスの社会学者で現在のブレア内閣の「第三の道」政策の立役者であるギデンズも触れています。ギデンズは議論します，これまでの伝統的な社会学は知識のこの側面についてまったく関心を寄せてこなかったと。そしてさらに次のように続けます。

　　社会学的知識は，社会生活の世界にらせん状に出入りし，社会学的知識のみならず社会生活の世界をもそうした再参入の過程に不可欠な要素として再構築していくのである(28)。

こうして，ギデンズはこのプロセスを再帰性（リフレクシィヴィティ）と名づけ，この概念についての分析の必要性を説きます。再帰性という言葉は難しく聞こえますが，簡単に例えば，経済学を大学院で学んだ金融ブローカーたちが経済の予測を経済学の論理に従って同じようにするために，実際の経済もその法則に従って展開するというようなことを意味します。つまり，ある研究者の研究結果は，社会から離れて存在するのではなく，社会の中での人々の行動を決定する重要な要因となっているのです。ちなみにこれは，国際関係の中でコンストラクティビズムと呼ばれる考え方です。それは世界は所与ではなく人間が頭の中で考えた結果生み出されるものであるという主張です。

　また，こうした再帰性が為政者によって体現された場合，社会は急激に変化します。1980年代からの新自由主義の隆盛はまさにその典型的な例です。アメリカやイギリス，アオテアロア／ニュージーランドなどで

---

(27) E.H. Carr (1946), *The Twenty Years Crisis 1919-1939: an introduction to the study of international relations*, second edition, Macmillan, London, p.4, 邦訳E.H.カー（1996），「危機の二十年：1919－1939」，井上茂訳，岩波書店，東京，p24。

(28) Anthony Giddens(1990), *The Consequence of Modernity*, Stanford University Press, Stanford, p15.

行われた大改革のほとんどは，その影にハーバードやケンブリッジ・オックスフォードなどの有名大学出身の近代経済学者たちがおり，その思想が強く反映された政策が実施されたことは記憶に新しいところです。そして今，その再帰性による新自由主義の流れは遂に小泉内閣によって日本にも到来しようとしているのです。

ただし，面白いのはこの再帰性は新自由主義から逆の方向に向かって具現化する場合もあることです。例えば，アオテアロア／ニュージーランドでは，1984年の改革以降，反新自由主義の流れも強くなり，例えばオークランド大学のJ.ケルシー教授などによる激しいキャンペーンが行われた結果，1999年の総選挙では反新自由主義を標榜する労働党・アライアンス・緑の党による連立政権が成立しました。[29] こうして再帰性は一元的な効果を持つのではなく，間主体空間において思想や理論が多元的であれば，その効果も多元的になることは注意が必要でしょう。

この再帰性の概念は前章で紹介したネオ・グラムシアンによる「有機的知識人」の概念と関連した概念です。ネオ・グラムシアンのセクションでも論じましたが，これまでの知識人像は社会から乖離した状態に仮定され，宗教における「神」のように「大衆」を超えた存在として定義されてきました。そしてこの「知識人」にのみ「真実」を理解し，解釈するという特権が与えられてきたのです。つまり，ラテン語で書かれた聖書を解釈する特権を与えられた中世のカソリックの神父と同じ役目を負っているのです。そしてその言葉は「真実」を代弁し同時に「正しさ」を表します。しかし，再帰性の概念は，社会における「真実」や「正しさ」が間主体空間で紡ぎ出された物語の反映であることを示します。つまり，「真実」や「正しさ」は人為的に生産されるものであり，人間を超えて存在するものではないといえるのです。この点は，ネオ・グラムシアンもポストモダニストもともに同意する点です。

この再帰性は，一朝一夕に達成されるわけではないようです。権力と

---

(29) もっともアオテアロア／ニュージーランドの労働党の実際の政策が「反新自由主義」と呼べるかどうかは疑問のあるところです。

しての知識は多くの装置や制度の設立を必要とします。重商主義政治経済学においてそれら装置は国家に関連した組織であり，国家を作る制度であると考えられます。そして政府官僚や，兵士，公企業のエージェントや政治家の多くはこうした知識と権力を制度化する動きをしています。自由主義政治経済学という文脈で言えば，富の増大プロセスにかかわっている人々や組織がそうでしょう。多国籍企業の役員やスタッフ，経済至上主義の官僚もそうですし，経済学者の多くもここに入ってくるでしょう。国際的に見れば，IMF（国際通貨基金）や世界銀行，WTO（世界貿易機構），G8，NAFTA（北アメリカ自由貿易協定），EU（欧州連合），そしてAPEC（アジア・太平洋経済協力会議）などがその例としてあげられます。こうした国際機関は現在のところ新自由主義の理論をベースにその政策を立てているという点から言えば，まさに新自由主義という権力の装置として世界の舞台に登場しています。マルクス主義の場合，こうした装置は共産党員や労働組合の幹部たちによって制度化されます。実際多くの労働組合や共産党の組織化はマルクス主義をベースとした物語に沿った形で行われているという点から言えば，知と権力の具現化装置と言えるでしょう。

　この具現化の装置は単に知と権力によって生産されるだけでなく，他の利益と絡み合った形で具現化されることもあります。例えば，富を蓄積しようとしている企業家は，非介入主義的な新自由主義思想に引きずり込まれる可能性もあるのです。国内でのこの可能性は，ひたすら富を増やそうとする企業家と，財政赤字を減らすことによって「責任ある政治家」として国民の信任を得たい機会主義的な政治家とを結び付け，規制緩和と民営化の流れを作り出します。つまり資本主義と国家システムの不幸な結婚がここにあるわけで，これは日本に限った話ではなく世界的にみられる現象のようです。

　現在の世界において多国籍企業で働く人々は，NAFTAやAPEC，EUなどの自由主義思想の権力装置を維持しようと躍起になっています。彼・彼女たちの利益は，こうした国際機関の中でのポジションを維持したい国際的な官僚や国内での位置を守りたい外務担当大臣などの利益と

結びつき，世界的な新自由主義の流れを生産します。その結果が世界的な福祉や教育制度の荒廃であることはよく知られるところです。

しかし，こうした人々が「悪い」から世界的な新自由主義の流れが出てきたのかというと，そうとは言いきれません。これらの新自由主義をサポートする人々は，心からその理論を信じているかも知れないのです。新自由主義の基礎的理論である近代経済学は，企業家に対しては「個人が利己的に行動することによって市場は最も効率的な均衡点に収束する」という「真実」の物語を語りかけます。そのためには，人々は倫理観や慈善ではなく，自分の利益のみにしたがって行動しなければならないと教示するのです。この究極的な個人主義は集団主義的な人々を「非合理的」であると退けます。すべての人々は個人主義的でなければならないのです。そしてその個人主義は利己的な計算によって表現されねばならないと近代経済学は説きます。世界中で活躍する企業家たちは，近代経済学という「神」の啓示を単に実践しているだけなのです。ただ問題は，この啓示は実は「神」によるものでもなく，「真実」でもなく，18世紀のスコットランドの哲学者であったアダム・スミスという偏屈な学者がある日偶然思いついた物語でしかないことに誰も気づいていないことだけです。

官僚や国際的な組織に所属する人々も同様です。彼・彼女たちは近代経済学の啓示の通り，世界的に経済を安定させるためには市場の開放と自由な経済取引が必要であると熱狂的に信じます。彼・彼女らの多くは，近代経済学という宗教の総本山であるハーバード大学やケンブリッジ・オックスフォード大学，あるいはマサチューセッツ工科大（MIT）などで修行をしてきた人々なのです。そこで彼・彼女たちに叩き込まれた経典は，アダム・スミスやD.リカードなどのテキストであり，国家役割とはその介入を小さくし市場の自由な動きを保障することと軍事力という暴力装置を維持することのみであると彼・彼女らは教授されます。この状態は熱狂的なもので，実際S.ジョージとF.サベリーはこの状態を「宗教的」という言葉で表現しています(30)。

この宗教的な熱狂は，しかし，この宗教を信奉しない人々もしくはこ

の宗教に違和感をもつ人々を周縁化します。その周縁化によって、そうした人々の生活は大きな衝撃を受けます。そして、神父（「知識人」や「経済学者」）は言うでしょう。「もし周縁化されたくないのならば改宗し（近代経済学＝市場のルールに従い）なさい」と。こうした声をかけられてきた人々の多くは女性であり、非欧州民族であり、先住民であり、環境を守ろうとする人々であると言えます。そうした人々は、アイデンティティーの再編を余儀なくされ、それまで持ちつづけたアイデンティティーの否定を強要されます。女性は就業を理由に子どもを生むことを否定され、結婚すれば退職を迫られ、原発推進に反対する人々は経済発展を無視しているとなじられ、先住民の人々が持つ土地への愛着心は前近代的な精神論として否定されます。そしてこのような近代経済学が語ることのなかった分野に価値を見出す人々は、資本主義と国家間システムの拡大とともに否応無くその中に飲み込まれ、強制的にアイデンティティーの変更が行われてしまいます。

こうしたアイデンティティーの変更は教育機関がその最も重要な装置であると言えるでしょう。E. H. カーは次のように述べています。

　　大衆の意見を政治において最重要としたのは経済的社会的条件であるが、その同じ条件がまた、大衆の意見を形成し指揮するために無類の射程と能率とをもつ諸手段を生み出した。これらの手段のうち、最も古くしかも今なおおそらく最も有力なのは、普通教育である。教育を用意し提供する国家は、当然に教育の内容を決定することになる。どの国家も、その将来の市民を国家の基礎原理の破壊を教える学校に収容するのを許すわけがない。民主制にあっては、子供はデモクラシーの権利自由を尊重することを教えられるが、全体主義国家においては、全体主義の強味と訓練を讃美することを教えられている。[31]

（30） Susan George and Fabrizio Sabelli (1994), *Faith and Credit: the World Bank's secular empire*, Penguin, London, p3.

カーはさらに続けます。

　いずれの体制においても，子供は，自国の伝統，信条，制度などを尊敬するように教えられ，自国が他のいかなる国よりもよいものだと考えるようにおしつけられる。この幼児期に巧まずして形にはめて性格を形成してゆく影響力は，いくら強調してもよいほど重要である。マルクスがいった「労働者に祖国なし」の断言は，労働者が国家の学校を卒業している以上，真実とは言えなくなっている。(32)

　こうして，教育は特定の理論の，特定の部分を「真実」として人々に語りかけ，そのアイデンティティーを特定の方向に導こうとします。例えば，「国語」という概念を人々に植え付けることによって「正しい」言語としての規律や秩序を生産します。それ以外の言葉は，「正統派」の言語ではないものとして劣位化され周縁化されます。日本におけるアイヌ民族に対する日本語の強制や，朝鮮半島や台湾を植民地化したときの日本語教育などは典型的な例です。現代においての英語教育もまた同様な機能を果たします。世界的に経済・社会活動を行うためのツールとしての英語教育は，同時に他の言語の弱体化や絶滅を促進します。すなわち，各国で行ってきた特定言語の強制が，今は世界規模で展開されていると言えるのです。そして「国語」を学んだものは「日本人」としての「私たち」概念をもち，英語を学んだものは「世界人」（実はこの「世界」とは欧米でしかないのですが）としての「私たち」概念を持つのです。

　また，アイデンティティー形成のひとつのプロセスとして歴史教育があげられます。歴史を共有することも「私たち＝自己」という概念を共有することと非常に密接な関係を持ちます。日本国内において「私たち」の歴史と言いつつ，関西と関東の間で揺れ動く「日本の」歴史を学ぶこ

（31）　E.H. Carr (1946), op.cit., p134，邦訳 pp.244-5。
（32）　E.H. Carr (1946), ibid, p134，邦訳 pp.245。

とは，すべての人が同一のアイデンティティーを持つことを前提とし，また同時にすべての人に同一のアイデンティティーを再び植え付けます。考えてみれば，江戸時代までは連邦制に近い形の政治体制であったのですから，それ以前の歴史は各地方によって異なっていてもおかしくないのに，なぜか私たちは大和朝廷や鎌倉・室町幕府といった地理的に画一化された視点からのみの歴史を学ばねばなりません。それは，なぜなのか。それは，「私たち」というアイデンティティーが国家の存続に必要であるからです。多数の異なる「私たち」の寄り合い所帯がどのような結末を辿っているかは，ユーゴスラビアやマケドニアなどのバルカン諸国を見れば十分理解できるでしょう。

　また，こうした「私たち」の歴史は，それが「正しい」ものであることを必要とします。しかし実際には，こうした正当性は時代の流れによってその意味を変えてきたようです。例えば，現在の日本を語るときに忘れることのできない「和」の精神やその生みの親である聖徳太子のイメージは時代によって大きく変化してきました。現在の「和」の精神は素晴らしいアイデアであり，それによって日本は伝統的に調和を保った社会を維持してきたというのは，日本人歴史家や民俗学者，それに文化人類学者たちのお得意のフレーズです。しかし，大阪大学の伊藤公男は江戸時代の聖徳太子像は非常に悪いものであったのが，明治維新以降「素晴らしいもの」として新たに位置付けなおされたものであることを明らかにしています[33]。つまり，伊藤によれば「和」という概念は近代日本において「発明」されたものであり，聖徳太子像も揺れ動いてきたものであるのです。しかし，現代の「日本」についての歴史は，こうした裏の歴史をまったく無視し，聖徳太子を「偉人」として扱います。この「偉人」にならって「素晴らしい」日本という国を維持しなければならないと歴史（の教師たち）は教えるのです。

---

(33) Kimio Ito(1998), "The Invention of Wa and the Transformation of the Image of Prince Shotoku in Modern Japan", in Stephen Vlastos(ed), *Mirror of Modernity: invented traditions of modern Japan,* California University Press, Berkley and Los Angels, Chapter 3.

こうして,「日本」という国の存続には「日本人」という画一化されたアイデンティティーの再生産作業が重要であるとされ,実践されてきたことが明らかになりました。しかし,同時にそれは多くの可能な歴史の存在を包み隠してしまいます。この文脈で言えば,北海道や沖縄,対馬などはもともとの「日本」ではなかったことは重要です。[34] 北海道のような早い時期の植民地化政策は,先の対戦における敗戦で朝鮮半島や台湾という植民地を失ったという歴史の物語によってかき消されてしまいがちです。つまり日本はまだ植民地を持っているという事実をまったく忘れてしまっているのです。そして,すくなくとも江戸時代には「日本人」の土地ではなかったはずの「北方領土」があたかも「私たち」の固有な「領土」であったかのように教え込まれるのです。

　ただし現代においては,権力とアイデンティティーとの関係はそれほど簡単なものではなくなってきました。現在の国家概念の生産者たちは,一方で国内の秩序や規律を作り出しながら,他方で世界的な権力構造の中で行動しなければならないのです。つまり,国内の安定を,国家間システムや資本主義という「不安定」なシステムの中で達成しなければならない立場にあるのです。[35] R. B. J. ウォーカーは,政府官僚はとても厳格で怖い人々のように見えるが,現代社会において彼・彼女たちは,世界を闊歩する多国籍資本の単なるエージェントでしか無くなっていると言います。そうした人々は,多国籍企業の顔色をうかがって気をもんでいる単なる地方官吏であると。そして本当の権力はそこにはなく違うところに存在していると議論します。[36] つまり,国内の官僚たちも現代社会においてはその実質的決定権を奪われてしまっていると考えられます。

---

(34) もっともここでは,どこまで遡れば「もともとの日本」が定義できるのかという問題があるのは明らかです。しかし,スペースの都合上,この議論については深入りしません。

(35) もちろん,この「不安定」さは,世界政府が存在しないという前提によって生み出されているものです。

(36) R.B.J. Walker (1988), *One World Many Worlds: struggle for a just world peace*, Lynne Rienner, Boulder, p.134.

そして本当の権力はウォーカーによれば，多国籍資本という形で現れ，同時に私たちひとりひとりの中に抽象的ではありますが新自由主義政治経済論理の「知」という形で存在するといえるでしょう。

このセクションの最初に，フーコーの考えた権力はいたるところに遍在していると述べました。その意味は，ここで議論してきたようにある特定の社会秩序がいたるところで「他者」を生み出し，その逸脱としての「他者」がその逸脱性を告白し，「主体」に変わるためにいろいろなところで訓練が行われているという意味において，遍在する告白や訓練が権力の具体的な装置として機能しているということを意味します。国家間システムという文脈において，無政府主義者やテロリストはこうした「逸脱」を表します。また，資本主義という意味では女性や先住民もまた同様に逸脱を体現しますし，「発展途上国」と呼ばれる地域も「先進国」からの逸脱として認識されています。こうした逸脱者たちは，「主体」へ変わるために訓練され，そして最終的には彼・彼女たち自身が現代社会が生産し再生産している特定の規律や価値観を内面化することによって完成されます。(37)

この特定の規律や価値観の内面化がそうした人々の新たなアイデンティティーを作り，「私たち」という特権階級の仲間入りを導きます。そして，常に社会は「私たち」を中心に考えられ，「私たち」を中心に再生産されていきます。「私たち」の利益のために経済が機能し，「私たち」の安全のために国家間システムが維持されます。さて，いったい国際政治経済において「私たち」とは誰なのでしょうか？

現代における権力機能の帰結：国際政治経済学における知と権力

記号論のところで述べたように，「私たち」が存在するためには「私たちでない」人々を必要とします。「私たち」が「私たち」としてのアイデンティティーを持つためには，「彼・彼女たち」や「あいつら」や

---

(37) Michel Foucault (1984), "The Means of Correct Training", in Rabinow, ed., *The Foucault reader: an introduction to Foucault's Thought*, Penguin, London.

「他者」が必要となるのです。つまり，「私たち」や「自己」の生産は同時に「他者」の生産を伴うはずです。ここでは，その「他者」の生産過程に注目して議論を進めていきます。

現代の国際政治経済理論は近代的な権力体制下にあります。その体制のもとで，伝統的な政治経済理論は特定の価値観や秩序を作り出しています。例えば，開発という分野に目を向ければ，「貧困」から抜け出るためには経済的な成長が不可欠であるというような論理を仮定しています。ここでの問題は，「貧困」とは何を指すのかという問題と，経済的な成長とGDPの増加とが同義語であるかどうかという問題です。例えば，プリンストン大学のR.ギルピンは，すべての人々は貧困からの脱却と先進国への参加を望んでいると断言します(38)。つまり彼は無意識に地球上に存在するすべての人々は「開発」もしくは「発展」しなければならないという秩序を設定し，それを再生産しているのです。しかし彼は，彼の人間の定義が非常に西欧的な人間像を前提としていることには気づいていません。つまり，定常状態を前提とした生活体系を持つ人々，特に世界各地にいる先住民の人々の生活体系が，こうした西欧的な人間像と矛盾することにはまったく注意を払っていないのです。それにもかかわらず，国際政治経済学の大御所としての彼の発言はプリンストン大学の卒業生たちや彼の本を読んだ人々によって具現化され，政策化されるでしょう。そしてその瞬間に，上記の先住民の人々の生活は「公式に」破壊され始めるのです。

第二に，ギルピンの議論は，国内の利益配分についてまったく無視しています。国際政治経済ではよく見られることですが，そこに登場する集団があたかも均一で画一化されているかのような前提を持ちます。それが「南北問題」という形で現れたり，「先進国と発展途上国」という言葉に込められたりします。これが，「北」の国においてはあたかも利益の再配分に問題がないかのようなイメージを創出し，「北」のすべて

---

(38) Robert Gilpin (1987), *The Political Economy of International Relations*, Princeton University Press, Princeton, p.263.

の人が「南」のすべての人よりも「幸せ」であるかのような印象を持たせます。もちろんこれには議論の余地があります。しかし，同時に考えなければならないのは，まさにこの「南北」や「先進国・途上国」に基づいた二項対立の設定がこうした条件に基づいた差別的なイメージの生産に役立っていることです。もっと具体的に言えば，例えば九州の佐賀県（私の故郷です）に生活する人々と，シンガポールや香港に生活する人との経済水準を比べれば，明らかに後者の方が「高い」にもかかわらず，佐賀に住む人々は「先進国」人であり，シンガポールや香港に住む人々は「途上国」人とされてしまいます。[39] これは，国際政治経済を含む国際的な言説が多くの場合，国家概念による分断や「南北」という概念による差異化によって語られてきたことを意味します。つまり，これらの言説においては個人や地域のコミュニティーのための場所は用意されていないのです。

　ギルピンの議論は典型的に近代合理主義的であると言えますし，彼自身その流れにある自由主義者であると宣言しています。その彼の議論は，「主体」と「客体」との乖離を前提として展開されており，その中で彼は意識的にか無意識にかわかりませんが，「西洋化」を「発展」と同義語として使用しています。そしてその「発展」が人間の究極の目的であり，その目標を達成するために「西洋人」は「非西洋人」を指導し，教育し，訓練する義務を負うとします。[40]

　ギルピンの議論は，近代合理主義者たちがもつ歴史観を明らかに代弁しています。彼・彼女たちにとって歴史はひとつで直線的に流れ，それは普遍的であり絶対なのです。つまり，どの国も西洋が辿った道に沿って経済政策を作ることによって，「開発」は可能となると断定します。この考え方は広く普及しており，そのため「先進」国と「途上」国という呼び名が浸透しているわけです。そこでは，発展の歴史は直線的であ

---

(39)　佐賀県統計データシステム http://www.toukei.pref.saga.jp/　および *Human Development Report 2001*, UNDP, Oxford University Press, NY, p141によります。

(40)　Robert Gilpin (1987), op.cit., p.263.

り，一方向に向かって伸びているという仮定が「先」に行く国とその「途上」にある国とを生産するのです。そして，その道筋どおりの発展に失敗した国々は，伝統や文化といった非西洋型の社会慣習（「前近代的慣習」と経済学者たちはよく呼びます）がその原因とされます。そして，国際経済機関の人々や学者たちは，そうした非西洋的な社会的側面をすぐに捨てるように「勧告」します(41)。

しかしギルピンのような議論，すなわち経済発展は国家単位でGDPによってのみ計られその発展は西洋型発展の道筋に沿ってなされるという議論，が実際に政策化される時には，その特定の地域に住む地域コミュニティーや人々に与える影響はほとんど無視されてしまいます。というのも，理論は普遍的であり絶対的であると前提されているので，そこで予想されなかった現象というのは例外的であり，取るに足らない出来事であるとして片付けられてしまうのです。

ラテンアメリカやアフリカの国々の例を考えてみましょう。そこでは，他国政府や指摘金融機関からの債務の支払いが不可能となることがしばしば起こりました。そうした債務が累積した国々の官僚や政治家たちはIMFや世界銀行の監視のもと，強烈な新自由主義政策——福祉・教育支出のカットや減税——の実施を強制されてきました(42)。これがいわゆる構造調整政策（Structural Adjustment Policies: SAPs）と呼ばれるもので，柔軟性のない新自由主義政策として知られています。その結果は，低所得層への打撃とその地域による経済コントロールすなわち経済的民主主義の喪失です(43)。つまり，債権国政府と国際金融機関の存続のためにこの地域の人々の生活が崩壊していったのです(44)。フィリピンの活動家・経済学者であるW. ベローは構造調整政策が行われた国々のほとんどで貧困層

---

(41) Ozay Mehmet (1995), *Westernizing the Third World: the Eurocentricity of economic development theories,* Routledge, London.

(42) 詳しい議論は，Susan George (1988), *A Fate Worse than Debt: a radical new analysis of the third world debt crisis*, Penguin, London, や Susan George and Fabrizio Sabelli (1994), op.cit. を参照してください。

(43) Susan George (1988), ibid, p.47

が増加していること、そして特に都市部でその傾向が激しいことを指摘しています[(45)]。つまり、国全体を襲った経済的な衝撃は人々から仕事を奪い取り、その結果失業者が都市部へ流入したと考えられるのです。

　こうした政策の中心は、なんと言っても「先進国＝自己」と「途上国＝他者」と位置付けた二項対立です。この対立項は、その他の二項対立（近代的VS伝統的、合理的VS衝動的、効率的VS浪費的、動的VS静的、そして進歩的VS時代遅れなど）と結びつき、経済価値観のヒエラルキーを構成します。そして、効率性や成長という経済のルールから逸脱した経済を「健全な」経済から分離・区別します。そして前者は国際金融機関のトレーニングを受け、負債のない状態への復帰を指導されます。それが成功すれば、その国の経済は「健全な状態」に戻ったとして世界の新自由主義者たちから賞賛されます。しかし、その裏にあるのはその国で貧困と戦いながら生活する人々の毎日なのです。

　そして、こうした現象以上に重要なのは、私たち自身がこうした構造を毎日の生活の中で繰り返し、再生産しているという側面です。私たちの思考は、国家間システムのロジックと資本主義の成長モデルとによってかなりのところ制限されています。それと同時に私たちの日常の会話や行動の中にどれほどの国家や資本主義をベースとした政治経済思考が入り込んでいるかを考えると、私たちの中に埋め込まれたシステムの論理の強さを感じることもできるでしょう。「アメリカは……」「不況のおかげで云々」といった語り口は日々私たちのまわりで聞く言葉です。しかし、いったい誰が「アメリカ」とは何を意味しているのか、「不況」はなぜ良くないのかを議論するでしょうか。そして、私たちがこの疑問を抱かないことは、それは私たちが「アメリカ」という国家概念を無意識に受け入れ、また「経済は成長していなければならない」という経済学者たちによる呪いをかけられていることを意味するのではないでしょ

---

(44)　Susan George (1988), ibid.
(45)　Walden Bello(1994), *Dark Victory: the United States, Structural Adjustment and global poverty,* Pluto Press, London, Chapter 5.

うか。さらに，その私たちが逆に装置としてそうしたシステムを無意識に再生産しているとすれば，それはまさにこのシステムの強力さを表します。そしてその瞬間に，もう一度私たちのアイデンティティーを見つめなおす必要があることに気づかねばなりません。

オルタナティブとしてのポストモダニズム

　ここまで述べてきたように，私たちが日々の会話で使っている理論や概念が特定の視点からの世界観に基づいていることは明らかです。それでは，私たちは「語る」ことをやめなければならないのでしょうか？ある個人が他者に思いを伝えようとする言語化の努力はすべて無駄なのでしょうか。世界はそういうふうに作られているということを単に受け入れることしかできないのでしょうか。言語学に基づいたポストモダン・アプローチはあたかも私たちに理論的な（発展ではなく）変化でさえ無駄であるといっているように聞こえます。

　これに対するフーコーの答えは，「理論」の定義の変更です[46]。これまで理論というのは普遍的・絶対的な「真実」について語ってきました。しかし，ポストモダニストやネオ・グラムシアンたちが指摘したように，こうした「真実」についての言説は特定の「主体」を中心とした物語でしかないのです。理論は常に誰かのために何らかの目的のためにしかないとすれば，その普遍性・絶対性に基づく理論観から，特定の主体による特定の時間と空間においてのみ有効なロジックとして「理論」を定義しなおすことも可能となるでしょう。

　そしてそうした時間と空間という制限をもった理論をベースとした，新しい運動が社会を変革すると考えられます。つまり，この新しい運動は，現在の社会体制から零れ落ちた，周縁化された人々によって作られる主体とその主体によって構成され，練り上げられた新しい理論をその基礎とすることになると考えられるのです。ですから，より正確に言え

（46）　Foucault, Michel (1977), *Language, Counter-Memory, Practice: selected essays and interviews*, Donald F. Bouchard, ed., Cornell University Press, Ithaca, p.208.

ば理論と運動は同じコインの裏と表をなすとも言えるでしょう。すなわち新しい理論は共感する人々を巻き込みながら実践を巻き起こし，体制の変革へと向かう運動の一部と言えるのです。理論も実践もひとつの運動に包含され，この運動を突き動かす原動力となると考えられます。

　しかし，ここでの理論は普遍性・絶対性から抜け出ていなくてはなりません。普遍性・絶対性の持つファシズム的性格は，ユートピアを目指したマルクス主義者たちをスターリニズムに追い込み，日本の運動家をセクト同士の争いへと導き，その結果多くの人命を奪い，暴力の嵐が吹き荒れたことを私たちは忘れてはなりません。こうした歴史を反省することは単に暴力の使用を否定するだけでは明らかに不充分です。多くの理論的言説に含まれる普遍的・絶対的「正しさ」から抜け出る必要があるのです。ポストモダニズムが目指す理論は，地域的であり，特定の時間と場所に根ざしたものであることを十分に認識する必要があります。ですから，ポストモダニズムはマクロレベルの政治理論から，ミクロレベルの政治理論への移行を求めるのです。

　では，ミクロレベルの政治理論とはどのようなものなのでしょうか。それは，これまでの伝統的な政治経済理論のように普遍的な「真実」や「正しさ」を主張するのではなく，特定の戦いの，特定の瞬間をとらえる「他者」の声に基づいた理論であるといえるでしょう。簡単に言えば，第三章で紹介した現象学的なアプローチがまさに，その代表的な例です。J.ジョージは言います，これまでの全知全能の「神」のような立場から「現実」と「規範」を説くのではなく，今ここでこの瞬間に起こっている問題をその当事者の立場から語っている人々をサポートする理論として新しい理論の構築がされなければならない[47]と。

　ここでは，現象学的なアプローチとポストモダンなアプローチとの共同戦線が必要とされます。周縁化され，発言権を奪われた人々の声をサポートし，その声のための空間を間主体性の中に創造することが，ポス

---

(47) Jim George (1995), "Realist 'Ethics', International Relations, and Post-modernism: thinking beyond the egoism-anarchy thematic", *Millennium*, vol.24, no.2, p.218.

トモダニズムに課せられた仕事であると言えます。そのためには，これまでの伝統的な「大きな物語」を壊し，引き裂き，ずらすというような作業が必要となるでしょう。そしてその作業の第一歩は，こうした周縁化された声が現状を打破し新たな将来像を創造するための重要な要素であることを理解することです。R.B.J.ウォーカーは言います：

　私は人々が今行っていることを肯定したいのです。それは時に極端に困難で，また彼・彼女たちがやっていることがその他の地域でどのような結果になるであろうかの明確な理解を伴わないこともあるでしょう。しかし，こうした行動が現代社会における重要な希望を構成するのです。これは国家やエリートや政党，もしくはその他の確立した政治関係者が面白いことや期待できることをやっていないということを意味するわけではありません。しかし，そうした人々の多くが提示する政治の軌道はすで私たちの中に染み込んでいるのです。そして世界にはその他の声があるのです。こうした声は不確実性と危険性の中で成長しています。この声は，私たちの時代における支配的勢力によってブロックされてしまった自由や将来像を求めています。20世紀終わりの時代における公正な世界平和のための戦いを遂行することは，こうした声がより強くなっていること，そして私たちが現状を打破する方法に気づき始めていることを理解することなのです[48]。

そして，R.B.J.ウォーカーはこうした周縁化された声に基づいた社会運動を「批判的社会運動」と名づけます。この批判的社会運動は現代の国際政治経済の文脈ではとても重要な意味を持ちます。第一に，これらの運動は，私たちが知らない世界で起きている様々な出来事を理解させてくれます。第二にそうした運動は，伝統的な国際政治経済理論が無視してきた，もしくはほとんど注目してこなかった人々による世界的な権力構造に対する頑強な抵抗について教えてくれます。つまり，私たち

---

(48) R.B.J. Walker (1988), op.cit., p.10.

が知らなかった「隠された歴史」の存在を明確にしてくれるのです。そうした中で，非常に多様な人々による自分たちの生活についてのコントロール回復のための戦いが，現代社会における民主主義というプロセスの一部であることが明らかになります。そして，このプロセスに注目することは，ボトムアップ方式の底辺からの民主主義を再編成するとともに，こうした社会運動に参加している人々の政治的な生活をエンパワーすることを意味します。ウォーカーは続けます：

　　批判的社会運動は私たちが引きずってきた権威・正統性そして権力についての概念に対する変革的攻撃の一部であると考えることができます。そうした運動は，エリートたちが考えを改めたり新しいエリートによって取って代わられたりするのを待つことなく，ボトムアップによる新たな社会を再構築する可能性を持つより大きな社会的発明のプロセスの一部として理解できるのです。[49]

ポストモダン政治経済学は，徐々に大きくなっている人々の日々の生活に根ざした声とともに国際政治経済を理解しようとします。ですから，ここでの最も重要なアクターは批判的社会運動となります。もし，多くのポストモダニストやネオ・グラムシアンが言うように知と権力が同じものであるかもしくは非常に密接に関連しているとすれば，そして知識が社会構造の生産の源泉であるとすれば，そうした運動に焦点を当てることはすでに民主的な社会の再構築プロセスの中に存在していることを意味しますし，もし私たちがより民主的な社会を求めるのであればこのプロセスは絶対に無視できないものなのです。

枠組みの問題　その4

ポストモダニズムを基礎とした政治経済学は例の枠組みに対してどのような意味をもつのでしょうか。それは批判的国際理論がなしえなかっ

---

(49)　R.B.J. Walker (1988), ibid, p.8.

たこと，すなわち「私たち」自身をその絵の中に入れることです。私たちが「語る」ということがいったい政治経済の中にある権力構造と関係を持つのか。私たちが国籍をもって「日本人」，「韓国人」または「中国人」と名乗ることが，世界中に広がる国家間システムとどのようにつながっているのか。私たちが好況＝経済成長と定義して「経済」を語ることがいったい資本主義社会においてどのような意味を持つのかを明らかにします。

「語る」という行為はすでに実践であり，理論を作ることは現実を作ることでもあるのです。そして，そうして作られた現実の世界で日々繰り返される再生産の過程の中に私たち自身が存在していることを認識しなければならないのです。そういう意味では，ポストモダン政治経済理論はネオ・グラムシアンの「有機的知識人」の汎用版として定義することも可能かも知れません。つまり，ネオ・グラムシアンの議論では，知識は「知識人」たちによってのみ生産されると定義されていましたが，ポストモダニズムではすべての人々がその生産主体と考えられているのです。

　これは，どちらが正しいというような問題ではないと考えられます。つまり，ある瞬間にはネオ・グラムシアンの考え方がより妥当であり，また他の瞬間にはポストモダニズムが適切であると考えることが必要だといえるでしょう。さらに言えば，「知識人」の定義によっては，ネオ・グラムシアンとポストモダニズムは同じことを意味する場合もあるのです。つまり，すべての人々がその「知識人」であるとすれば，そしてすべての声が「知識」であるとすれば，両者の対立は存在しなくなるはずです。このことを理解しなければ，今度はネオ・グラムシアンとポストモダニズムという言語の二項対立の罠にはまってしまうことになるかも知れません。

終 章

多様な理論としての政治運動と多様な実践としての理論：緑の政治勢力

> 私がいちばん問題にしたいのは，もっと本質的なことです。人類が資源エネルギーをひたすらほしいままに使いまくり，その上にのっかって機能している現代の経済生活のことです。……私たちは無意味なエネルギー消費をやっているんじゃないですか。それがまたもや，とどまることを知らぬ現代消費社会の「成長」システムと結びついている。去年より今年，今年より来年と消費を発展させることにやっきになっている。これをどこまでも発展ばかりさせていったら，もう社会そのものが存続しえなくなるはずなのに，「もっと利潤を！」が脅迫的な強制になってしまっているのです。……これで進んでいくかぎりは，どうしても次に来るエネルギーとして，もっと危険なエネルギーを考えるしかないという，宿命的な強制につながっていく。それに賛成か反対かというのは，私には質問ではない。[1]
>
> ——ミヒャエル・エンデ：文学者

イントロ

　第四章・第五章と，立て続けに知識と権力の問題を取り上げてきました。現代国際政治経済の中心的な話題がこうした非常に抽象的な議論であることに驚かれた読者も多いかもしれません。日本では，まだまだこうした動きは小さいのですが，世界的なレベル——といってもアメリカ・カナダのごく一部とイギリス，オーストラリア，アオテアロア／ニュージーランドの一部でしかありませんが——ではこのような議論がこ

（1）子安美智子（1986），「エンデと語る：作品，半生，世界観」，朝日選書，朝日新聞社，東京，pp.78-80.

の10年ほど繰り返し行われてきました。

　しかし世界中にはこうした抽象的な議論の継続による非常に長期的な変革の必要性と同時に今・ここで解決していかなければならないそういう問題が山積しているのもまた事実です。毎日2～3万人の子どもたちが飢餓のために命を奪われ，日々環境は破壊され，国家や軍事組織によるテロリズムの恐怖は蔓延しています。そうした中，このような議論から具体的な政治空間への焦点の移動が要請されだしています。しかし，こうした抽象的な議論から具体的な政策提言への移行は簡単な作業ではありません。なぜなら，批判的国際理論にしてもポストモダン国際政治経済理論にしても，知識体系の画一化へ向かう危険性を十分に認識しているからです。そして同時に「政策」はある程度の画一的思考を必要とします。では，多様な社会における多様な「真実」や「正しさ」を画一化のファシズムへと陥ることなく政策へと反映していくにはどうすればよいのでしょうか。これは現代社会に住むすべての人々に課された大きな問題なのです。

　この章では，この課題に答えるものとしての「緑の政治」の可能性について議論してゆきます。まず，第一に第四章と第五章の議論をうけ，現代の政治経済に求められる批判的社会運動に基づいた理論の構築を行います。第二に，具体的な例としてガタリのエコゾフィー概念とフェミニズムの展開を紹介します。さらに第三に，いくつかの具体的な政治領域を提示して緑の政治の将来像をしめします。そして最後に本書全体のまとめをすることにします。

ポスト・ポジティビスト政治経済学の誕生

　第四章・第五章では，ネオ・グラムシアンやポストモダニズムの流れから，最終的に批判的な社会運動に焦点をあてるという知と権力との関係についての現代思想的理解に基づいた議論を展開しました。そしてネオ・グラムシアンの「知識人」という概念を広く捉え「私たち」という言葉と同義語であるとすれば，ネオ・グラムシアンとポストモダニズムとの議論はかなりのところで相互補完的となる可能性を示しました。

この「知識人」についてE. サイードは次のように述べています。これは第一章で引用した文章で，長い文章ですが再び引用します。

　　政府から企業にいたる大組織のもつ強大な権力と，個人のみならず従属的位置にあるとみなされる人たち——マイノリティ集団，小規模集団，小国家，劣等もしくは弱小な文化や人種とみなされるものに属している人たち——が耐えている相対的に弱い立場とのあいだには，内的な不均衡が存在している。こうした状況のなかで知識人が，弱い者，表象＝代弁されない者たちと同じ側にたつことは，わたしにとっては疑問の余地のないことである。知識人はロビン・フッドかと皮肉られそうだ。けれども，知識人の役割は，それほど素朴なものではなく，またロマンティックな理想論の産物として容易にかたづけられるものでもない。わたしが使う意味でいう知識人とは，その根底において，けっして調停者でもなければコンセンサス作成者でもなく，批判的センスにすべてを賭ける人間である。つまり，安易な公式見解や既成の紋切り型表現をこばむ人間であり，なかんずく権力の側にある者や伝統の側にある者が語ったり，おこなったりしていることを検証もなしに無条件に追認することに対し，どこまでも批判を投げかける人間である。ただたんに受身の形で，だだをこねるのではない。積極的に批判を公的な場で口にするのである。(2)

　サイードの明らかにグラムシに影響を受けたこの議論は，一方で「知識人」に対する期待を作ると同時に，もう一方で微妙なエリーティズム＝エリート主義を感じさせます。そこでこの「知識人」という言葉を「私＝サイード」と置き換えてみましょう。すると次のような文章ができます。「こうした状況の中で私＝サイードが，弱い者，表象＝代弁さ

（2）　Edward W. Said (1994), *Representations of the Intellectual: the 1993 Reith Lectures*, Vintage, London, p17, エドワード・サイード（1995），「知識人とは何か」，大橋洋一訳，平凡社，東京，pp.48-49.

れない者たちと同じ側にたつことは，わたしにとっては疑問の余地のないことである。」そして「私＝サイードとは，その根底において……批判的センスにすべてを賭ける人間である。……どこまでも批判を投げかける人間である。……だだをこねるのではない。積極的に批判を公的な場で口にするのである。」このように「知識人」という言葉を抜いて一人称で語る文章にすると，先の原文にあるエリーティズム的な香りが抜け落ち，同時に彼の熱意がより強く現れてきます。

「知識人」という言葉を使うことは，同時に「知識人」ではない人々の存在を前提とします。それは「支配者」と「大衆」というものです。この二項対立をそのまま受け，この喩に「第三者」としての「知識人」を入れたところにサイードの微妙なエリーティズムの源泉があると考えられます。では，「知識人」と「大衆」とを区切るものは何なのでしょうか。

サイードは別のところで次のように述べています。

　　グラムシは知識人のことを，社会において特定の機能をはたす人間というように社会的に分析した……二十世紀後半，グラムシのヴィジョンを立証するかのように，新しい専門職——ニュース・キャスター，大学教授，コンピューター・アナリスト，スポーツ・マスコミ関係の法律顧問，経営コンサルタント，政策立案者，政府顧問，マーケティング調査の専門家，それに，現代の大衆ジャーナリストたち——が陸続と誕生した……[3]。

このリストをみると「知識人」というエリートの定義には一定の規則性がみられることが明らかになります。つまり，これらの職種はすべて国家および国家間システムもしくは資本主義の論理に基づいたなんらかの権力の維持に大きく役立っている仕事であるということです。この意味から言えば，現代社会における「知識人」は必然的に保守的な傾向

（3）　E. Said (1994), ibid, p7, 邦訳 p30。

をもつと考えられるのです。この役割をもって「知識人」が定義されるのならば、「知識人」が国家間システムや資本主義体制といった現在の支配的なシステムに対して批判的な立場をとることは非常に困難となります。実際、これまでの国際政治経済学の歴史を見ても重商主義や自由主義そしてマルクス主義という伝統的な理論は、特定の支配層の抑圧的な専制をしばしば正当化していきましたし、メディアも同様の役割を果たしてきました。もし、これが正しければ「知識人」はその解体もしくは「大衆」との融合なしでは批判的な言説の生産は難しいと考えられます。逆にいえば、「知識人」が「知識人」としてではなく「私」として語り出したとき、批判的な言説の生産が行われると考えられます。

しかし、この「私」による物語の総合体という概念は非常に理想主義的な抽象論であることには注意が必要です。つまり、長期的にはこの「知識人」の解体と「個」への帰還は絶対的に必要なのですが、今この瞬間、この場所という特定の時間と空間においては「知識人」という概念は厳然と存在し、その影響力を持っていることは明らかです。その意味では、サイードの議論にあがったロビン・フッドは、エリーティズムの危険性を持ちつつも、必要であるのかも知れません。そして、この「知識人は」長期的な自己解体をその視野に入れながら、短期的に特定の問題の特定の瞬間に影響力を発揮する必要があると言えるでしょう。

ただし、その短期性はJ. M. ケインズが言ったような「長期的にはわれわれは死んでしまう[4]」からという近視眼的な意味の議論に基礎を持つのではなく、長期的な解体と短期的な実利との緊張感を内包した自己批判的な視点を持ったものでなければならないでしょう。さもなければ、この短期性はその積み重ねとしての歴史を生み出し、結局特定の「真実」や「正しさ」の物語のみを生産・再生産するというこれまでの知と権力が行ってきたスパイラルへと引き込まれることになりかねません。

逆に、批判的社会運動を生み出す「大衆側」にも課題は多くあると考

---

(4) Antony Jay (ed)(1996), *The Oxford Dictionary of Political Quotations*, Oxford University Press, Oxford, p207.

えられます。その生活に基づいた声は国際政治経済の将来に大きな影響を持つことはすでに議論しました。しかし，生活の多様性という点から言えば，この「声」の妥当性は普遍性とは異なってくると考えられます。つまり，普遍的でなく，地域のレベルを超えることのない，そして時間を飛び越えて有効であると保証できない理論としての具体的な「声」としての機能を認識しなければならないのです。

　このことが意味することは非常に大きいと考えられます。国家をベースとした世界観は，これまで多くの問題を生み出してきました。内戦や先住民族の権利の無視，多数民族による少数民族の抑圧，国内での画一的な経済政策や国家が作るナショナリズムの高揚，そして「先進国」と「途上国」との対立などそのリストは終わることを知りません。これは，「国家」という政治規模が，これらの問題を「扱う」には大きすぎ，同時にこれらの問題を「語る」には小さすぎることを意味しています。

　批判的社会運動がその威力を最大化するのは，具体的には地方レベルであり，その「語り手」もしくは「聞き手」としての機能という意味ではグローバルであると考えられます。批判的社会運動の地方レベルでの具体的な行動は，新たな物語を生産します。その新たな物語の「語り手」は「聞き手」の多様性——地方という規模での——を尊重した形での語り方を学ばねばなりません。

　そういう意味では，私たちに課されたプログラムは膨大で複雑です。「知識人」として長期と短期の緊張を認識し，「大衆」による「批判的社会運動」の構成員として地方規模とグローバルな規模との緊張感を認識しなければなりません。長期的にこの「知識人」と「大衆」による批判的社会運動との区別が解消されなければならないという前提を視野に入れることは，この二つの緊張を受け止め，さらに展開・実践するという意味を持ちます。そしてそのときにネオ・グラムシアンとポストモダニズムを内包する形でのポスト・ポジティビズムという新たな理論的実践・実践的理論を装備することになるのです。

理論としての実践と実践としての理論：
ガタリのエコゾフィー概念とフェミニズム

　このようなポスト・ポジティビズム的政治はすでに世界各地で展開しつつあります。例えばフランス緑の党の旗手，大統領選に出馬するという噂もある政治経済学者A. リピエッツは，「マルクス主義の後継者としてではなく，M. フーコーやF. ガタリの後継者として」一気に社会変革を上からの視点で起こそうとする革命を否定し，過去からの小さな断絶と分子的な革命とを夢見る集団として「緑の人々」を定義します[5]。この小さな断絶と分子的な革命は，あきらからに第五章で紹介したM. フーコーのミクロの政治闘争という概念に影響を受けたものです。しかし，同時にこの小さな断絶と分子的革命はF. ガタリからの影響を受けたものでもあるのです。M. フーコーについてはすでに詳しく説明しましたので，ここではF. ガタリについて多少説明をしておきます。

　フランスの精神分析の専門家で，哲学者であったF. ガタリは，フランス「緑の人々」に大きな思想的影響を与えたと人であると言われます。その著書「三つのエコロジー」で彼は，三つのエコロジー的領域――環境的，社会的，精神的――に横断的に存在する危機を指摘します。そしてこのエコロジー的危機に対する答えを出すためには，「ことを地球的規模でとらえ，しかも物質的・非物質的な有形無形の財の生産の目標を新しく設定しなおす」必要性を説きます[6]。

　そのためには二つの問い直しが必要であると，ガタリは議論を続けま

---

(5) Alain Lipietz(1995), *Green Hopes: the future of political ecology*, Polity Press, Cambridge, p33. ここでは，Greensという言葉を敢えて「緑の党」ではなく「緑の人々」と訳しました。これは，世界中に見られることで，Green Partyという言葉よりも実際にはGreensという言葉の方が多く使われており，多くの邦訳された文章に出てくる「緑の党」は実際に英語で表記される場合はGreensとされている場合が多いこともここに述べておく必要があると思われます。

(6) Felix Guattari(1989), *Les Trois Ecologies*, Editions Galiee, Paris, 邦訳フェリックス・ガタリ（1997），「三つのエコロジー」，杉村昌昭訳，大村書店，東京，p8.

す。その問い直しとは：

> 個々別々の価値システムというものを押しつぶして圧延してしまい，物質的な財，文化的な財，自然的な地勢といったものをある同一の価値次元におく世界市場の至上的支配性に対する問い直し[7]。

そして第二に

> 社会的諸関係と国際的諸関係の総体を警察機構・軍事機構の覇権の下におく支配的様式の問い直し[8]

をあげます。そしてこの二つの危機が国家を二重に締めつけ，世界市場と軍事－産業複合体の機構的結合に奉仕するにすぎない存在へと追い詰めていることを指摘します。こうした現代社会においてガタリが希望として見つめるのは，国家や市場ではありません。それは彼のいう「エコゾフィー的な発想の回復」であるのです[9]。

この「エコゾフィー」というアプローチはこれまで国際政治経済の枠組みで議論してきたポスト・ポジティビズムと非常に似た考え方であると言えます。統一性や画一性を否定し，多様な社会の多様な主観の存在を尊重するアプローチとしてこの「エコゾフィー」を理解することが可能なのです。これは同時に私たち自身のアイデンティティーについての問い直しと再編を要求します。そしてガタリは次のように述べています。

> 階級闘争や〈社会主義の祖国〉の擁護などが金科玉条のごとくとなえられた旧時代のように，ひとつのイデオロギーを一義的に機能させることがもはや問題外になる一方，逆に，新たなエコゾフィー的参照

（7） F. ガタリ (1997), ibidi, p10
（8） F. ガタリ (1997), ibidi.
（9） F. ガタリ (1997), ibidi, p18

基準が多様きわまりない領域における人間の実践の再構成の諸線を指し示すことを構想しうる時代になってきている……。(10)

この構想は再特異化という装置の設定を求めます。それは「日常生活においてだけでなく，都市計画や芸術創造やスポーツなど」といったいろいろな領域を横断する形での民主主義の再構築を必要とし，その再構築とは「悲惨や絶望の同義語にほかならないマスメディア加工の方向にではなく，個人的そして／あるいは集団的な再特異化の方向にむかう主観性の生産装置とはどのようなものでありうるかを検討することである」と議論します。(11) つまり，多様性を生み出し続ける理論的・実践的装置としてエコゾフィーという概念を述べているのです。

このエコゾフィーの概念は，「横断性」という概念をベースとして展開されます。では，横断性とは何か。ガタリは次のように述べています。

さまざまな対立構造ならびに特異化の過程の噴出，中心からのずれ，あるいはその波及効果といった文脈のなかで，新たなエコロジー的問題が浮上してきている。誤解のないように言っておきたいのだが，私はこの新たなエコロジー的問題が他のさまざまな分子的な切断の線を〈統合〉する必然性をになっていると主張しているわけでは全然なくて，ただ，このエコロジー的問題が他の分子的な切断線を貫通するようなテーマ設定をもとめられているように私には思われるというひとつの見方を提起しているにすぎない。(12)

つまり，いろいろな問題が噴出している現代の世界において周縁化されている声を生み出す領域に貫通するものとは何かを見極める必要性があるのです。この概念はそうした周縁化に時間や空間，さらには領域を

---

(10) F. ガタリ (1997), ibidi, p16.
(11) F. ガタリ (1997), ibidi.
(12) F. ガタリ (1997), ibidi, pp.15-16

越えた一定の規則性があるということを意味しています。例えば，エコフェミニズムの登場を待つまでもなく，ジェンダー関係に見られる問題と自然破壊という問題や先住民の権利の無視には共通した要因，すなわち近代合理主義に基づいた疎外的運動という要因があると考えられます。それは領域を横断した形でこの要因の影響が出ていることを示します。また，IMFや世界銀行が債務危機に陥った国々に対して強制する経済政策は，日本の中央官庁が破綻したもしくは破綻寸前の地方自治体に対して強制する経済政策とほとんど同じであることは，国際的領域と地方政治経済という二つの空間を横断する形で特定の経済理論が適用されていることを意味します。そしてそのどちらの例にしても，「低所得者」や「高齢者」，「障害者」といった特定の人々の生活に重大な衝撃を与えています。こうした横断的な権力の機能に対抗する概念としてエコゾフィーが登場するのです。

　しかし，この対抗運動は画一化を否定するという条件が付帯します。ガタリはこの議論の後に次のような文章を間髪なく入れています。

　　むろん世界中の飢餓に抗するたたかい，森林伐採の中止，核産業の無分別な増殖の停止といったような，統一的目標の決定を全面的には排除しない展望が必要であろう。ただ，その場合，他のさらに特異性をおびた諸問題をなきがごとくにあつかう，したがってカリスマ的指導者の出現を必然化しもする還元主義的な紋切型のスローガンは，もはや無用のものでなければならない。[13]

　また，別のところで「エコゾフィー」概念について次のように述べています。

　　存在を自然的な存在，そこにもともといたものとかあったものとしてとらえるという還元主義的なヴィジョンにとらわれるのではなくて，

---

(13)　F. ガタリ (1997), ibidi, p16.

複数主義的な存在論の地平を提起することが肝要なのです。つまり，人間の実践は異質性の混交した世界を生み出すことができるということなのです[14]。

　この複数的な存在論の地平を提起するということが，先にあげたリピエッツの「小さな断絶と分子的な革命」というところとつながります。これまでの「断絶」と「革命」はマルクス主義思想を中心として発展してきました。しかしマルクス主義者にとってのこうした概念は画一的な歴史観——マルクスの描いた唯物史観——を中心としてしか展開されてきませんでした。それは，ひとつの「大きな物語」のもうひとつの「大きな物語」による交替しか意味しません。それは過去からの「大きな」分断であり，「大きな」革命なのです。

　世界的な画一化された（マルクス主義者という）アイデンティティーによる歴史的分断は，新たな抑圧を生むだけであり，それはフーコーやガタリ，そしてリピエッツが目指すものではありえません。マルクス主義者たちの失敗は繰り返されてはならないのです。彼らが目指すのは多様なアイデンティティーによる多様な分断であり，その多様性を生み出す装置のあらたな設定であると言えます。

　長期的な視点で言えば，ガタリたちによって理論的に展開されたこうした多様な存在についての言説が世界的な民主主義を生み出していくと考えられます。つまり，こうした理論が現在の支配的な理論に対抗した形で間主体空間におけるヘゲモニーを握ることも可能であり，そのときに異なるアイデンティティー間の争いを超えた民主主義的な体制が実現すると考えられるのです。この状態は，ある意味第四章で紹介した批判的国際理論のリンクレーターの議論と似たものです。「他者」を生み出す境界を否定し，「私たち」概念の極大化を個々の「私」概念を否定する

---

(14) フェリックス・ガタリ (2001)，「内在の眩暈」，杉村昌昭編，「〈横断性〉から〈カオスモーズ〉へ：フェリックス・ガタリの思想圏」，大村書店，東京，p88.

ことなく達成しようとするリンクレーターのコスモポリタニズムは，多様性を尊重する何らかの装置とあいまって新たな概念を生み出します。この概念がガタリの考えたエコゾフィーであり，ここで展開したポスト・ポジティビズムなのです。

この概念をR. B. J. ウォーカーは「One World Many Worlds」(ひとつの世界と多くの世界) という言葉で表しました[15]。この,「他者」を生み出しつづけてきた伝統的な言説と異なり「他者」を作り出さない世界的な発想と特異性の尊重によるオルタナティブの創出という非常に難しい議論は，現代の国際政治経済におけるひとつの中心的な議論でもあります。この文脈で最も発展した議論は，フェミニズムの中に見ることができます。

国際政治経済におけるフェミニズムの戦いは,「女性」という概念との戦いであったといっても過言ではないでしょう。「女性」という存在を所与として男性社会との対立を前面に押し出してきた初期のフェミニズムは，ベル・フックスなどのアフリカ系アメリカ人フェミニストから強烈な攻撃を受けます。初期のフェミニズムは男性・女性という対立を強調しすぎるあまり，人種の問題を無視してきたことを批判されます。それまでのフェミニズムが「女性」と呼んできた人々は，白人・中流階級の女性でしかなかったと[16]。アメリカ内部で始まったこの「女性」についての論争は，国際関係の中で当然のように他の地域の人々を巻き込む形で猛烈に勢いづきます。

この「女性」の中での階級や人種，その他の要因による多様性の出現は，フェミニズムの存在自体に大きな衝撃を与えます。もし，フェミニストたちが語ってきた「女性」が特定のイメージのモデル化を意味するのならば，フェミニズムは男性社会のロジックと同様に画一化を強制する新たなファシズムへと沈んでいく可能性もあるのです。いったいフェ

（15） R.B.J. Walker(1988), *One World Many Worlds: a struggle for a just world peace*, Lynne Rienner, Boulder.
（16） bell hooks(1984), *Feminist Theory from Margin to Center*, South End Press, Boston.

ミニストたちは何をもってフェミニズムと呼び，何を持って「女性」を定義するのか。これは非常に難しい問題です。

　フェミニズムの中で，この多様性の衝撃はポストモダニズムと結びつけて考えられてきました。C. シルベスターは，このポストモダニズムとフェミニズムという言葉を切り離し，再び接合することによってこのアイデンティティーの問題を解決しようとします。つまり，フェミニスト・ポストモダニズムという言葉とポストモダン・フェミニズムとの区別をしたのです。フェミニスト・ポストモダニズムは「フェミニスト」という言葉を形容詞として使い「ポストモダニズム」を名詞として使ったという意味で，後者を中心とした考え方にフェミニズム的なエッセンスを加えるという意味を表します。逆にいえば，ここでは「女性」という存在自体に対しては否定的ですが，フェミニスト的な思想のための空間は保障されていると言えるでしょう。これに対してポストモダン・フェミニズムはポストモダニズム的意味での多様なアイデンティティーを念頭に置きつつ，フェミニストしての視座をもつという意味になります。[17]この場合，多様性を重視してのフェミニズムということになりますから，具体的なフェミニズムを語るときには当然「フェミニズムズ（feminisms）」と複数形で表記する形になります。

　現在のところ，多くのフェミニストたちはフェミニズムズという言い方をすることによってこの危機を乗り越えたかのように見えます。ただし，フェミニスト・ポストモダニズムの路線もまたその理論的な展開を見せています。そのひとつの例が，フーコーが述べた「セクシュアリティ」についての議論の展開です。フーコーは「セクシュアリティ」を「性」について語るのではなく「性」にまつわる言説を分析するという手法として使っていました。[18]この中で，フーコーは権力と知の問題に焦

---

(17) Christine Sylvester(1994), *Feminist Theory and International Relations in a Postmodern Era*, Cambridge University Press, Cambridge, p56.この国際政治経済における具体的な議論の展開としては，Jan Jindy Pettman (1996), *Worlding Women: a feminist international politics*, Allen & unwin, St Leonards, の第8・9章を参照してください。

点をあてました。同様に国際政治経済においても性にまつわる言説がどのような権力や知を生産しているかに焦点を当てる方向でフェミニスト・ポストモダニズムは進んでいます。

　この研究領域としてのフェミニズムの経験は，国際政治経済における「緑の人々」への道を探る人々に大きな示唆を与えます。まず，「男性」と「女性」という二項対立に則った形での戦いはそれぞれのカテゴリー内での画一化に向かう権力的構造を生み出してしまうということがあります。これは，ハリウッドの映画で見られる「良い奴」と「悪い奴」との対立は実際には非常に成立し難いことを意味します。つまり，「女性」の権利のための闘争が「敵」としての男性を作り出してしまう危険性と同時に，画一的な「戦う女性像」をすべての女性に強制する危険性をもっているのです。これは，ガタリが言う「還元主義」的な発想であると言えます。

　同様に，環境を守るというひとつのスローガンが「環境を破壊している」人々を作り出すとともに，環境ファシズムの危険性を生み出します。この環境ファシズムは，「環境」という言葉を定義することなく「環境破壊者」を作り出す危険性を持ちます。さらには，「緑の人々」と自己規定する人々の行動を画一化し固定化したドグマの中へと引きずり込もうとするでしょう。ガタリは次のように述べています。

　　私の関心を引くと同時に不安にさせるのは，自然の問題，種の保存といったものだけに集中したエコロジーが発展していることです。つ

---

(18)　この理解は明らかに，現在の日本で使われている「セクシュアリティ」とは異なった用法であると考えられます。日本では一般的に「セクシュアリティ」と「性方向性」との区別がはっきりとなされていません。フーコーの理解は明らかにこの二つを区別していました。そこでの「セクシュアリティ」とは性についての問題性という意味で，直訳すれば「性性」とい言葉になります。ただし，それはフーコーの議論がそうであったことを意味するだけで，もちろん現在の日本での用法が「間違っている」ことを意味するものではありません。

まり，これは一種の同一性を求めるヴィジョンであって，結局，保守主義や権威主義に通じるものではないかと思うからです。[19]

ここでガタリがいう「エコロジー」はむしろエコロジー運動・思想として理解したほうが良いでしょう。すなわち，「緑の人々」が自分たちの「正しさ」の持つ強力な魅力に屈したとき，緑の運動は世界中で見られたマルクス主義運動と同じ末路を決定付けられるでしょう。逆にいえば，世界中で失敗したマルクス主義的革命運動と同じ失敗を繰り返さないためには，「正しい」政策を目指すのではなく多様な存在を基礎とした多様な「正しさ」に耐えられる政治構造作りがもっとも重要な項目として私たちのアジェンダに載らなければならないとも言えるでしょう。

常識的画一性の否定と多様性の創出：緑の政治の具体例から

多様性を具体的な政策の中に反映していくとはどのようなことを意味するのでしょうか。私たちはこれまで，特定の理論が仮定するいろいろな「常識」を無批判に受け入れてきました。国際政治経済の中でのその最も顕著な例は，「国家」の存在と資本主義社会における「経済成長」の仮定です。前にも触れましたが，現在の世界に見られる国家システムは1648年のウエストファリア条約を契機として誕生しました。日本においては，この概念は明治維新を契機としたと考えられます。現在の「私たち」概念はこの国家を中心として生産され，再生産され，人々によって内面化されます。その結果，国境によってその存在を否定されてしまうような人々，例えば無国籍の子どもたちの存在は周縁化され，国境に基づく論理によってかき消されてしまいます。国籍を持たない子どもたちは，国家間システムの中でしか機能しない人権概念の恩恵にあずかることもできません。そうした子どもたちは明らかに人間なのに人権の「人」としての資格を奪われているのです。

同時に「日本人」と異なる民族のアイデンティティーを持つ人々の声

---

(19) F. ガタリ (2001), op.cit., p88.

もまた政治の舞台では無視されがちになります。日本国内での人権の保障は国家の役目ですが,「日本人」の存在を必要とするその国家は「日本人」と異なるアイデンティティーを主張する日本国籍を持つ人々の存在を認めようとしません。国家間システムの中ではこうした状況が日々生み出されているのです。

多様性を重視する緑の政治はこうして周縁化され, 無視されてきた人々をサポートしなければなりません。国家という枠に縛られることなく,「国家の利益」という抽象的な利益よりも周縁化された人々の具体的な利益を尊重する必要があるのです。そして, そのためには, 国家という枠にとらわれない形での政策の実施が必要とされます。それはNGOレベルの活動や地方自治体による政策が考えられるでしょう。世界的な類似政党・運動によるグローバルなつながり（例えば, 緑の党・運動によるネットワーク）もそのひとつとして考えられます。そして同時に緑の政治が問わなければならないのは,「国家の利益」が存在するのかどうかという問題であり, なぜ私たちは「国家の利益」を守らねばならないと思わされてきたのかという問題でもあります。「国家の利益」概念から「多様な個人の利益」概念への転換が求められるのです。

具体的には「個人の利益」が「国家の利益」に凌駕されそうなとき, 私たちはこの個人の利益を守る政策を打ち出すことを活動の中心に置くことが必要です。そのためには, いかなる理由があろうとも, 暴力的に人の命を絶つことをやめなければなりません。なぜなら, 現在の国家の最も大きな特徴はその暴力装置の独占にあるからです。「国家の利益」概念を乗り越えるためには, 暴力行使の権利を各国家から奪う必要があるのです。さもなければ, 国境の内側でおこる国家による虐殺や殺人を止めることはできません。私たちは, システムという人間の創造物が人間の命を奪うというばかげた状態から脱する必要があるのです。

話を経済の領域に移しましょう。この領域では経済成長という「常識」が神話化され崇拝されています。しかし, 1960年代にケインズ学派が「経済成長」を語った時代と現在の「経済成長」とは明らかに異なっています。前者の場合,「経済成長」は雇用の問題と直接的に関連してい

ました。ここでの経済成長は，経済的パイの増大を意味し雇用の創出を意味していました。この関係は「フィリップス曲線」という一定の計算式として定着していたのです。しかし，1970年代「経済成長」と「雇用増大」との関係は新自由主義者たちによって否定され，新自由主義思想が思想的覇権を握る現在では理論的にこのフィリップス曲線の信憑性も失われています。つまり，新自由主義理論によれば経済が成長しても雇用は増大しないのです。逆に言えば，経済が停滞しても失業は増えないはずなのです。

このことは，現在の日本の経済状況と明らかに矛盾します。では，フィリップス曲線は正しかったのでしょうか。今でも「経済成長」は雇用の創出を意味するのでしょうか。残念ながら答えは否です。経済が停滞しているときには，ケインズによる経済と雇用との相関関係についての論理が特定の集団に使われてしまう傾向があるようです。そのグループとはネオ・グラムシアンが主張するように現在のヘゲモニーを握るグループであると考えられます。つまり，現在の経済構造によって利益を得ているグループがその状態の安定のために一度は自分たちが否定したケインズ理論を再び利用していると考えられるでしょう。「痛みをともなう構造改革」を唱える人々の現在の雇用状態を考えれば，それは明らかです。

「Restructuring」という英語は「再構成」を意味します。これは支配権を握る人々にとっては「再構成」でも，労働者やその家族にとっては「失業」という試練を意味します。では，「再構成」を行っている側の人々の何パーセントが失業したのでしょうか。つまり，「再構成」を行う側と行われる側ではまったく異なった世界が見えてくるのです。そして，この「再構成」を行う側は「経済の停滞」を理由に「人員削減」という斧を振り下ろします。彼・彼女たちは「経済の停滞」を理由にサービス残業を強制します。「経済の悪化」を理由に女性の採用を拒否します。もう一度ここで確認します。経済成長と雇用との明示的な関連は1970年代以降，新自由主義理論家たちによって否定され続けています。マクロ経済学の教科書を開けば，このフィリップス曲線と呼ばれる関係

式は恐竜のように化石化したものとして登場するのです。

　注意しなければならないのは，フィリップス曲線を否定する新自由主義者たちが主張しているのは企業の体質改善と経済の成長であって雇用の創出ではないことです。「リストラ」は企業と経済の立て直しのためであって，労働者の安寧を意味するものではありません。では，なぜその主張が支持されるのでしょうか。人々の経済的アイデンティティーは「成長」という言葉と密接に関連付けられているのかもしれません。そしてこの「成長」という常識はA.S.ブラインダーというアメリカの経済学者によって次のように三つの「反論の余地なき命題」として要約されています。まず（1）：

　　市場経済において生産・販売される，ほとんどすべての財とサービスに関して，多いことは少ないことよりも望ましい。[20]

そして（2）：

　　資源は希少である。[21]

さらに（3）：

　　高い生産性は，低い生産性よりも望ましい。[22]

　この三つの「反論の余地なき命題」すなわち経済学的「常識」は，必然的に雇用の創出は生産性の低下（例えばワーク・シェアリング）ではなく経済規模の増大によってのみなされなければならないという隠れた

---

(20) Alan S. Blinder (1987), *Hard Heads, Soft Hearts: tough-minded Economics for a just society*, Addison-Wesley, Reading. 邦訳，アラン・S・ブラインダー（1988），「ハードヘッド・ソフトハート」，佐和隆光訳，TBSブリタニカ，東京，p41
(21) Alan S. ブラインダー (1987), ibid, pp.41-2.
(22) Alan S. ブラインダー (1987), ibid, pp.42.

四つ目の「命題」を導きます。そしてブラインダーは「経済政策の目的は……ムダを追放することである。要するに経済を効率化すること——ただそれだけの話なのである。[23]」

　こうした経済学者たちの「常識」が厳格な定義付けもされないままに経済学的「真実」へと生まれ変わるとき，その言葉はしばしば非常に危険な呪いの言葉となります。経済学が実際の経済活動や政策に反映されるとき，この真実は社会の「ムダ」を切り捨てる呪文へと豹変します。そしてある日この呪文は企業にとっての「ムダ」な人々に送りつけられます。こうして「リストラ」の嵐は，経済成長と生産性の論理によって巻き起こされているのです。

　この効率型・成長型アイデンティティーは「先進国」と「途上国」という言葉と密接に関係しています。つまり，社会の「ムダ」を切り捨てる学問としての経済学論理は世界の「ムダ」を切り捨てる学問としての国際経済学へと受け継がれるのです。「途上国」で起こる債務の累積は，「先進国」の政府と巨大銀行の損失を最小限に抑えるような形での返済方法の模索という政治経済政策を打ち立てます。そこでは，「途上国」内部にある「ムダ」をいかに取り除くかというIMFや世界銀行の構造調整政策へと結実します。その結果は，「途上国」内部での貧富の差の拡大と，貧困の創出です。そして「先進国」の人々は「途上国」の人々に対して「かわいそう」という言葉を投げかけます。直線的な成長論は歴史の直線性を前提とし，「先進国」に住む「恵まれた」人々の中に生まれる「慈悲の心」をたたえます。それが強烈な差別感を基礎としていたとしても。

　緑の政治は，もう一度私たちがなぜ経済を学ばなければならないのかという根源的な問いに戻らねばなりません。私たちは，私たちが私たち自身の生活をコントロールするという民主主義の原点に戻り，自己決定の原理を貫徹する形で経済を考えなおす必要があるのです。経済は常に成長していなければならないのか。多いことは少ないことよりも良いこ

---

(23)　Alan S. ブラインダー (1987), ibid, pp.44.

となのか。生産性は高いほうがいいのか。近代経済学が私たちにかけようとしている「呪い」は誰のために，何のために語られようとしているのか。そうした「呪い」は地方レベル，国レベル，世界レベルでどのように語られているのか。私たちが経済政策という枠組みの中で問い直さなければならない問題は山積しています。

こうした経済についての再構築は，地方のレベルで行われる必要があります。マクロレベルの議論を優先する国家による経済政策論議は，地方で実際に失業したり，劣悪な雇用環境で働かされている人々の具体的・個別的問題に関心を寄せることはほとんどありません。こうした状況の人々に対する直接的な経済政策は地方で立てられる必要があるのです。経済成長よりも人々の雇用や経済環境についての視点といった再構築型の経済政策は，この意味で経済成長という概念にとらわれることなく地方レベルでの政策として位置付けることが可能でしょう。

この他にも，私たちの周りにある「常識」は多数あります。例えば，「不登校」の子どもたちをいかにして「学校に戻すのか」という教育の命題は，「不登校は悪である」という常識を前提としているために，「学校」とは何なのかという根源的な問いを無視しがちになります。そしてその無視は「不登校の子ども」という，ネガティブなレッテルを貼られた子どもたちを生産していきます。財政破綻の危機にある地方自治体は財政の危機を理由に，その自由を奪われます。住民による自治の最も典型的な形である地方自治が抑圧され，コントロールされるということは，その自治体内の住民による民主主義を否定してしまいます。そこで問われなければならないのは，「財政破綻」とは何を意味するのか，なぜ「財政破綻」がいけないとされるのか，地方自治体・公共団体とは何なのか，そして「財政破綻」という言葉が使われることによって誰が利益を得，誰がコストを支払うのかという問題です。

緑の政治はこうした課題に答え続ける準備が必要です。こうした問題を，もうひとつの普遍的「真実」や「正しさ」によって片付けるのではなく，とりあえずの政策を打ち出しながらも，柔軟な思考と卓越した勇気をもって考え続けなければならないのです。そして，緑の政治は自分

たち自身の政策に批判的であらねばなりません。緑の政治が緑のファシズムになっていないか，画一的な思考をもって多様な人々の声を奪っていないか，などは自己批判的に再検証し続けなければならないのです。つまり緑の政治は，私たちに向けて放たれた社会プロセスとしての哲学的メッセージであり，民主主義のための変化し続ける政治経済理論であるのです。

結論

　これまでの政治経済学は，画一化から多様性へと向かう軸をまったく無視してきました。これは第 3 章からずっと続けて議論してきた点なのですが，ここでもまたこの問題に戻らねばなりません。絶対的な「真実」や「正しさ」という概念がいったい何万人の人々の命を奪ってきたのかを考えると恐ろしくなります。南京での大虐殺や広島・長崎での悲劇，チェルノブイリでの惨劇。湾岸戦争でのテレビゲーム的な空爆シーンに映らなかった建物の中の人々やコソボで「浄化」された人々。命を落とした人以外にも，多くの犠牲者を出してきました。いい加減な「男と女」の論理によって生まれた土地から戦場へ強制的に送られた女性たちやチェルノブイリの後遺症を持つ子どもたちのことも忘れることはできません。

　多様な視点が多様な考えをもたらし，それが新しい何かを作り出します。世界的に広がっている様々な存在が自分たちの生活を自分たちでコントロールできれば，それはすばらしいエコロジーの達成といえるかも知れません。その達成のためには，私たちひとりひとりが今の瞬間，この場所において何を考え，何を行うのかという問題をもう一度問い直す必要があるようです。そしてその問い直しの作業の向こうに私たちが求める**「世界的プロセス」**があるのでしょう。

あとがき

　この本は，私がアオテアロア／ニュージーランドのビクトリア大学国際関係大学院に提出した博士論文を翻訳し，加筆・修正したものです。ここでもう一度簡単にまとめると，この論文の主要な議論は「自己」と「他者」との問題を現代資本主義の文脈で捉えることでした。この本ではその文脈を中心としながら緑の政治についての一考察を新たに加え，より実践的なアプローチを展開してみました。ただし，実践的な側面を付け加えながらも，執筆中の私の関心は近代経済学の政治的支配に集中していたことはここに改めて明記せねばなりません。

　ここでの私の中心的な議論は，近代経済学で前提されている「自己」の卓越した地位が多くの人々の生活を破壊し続けていることにあります。大学入学以来，世界的な経済問題，特にIMFの構造調整政策やWTOの知的所有権についての交渉などについて学んできましたが，どう考えても人々のために行われているとは今の私には思えないのです。ニューヨークやロンドン，ワシントンDCそしてボストンに住む一握りのエリートたちが経済をコントロールし，経済がいかにあるべきかを決定しているとすれば，それはグローバルな全体主義にほかなりません。そしてそのコントロールや経済についての規範的な議論が価値中立的な「真実」の話として世界を駆け巡る時，ナチズム下で吹き荒れた「社会的進化論」を思い出さずにはいられません。現代においては，「市場経済」を信奉するもの以外は社会的に不適格であると烙印を押されてしまうのです。そして，経済学的「真実」はしばしば平気で人の命を奪い，人々の生活を破壊し，忘れられない悲しい思い出を作り出しています。その意味でどうしてもこのような「真実」を作り出す「主体」を壊す必要性があると思うのです。

　ただ，この本も私自身のアイデンティティーの問題を孕みつつ書かれているという意味では，私の「主体」性を書かずにこの本を完成することはできません。なぜなら，かくいう私もまた，この本を書いていると

いう意味において物語の語り手としての「主体」であるからです。その意味では，この本が価値中立的に書かれているなどという気は全くありません。私のこれまでの経験や研究が私自身に影響していることは間違いありませんし，それを隠すつもりもありません。私は全能の神でもなければ秀でた能力を持つ人間でもないのです。

　友人や知人から，私のアイデンティティーの問題を「君はどうしてそんなにおもしろい視点がもてるの？」という形で聞かれることがよくあります。その時は決まって「僕はシングルマザーの家庭に育ちましたから」と答えることにしています。すると多くの場合，相手は「なるほど」と納得してくれます。この答えに唯一納得してくれないのは，同様の家庭に育った人々です。その人たちが納得しないのはもっともなことです。簡単なことなのです。「シングルマザー」の家庭と私の視点が変わっていることの間に特別な関係があるとは私自身も思っていないのです（もちろん全く関係ないとも言えないのですが）。要するに，私の上記の返答は基本的にウソなのです。このウソを唯一見抜くことができるのは，今までのところシングルペアレントの家庭に育った人々だけのようです。逆に，モデル的な家庭に育った人たちは「シングルマザー」の家庭に対して，特定のイメージを持っているようです。時に侮蔑的な，時にロマンティックな。ところが，実際にそうした家庭に育った私には，「シングルマザー」家庭や「欠陥家庭」に育ったから云々，という認識はまったくと言っていいほど無いのです。両親がそろって子どもたちと住んでいる家庭を羨ましいと思ったこともないし，「あの家はそんな家で，うちはまた違った形の家族で……」というようなものです。

　ところが，私の家庭は「モデル家庭」がある限り「欠陥」があると言われてしまいます。「言いたければ勝手に言え！」という感も無きにしもあらずですが，問題なのは，私が何か人と異なることをするたびに，「あいつの家は片親だから」というようなことを言われることです。「片親」＝異端とも言うべきモデルが人々の心を占領しています。しかし，「片親」＝「欠陥家庭」という言葉は実際には「正常」な家庭像をつくるためにあるのではないかという気がしています。つまり「欠陥家庭」

があることによってのみ「正常」な家庭が存在するのではないかと。逆に言えば、「欠陥家庭」がないと「正常」な家庭像は崩壊してしまうのではないでしょうか。そして「正常」な家庭の消滅はコミュニティーや国家をも脅かすものなのでしょう。

この「欠陥家庭」という言葉からおぼろげながら感じていた「欠陥」と「正常」の生産過程についての認識は、近代経済学を学んでいた学部・修士課程時代には薄らいでいました。私は、近代経済学の美しさに翻弄されていたことを認めなければなりません。比較優位説や死荷重の理論は、私を別人へと作り変えようとしていました。そして、私は「経済学的真実が世界を救うのだ」という言葉を信じ込むところでした。しかし、世界中に蔓延する、持つものと持たざるものとのギャップがこの魔術から私を解放してくれました。近代経済学上とっくに解決されなければならない「南北間ギャップ」は縮小するどころか、毎年広がっていたのです。近代経済学者たちはよくこの原因を政治にあるとします。政府の政策が「間違っている」もしくは経済学的に「正しくない」から、南北間格差は縮まらないのだと。私には近代経済学者たちは職場放棄をしているように見えました。経済を勉強するのは社会をよくするためであるはずなのに、近代経済学者たちの多くは他人に責任を転嫁することしかやっていないのではないかと。

アオテアロア／ニュージーランドに留学し国際政治経済を専門的に研究するようになってから、毛嫌いしていたマルクスやフランクフルト学派、フーコーやドゥルーズ、ボードリヤールやリオタールなど読み漁りました。近代経済学のみを学んできたナイーブな学生の私にはショックの連発でした。そして新たな疑問が生まれてきました。「なぜ南北間格差は縮小しなければならないのか？」「なぜ、すべての国が同じように"発展"しなければならないのか？」「私たちは"経済成長"の魔力に翻弄されているのではないか？」そしてもう一度、なぜ私は学んでいるのかという問いを自分自身に問い掛ける必要性がでてきたのです。

私の研究の最も大きな原動力は悔しさと苛立ちだと思います。自分のエゴのため（例えば「すばらしい学者」や「知識人」、もしくは「素晴

らしい家庭」と呼ばれるため）に他人を「欠陥」化し，その人々を勝手に「矯正」しようとする一部の人々がこの世界をそして人々の生活をコントロールしようとしていることに耐えられないのです。これは，大きな話で言えば世界における政治経済政策にも当てはまりますし，小さな話で言えば学校や親が子どもを「訓練」しようとすることにも当てはまります。これが，私がこの本を書こうと考えた理由です。人々に生まれながらの「欠陥」なんてないはずです。ポストモダニズムが正しいとすれば，「欠陥」は作られるのですから。だからこそ，「欠陥」を悪用／消費しているエリート層と「欠陥」を作り出している「正常」という概念自体を壊していく必要があると思うのです。

　アオテアロア／ニュージーランド時代の恩師ラルフ・ペットマンとの出会いはこうした私の考えを理論的に展開する機会を与えてくれました。ラルフの授業には常にアシスタントとして参加しました。クラス参加者とのインター・アクションを重要視する彼の授業は，今考えれば素晴らしいものでした。日本での私の授業や講演がラルフの講義をモデルとしていることは言うに及びません。そんな彼の授業での口癖は，「正しいものなんかないよ。」最初は面食らいました。一年後には自分がその言葉を使ってチュートリアル（補完的な授業）をしていました。

　ニュージーランドの大学生は多様でした。驚いたのは，40〜50歳ぐらいの人々の多さでした。ひとクラス20人ぐらいの受講者中4〜5人の人々がそうでした。人種も様々。あるクラスではチューターである私がクラス全体で3番目に若かったこともあります。クラスや大学院生活を通していろいろな人と話すことができました。トゥバルという南太平洋の国の憲法を草案した人や卒業後の総選挙で当選してアオテアロア・ニュージーランドの内閣に入り大臣となった人，ウエリントン在住のアメリカ大使やアメリカの国際学会（ISA）の会長だった人。ドラッグの売人になった人や家庭内暴力におびえていた人。パケハ（ヨーロッパ系）に怒り狂っていたマオリ系過激派の人やマオリ差別を平気で公言するネオ・ナチの人。いろいろな人々と話すことができて，私の考えも大きく広がりました。特定の「正しさ」を信じていた私は，こうした経験を通

してラルフの「正しいものなんかないよ」という言葉の意味をそれなりに理解することができるようになっていました。

　ラルフのこの言葉の意味を正確に理解していると自負できるようになったのは博士課程も終わり近くでした。「世界はどっか遠くにあるものじゃない。いまここで，この瞬間，君が話しているその言葉も世界の一部を作っているということに気づこうよ」というのが彼のメッセージでした。「世界は私たちの手の届かないところに存在しているんじゃなくて，今この瞬間私たちによってつくられているんだ」という意味だったのです。私たちは「世界」という遠いものを学んでいるのではなくて，私たちの頭の中につくられた「世界」というイメージを学んでいるのです。その仮の「世界」のイメージが誰によってどのようにしてインプットされているのか。それが私たちにインプットされることによって誰が利益を受け，誰が被害を被るのか。そして，もしこの仮の「世界」が誰かによって私たちの中にプログラムされた像であるとすれば私たちがその像を自発的に変えることによって世界は変わるはずです。
「世界」は変えられないものではありません。一人一人が自分なりに「世界」を考えることによって世界は変わるはずです。より良い「世界」を願うことをあきらめたとき，私たちは誰かが私たちの中にプログラムした「世界」像によってコントロールされます。「正しいものなんかないよ」というラルフのメッセージは究極的には自分で考えることの重要性も意味しています。そして，この本が私たちの私たちによる国際政治経済のコントロールを実現するためのひとつの力となることを心から願っています。そして同時に，私のような怠惰な大学院生に奨学金を出し暖かく迎え入れてくれた上に98年の大学院最優秀論文賞（Sir Desmond Todd Prise）まで授与してくれたラルフを始めとするヴィクトリア大学政治学部（今では政府の新自由主義政策の結果，規模が縮小され「哲学・歴史・政治学部」の一部となってしまったそうですが）の皆さんに心から感謝したいと思います。

　末筆ではありますが，ここでこの本の出版にお力添えいただいたその他の方々にもお礼を申し上げます。まず，なによりも私の両親には心か

ら感謝しています。大学で教鞭をとりながら大学生の相談を受け，留学したいのに親の反対等で勉学を続けられない人々がいかに多いかを知るとき，自分の両親が協力的でいてくれたことに心から感謝せずにはいられません。本当にありがとうございます。それから，「実践」にこだわっていた私に政治の現場に触れる多くの機会を与えてくれた「虹と緑の500人リスト」のみなさん（特に関西ブロックのみなさん）にもここでお礼を述べたいと思います。虹と緑のメンバーの中でも佐賀大学の畑山敏夫さんには，この本の初期の企画に目を通していただき有意義なコメントをいただきました。また，大学の授業では関西外国語大学の学生のみなさんからも多くのものを学びました。ありがとうございました。それから，社会評論社の德宮さんには企画から出版までお世話になりました。ここでお礼を申し上げます。

　最後になりましたが，この本は本格的に企画してから書き上げるまで約1ヶ月という猛スピードで執筆し最も身近な人たちに多大な迷惑をかけてしまったことに触れないわけにはいきません。にもかかわらず私の質問に非常に有益なそして時に刺激的な議論を返してくれ，また考える材料を日々私に提供してくれた波那さんと睦子さんにはここでお礼を申し上げたいと思います。そしてこの本は，疑いなく，心をこめてこの二人に贈られるものです。

2001年12月14日
枚方にて
K.S.

参考文献

Ben Agger (1993), *Gender, Culture, and Power: toward a feminist postmodern critical theory*, Praeger Publishers, Westport.

Stanley Aronowitz (1972), "Introduction", in Max Horkheimer, *Critical Theory: selected essays*, Herder and Herder, New York.

Richard Ashely (1981), "Political Realism and Human Interests", International Studies Quarterly, vol.25, no.2.

Richard Ashley (1983), "Three Models of Economism", *International Studies Quarterly*, vol.27, no4.

────────── (1984) "The Poverty of Neorealism", *International Organisation*, vol.38, no.2, Spring.

Bruce R. Barlett, ed., (1983), *The Supply Side Solution*, Chantham House, Chantham.

Jean Baudrillard (1983), *Simulations*, Semiotext(e), New York.

Walden Bello with Shea Cunningham and Bill Rau (1994), *Dark Victory: the United States, Structural Adjustment and Global Poverty*, Pluto Press, London.

Richard Bernstein (1975), *The Restructuring of Social Political Theory*, Methuen, London.

Steven Best and Douglas Kellner (1991), *Postmodern Theory: critical interrogations*, Macmillan, London.

Alan S. Blinder (1987), *Hard Heads, Soft Hearts: tough-minded Economics for a just society*, Addison-Wesley, Reading.

Mandell M. Bober (1950), *Karl Marx's Interpretation of History*, Harvard University Press, Cambridge, p.24, quoted in Gerald M. Meier and Robert E. Baldwin (1966), *Economic Development: theory, history, policy*, John Wiley & Sons, Inc. New York.

Pierre Bourdieu (1968), "Outline of a Theory of Art Perception", *International Social Science Journal*, no.2 vol.4, reprinted in Jeffrey C. Alexander and Steven Seidman (1990), *Culture and Society: contemporary debates*, Cambridge University Press, Cambridge.

E.H. Carr (1946), *The Twenty Years Crisis 1919-1939: an introduction to the study of international relations*, second edition, Macmillan. London.

Molly Cochran (1995), "Postmodernism, Ethics and International Political Theory", *Review of international Studies* , vol.21.

Diana Coole (1993), *Women in Political Theory: from ancient misogyny to contemporary feminism*, second edition, Harvester Wheatsheaf, Hertfordshire.

Cletus C. Coughlin, K. Alec Chrystal, and Geoffrey E. Wood (1991), "Protectionist Trade Policies: a survey of theory, evidence, and rationale", Federal Reserve Bank of St. Louis, reprinted in Jeffry A. Frieden and David A. Lake, eds., (1991), *International Political Economy: perspectives on global power and wealth*, Unwin Hyman, London.

Robert Cox (1992), "Towards a Post-Hegemonic Conceptualization of World Order: reflections on the relevance of Ibn Khaldun," in James N. Rosenau and Ernst-Otto Czempiel, eds., *Governance without Government: order and change in world politics*, Cambridge University Press, Cambridge.

————— (1993), "Structural Issues of Global Governance: implications for Europe", in Stephen Gill, ed, *Gramsci, Historical Materialism and International Relations*, Cambridge University Press, Cambridge.

Jacques Derrida (1976), *Of Grammatology*, Johns Hopkins University Press, Baltimore.

Richard Devetak (1995), "The Project of Modernity and International Relations Theory", *Millennium*, vol.24, no.1.

Paul Ekins (1992), *A New World Order: grassroots movements for global change*, Routledge, London.

Mike Featherstone (1991), *Consumer Culture and Postmodernism*, Sage, London.

Michel Foucault (1977), *Language, Counter-Memory, Practice: selected essays and interviews*, Donald F. Bouchard, ed., Cornell University Press, Ithaca.

————— (1984), *The Foucault Reader: an introduction to Foucault's thought*, Paul Rabinow (ed), Penguin, London.

————— (1984), "The Means of Correct Training", in Paul Rabinow, ed., *The Foucault reader: an introduction to Foucault's thought*, Penguin, London.

————— (1991), *History of Sexuality, Volume I: an introduction*, Penguin, London.

Jeffry A. Frieden and David A. Lake (1991), "Introduction", in Frieden and Lake, eds., *International Political Economy: perspectives on global power and wealth*, Unwin Hyman, London.

Milton Friedman (1962), *Capitalism and Freedom*, Chicago University Press, Chicago.

Milton Friedman and Rose Friedman (1989), *Free to Choose*, Pelican, Harmondsworth.

Felix Guattari (1989), *Les Trois Ecologies*, Editions Galiee, Paris.

Jim George (1994), *Global Politics: (re)introduction to international relations*, Lynne Reinner, Boulder.

————— (1995), "Realist 'Ethics', International Relations, and Post-modernism:

thinking beyond the egoism-anarchy thematic", *Millennium*, vol.24, no.2.

Susan George (1988), *A Fate Worse than Debt: a radical new analysis of the third world debt crisis*, Penguin, London.

Susan George and Fabrizio Sabelli (1994), *Faith and Credit: the World Bank's secular empire*, Penguin, London.

Anthony Giddnes (1990), *The Consequences of Modernity*, Polity, Cambridge.

Stephen Gill (1993), "Gramsci and Global Politics: towards a post-hegemonic research agenda", in Stephen Gill ed, *Gramsci, Historical Materialism and International Relations*, Cambridge University Press, Cambridge.

―――――― (1994), "Knowledge, Politics, and Neo-Liberal Political Economy", in Richard Stubbs and Geoffrey R.D.Underhill, eds., *Political Economy and the Changing Global Order*, Macmillan, Hampshire.

―――――― (1995), "Theorizing the Interregnum: the double movements and global politics in the 1990s", in R. Cox and B. Hettne, eds., *International Political Economy: understanding global disorder*, Zed Books, London.

Stephen Gill and David Law (1988), *The Global Political Economy: perspectives, problems and policies*, Johns Hopkins University Press, Baltimore.

―――――― (1993), "Global Hegemony and the Structural Power of Capital", in Stephen Gill, ed, *Gramsci, Historical Materialism and International Relations*, Cambridge University Press, Cambridge.

Robert Gilpin (1987), *The Political Economy of International Relations*, Princeton University Press, Princeton.

Donna Gregory (1988), "Preface" in James Der Derian and Michael J. Shapiro, eds., *International/Intertextual Relations*, Lexington Books, New York.

Honi Fern Haber (1994), *Beyond Postmodern Politics: Lyotard, Rorty, Foucault*, Routledge, New York.

Jürgen Habermas (1980), *Knowledge and Human Interests*, Jeremy J. Shapiro, trans., Polity Press, Oxford.

―――――― (1987), *The Theory of Communicative Action*, (Vol.2), Beacon Press, Boston.

Fred Halliday (1991), "Hidden from International Relations: women and the international arena", in Rebecca Grant and Kathleen Newland, eds., *Gender and International Relations*, Open University Press, Milton Keynes.

Robert Heilbroner (1991), *The Worldly Philosophers: the celebrated study of the lives, times and ideas of the great economic thinkers*, sixth edition, Penguin, London.

Thomas Hobbes (1991), *Leviathan*, R Tuck, ed., Cambridge University Press, Cambridge.

Mark Hoffman (1994), "Agency, Identity and Intervention", in Ian Forbes and Mark Hoffman, eds., *Political Theory, International Relations and the Ethics of Intervention*, Macmillan, London.

bell hooks(1984), *Feminist Theory from Margin to Center*, South End Press, Boston.

Max Horkheimer and Theodor W. Adorno (1969), *Dialectic of Enlightenment*, John Cumming, trans., Herder and Herder, New York.

Human Development Report 2001, UNDP, Oxford University Press, NY.

Kimio Ito (1998), "The Invention of Wa and the Transformation of the Image of Prince Shotoku in Modern Japan", in Stephen Vlastos ed, *Mirror of Modernity: invented traditions of modern Japan*, California University Press, Berkley and Los Angels.

Alison M. Jaggar (1983), *Feminist Politics and Human Nature*, Rowman & Allanheld, New Jersey.

Fredric Jameson (1991), *Postmodernism or the Cultural Logic of Late Capitalism*, Duke University Press, Durham.

Antony Jay ed. (1996), *The Oxford Dictionary of Political Quotations*, Oxford University Press, Oxford.

Immanuel Kant (1970), "Idea for a Universal History" in Hans Reiss, ed., *Kant's Political Writings*, H. Nisbet, trans., Cambridge University Press, Cambridge.

Richard Kearney (1994), *Modern Movements in European Philosophy: phenomenology, critical theory, structuralism*, second edition, Manchester University Press, Manchester.

Evelyn Fox Keller (1985), *Reflection on Gender and Science*, Yale University Press, New Haven.

Douglas Kellner (1989), *Critical Theory, Marxism and Modernity*, Johns Hopkins University Press, Baltimore.

John Maynard Keynes (1936), *The General Theory of Employment, Interest and Money*, Macmillan, London.

Lawrence Robert Klein (1983), *The Economics of Supply and Demand*, Johns Hopkins University Press, Baltimore.

Klaus Knorr (1973), *Power and Wealth: the political economy of international power*, Basic Books, London.

Stephen D. Krasner (1976), "State Power and the Structure of International Trade", *World Politics*, vol.28, no.3, April.

Jill Krause (1995), "The International Dimension of Gender Inequality and Feminist Politics", in John Macmillan and Andrew Linklater, eds., *Boundaries in Question: new directions in international relations*, Pinter Publishers, London.

David A. Lake (1983), "International Economic Structures and American Foreign Policy, 1887-1934", *World Politics*, vol.35, no. 4, July.

Kelly Lee (1995), "A Neo-Gramscian Approach to International Organization", in John Macmillan and Andrew Linklater, eds., *Boundaries in Question: new directions in international relations*, Pinter Publishers, London

Charles Lemert (1992), "General Social Theory, Irony, Postmodernism" in Steven Seidman and David Wagner, eds., *Postmodernism and Social Theory*, Blackwell, Cambridge,

V.I.Lenin (1976), *Imperialism: the highest stage of Capitalism*, in V.I.Lenin Selected Works in Three Volumes, 1, Progress Publishers, Moscow.

Andrew Linklater (1991), *Men and Citizens in the Theory of International Relations*, second edition, Macmillan, London.

―――――― (1992), "The Question of the Next Stage in International Relations Theory: a critical-theoretical point of view", *Millennium*, vol.21, no.1.

Alain Lipietz(1995), Green Hopes: *the future of political ecology*, Polity Press, Cambridge.

Richard Little and Michael Smith (1991), "Introduction", in Richard Little and Michael Smith, eds. *Perspectives on World Politics*, Routledge, London.

Francis Lyotard (1984), The *Postmodern Condition*, Manchester University Press, Manchester.

Marjorie Messiter (1986), "In the Eye of the Environmental Storm", The Bank's World, November 1986, quoted in Susan George and Fabrizio Sabelli (1994), *Faith and Credit: the World Bank's secular empire*, Penguin, London.

Karl Marx and Frederick Engels(1970), *The German Ideology*, student edition, Lawrence and Wishart, London.

Ozay Mehmet (1995), *Westernizing the Third World: the Eurocentricity of economic development theories*, Routledge, London.

Carolyn Merchant (1989), *Ecological Revolutions: nature, gender, and science in New England*, University of North Carolina Press, Chapel Hill.

Morishima Michio (1990), "Ideology and Economic Activity", in Alberto Martinelli and Neil J. Smelser, eds., *Economy and Society: overviews in economic sociology*, Sage Publishers, London.

Maxine Molyneux (1991), "Marxism, Feminism, and the Demise of the Soviet Model", in Rebecca Grant and Kathleen Newland, eds., *Gender and International Relations*, Open University Press, Milton Keynes.

Caroline O.N. Moser (1991), "Gender Planning in the Third World: meeting practical and strategic needs", R. Grant and K. Newland, eds., *Gender and International Relations*, Open University Press, Milton Keynes.

Paul Patton (1993), "Politics and the Concept of Power in Hobbes and Nietzsche" in Paul Patton, ed., *Nietzsche, Feminism & Political theory*, Allen & Unwin, St Leonards.

Jan Jindy Pettman (1988), "Learning About Power and Powerlessness: Aborigines and white Australia's bicentenary", *Race and Class*, vol.29, no.3.

——————— (1992), *Living in the Margins: racism, sexism and feminism in Australia*, Allen&Unwin, Sydney.

——————— (1996), *Worlding Women: a feminist international politics*, Allen & unwin, St Leonards.

Ralph Pettman (1991), *International Politics: balance of power, balance of productivity, balance of ideology*, Lynne Reinner, Boulder.

——————— (1996), *Understanding International Political Economy: with readings for the fatigued*, Lynne Rienner, Boulder.

Friedrich Pollock (1978), "State Capitalism: its possibilities and limitations", in Andrew Arato and Eike Gebhardt, eds., *The Essential Frankfurt School Reader*, Urizen Books, New York.

Walt Whitman Rostow (1969), *The Stages of Economic Growth: a non-communist manifesto*, Cambridge University Press, Cambridge.

Mark Rupert (1995) "Alienation, Capitalism and the Inter-State System" in Stephen. Gill, ed., *Gramsci, Historical Materialism and International Relations*, Cambridge University Press, Cambridge.

Sir Paul Reeves (1993), *Indigenous Peoples and Human Rights*, The Australia-New Zealand Studies Center, Pennsylvania.

M. Abdus Sabur (1995), "Resurgence of Nationalities: cultural resources for peace and development", in Culture in *Development and Globalization: proceedings of a series of symposia held at Nongkhai, Hanoi and Tokyo*, The Toyota Foundation, Tokyo.

Edward Said (1978), *Orientalism: western conceptions of the Orient*, Penguin, London.

——————— (1981), *Covering Islam: how the media and the experts determine how we see the rest of the world*, Vintage, London.

——————— (1993), *Culture and Imperialism*, Vintage, London.

Paul A. Samuelson and William D. Nordhaus (1992), *Economics*, fourteenth edition, McGraw-Hill, New York.

Theotonio Dos Santos (1970), "The Structure of Dependence", *American Economic Review*, LX (2), May.

―――――――― (1978), "La crisis del desarrolloy las relaciones de dependencia en America Latina", in H. Jaguaribe, ed., *La Dependencia politico-economica de America*, quoted in J.Samuel Valenzuela and Arturo Valenzuela, "Modernization and Dependency: alternative perspectives in the study of Latin American underdevelopment", *Comparative Politics*, vo.10, no.4.

Ferdinand de Saussure (1966), *Course in General Linguistics*, Wade Baskin, trans., MacGraw Hill, New York.

Christine Sylvester (1994), *Feminist Theory and International Relations in a Postmodern Era*, Cambridge University Press, Cambridge.

J. Ann Tickner (1991), "On the Fringes of the World Economy: a feminist perspective", in Craig Murphy and Roger Tooze, eds., *New International Political Economy*, Lynne Rienner, Boulder.

―――――――― (1992), *Gender in International Relations: feminist perspectives on achieving global security*, Columbia University Press, New York.

―――――――― (1993), "State and Markets: an ecofeminist perspective on international political economy", *International Political Science Review*, vol.14, no.1.

U.N. Secretary General Kurt Waldheim (1981), *Report to the U.N. Committee on the Status of Women*, April 1981, quoted in Alison M. Jaggar (1983), *Feminist Politics and Human Nature*, Rowman & Allanheld, New Jersey.

J. Samuel Valenzuela and Arturo Valenzuela (1978), "Modernization and Dependency: alternative perspectives in the study of Latin American underdevelopment", *Comparative Politics*, vo.10, no.4.

Paul Viotti and Mark Kauppi (1987), *International Relations Theory: realism, pluralism, and globalism*, Collier Macmillan, London.

R.B.J. Walker (1988), *One World Many Worlds: struggles for a just world peace*, Lynne Rienner, Boulder.

―――――――― (1989), "The Prince and 'The Pauper': tradition, modernity, and practice in the theory of international relations", in James Der Derian and Michael J. Shapiro, eds., *International/Intertextual Relations: postmodern readings of world politics*, Lexington Books, New York.

Immanuel Wallerstein (1974), "The Rise and Demise of the World Capitalist system", *Comparative Studies in Society and History*, vol.16, no.4.

―――――――― (1979), *The Capitalist World-Economy*, Cambridge University Press, Cambridge.

アムネスティー・インターナショナル日本（2000），『ひとりじゃないよ：21世紀に生まれてくる子どもたちへ』，金の星社，東京．

大庭三枝(2000),「国際関係におけるアイデンティティ」,『国際政治』124.
E.H.カー(1996),『危機の二十年：1919-1939』,井上茂訳,岩波書店,東京.
フェリックス・ガタリ(1997),『三つのエコロジー』,杉村昌昭訳,大村書店,東京.
——————(2001),「内在の眩暈」,杉村昌昭編,『〈横断性〉から〈カオスモーズ〉へ：フェリックス・ガタリの思想圏』,大村書店,東京.
姜尚中(1996),『オリエンタリズムの彼方へ：近代文化批判』,岩波書店,東京.
アンソニー・ギデンズ(1993),『近代とはいかなる時代か？：モダニティーの帰結』,而立書房,東京.
子安美智子(1986),『エンデと語る：作品,半生,世界観』,朝日選書,朝日新聞社,東京.
エドワード・サイード(1998),『文化と帝国主義1』,みすず書房,東京.
——————(1995),『知識人とは何か』,平凡社,東京.
佐賀県統計データシステム　http://www.toukei.pref.saga.jp/
エーリッヒ・ショイルマン(1981),『パパラギ：はじめて文明を見た南海の酋長ツイアビの演説集』,岡崎照男訳,立風書房,東京.
アラン・S・ブラインダー(1988),『ハードヘッド・ソフトハート』,佐和隆光訳,TBSブリタニカ,東京.
松田道雄(1967),『定本　育児の百科』,岩波書店,東京.
南風椎(1994),『ピースメイカーズ　平和』,三五館,東京.
吉見俊哉(2000),『カルチュラル・スタディーズ』,岩波書店,東京.

索引

略語

APEC 196
BMW 52
CNN 42,52,182
EU 196
G8 196
GDP（国内総生産） 80,91,95,111,117,119,142,193,203,205
GNP（国民総生産） 80,91,117
ILO 121-2
IMF 33,34,56,60,78,80,109,110,162,163,165,196,205,223,232
ISA 106
NAFTA 196
NGO 154,182,229
OPEC 73
SAPs（構造調整政策） 34,40,81,109,205,232
UNDP 33
WTO 56,60,78,162,196

ア

アイヌ 121,124,125
アイロニー 153
アオテアロア／ニュージーランド 40,51,69,71,121,122,123,124,129,164,176,194-5,214
アジア経済 73
アシュレー 147-8,151
アドルノ, T 137-40
アボリジニ 121,124
アルゼンチン 81
アルバニア 51
安全保障 114,115
安全保障理事会 33

イ

イスラエル 182-3,185
イスラム 182,185
伊藤公男 200
イヌイット 121
イラク 185
イラン・イラク戦争 185
インターセックス 188
インドネシア 118,155

ウ

ヴィオティ／カピ 46
ウェーバー, M 145,176
ウエストファリア条約 20,228
ウエストファリア体制 20
ウォーカー, R.B.J 3,19,20,153,186,201-2,209-10,225
ウォーラーステイン, I 87,90-92
ウォーリング, M 114

エ

エーキンス, P 3
エコ・フェミニズム 120,223
エコゾフィー 221-3,225
エコロジー 220,222
エンデ, M 214

オ

横断性 222
オーストラリア 123,214
大庭三枝 33脚注
鬼 123
オルタナティブズ 106

カ

カー, E.H　4,17-8,150,155,186,193-4,198-9
外部経済　118
ガタリ, F　220-5,227-8
価値中立性　59
環境保護主義　114,117
環境問題　104,114,117-9
間主体空間　25,26,27,191,192,195,224
完全競争　64,65,68,108
カント, I　101,143,151

キ

記号論　179,180,183,187,202
ギデンズ, A　32,42,194
規模の経済　62
客観性　9,24,93-4
キャンベル, D　183
キューバ　51
供給の経済学　164
ギル, S　156,161,167,168
ギルピン, R　79,81,203-5
金・ドル兌換の停止　73
近代経済学　33,64,162-3,165,166,197
キンドルバーガー, C　77

ク

グアテマラ　34
クエート　185
グラムシ, A　8,37,155,157-8,216
グローバリゼーション　41-2,92

ケ

系譜学　179,190
啓蒙思想　24,115,135,139,141,146,147
ケインズ, J.M　48,72,79,85,173-4,218,229

ゲーム理論　53,54,55,59
現象学　100-5,145

コ

小泉内閣　43
公共財　76
合理主義　24,47-8,57-60,93,95,138-9,140,141, 147,223
コール, D　113
コカコーラ　52
国際関係の三つの側面　17,19,20,38
国際政治文化　26-7
国際批判理論　135,146,150-3,155
国際連合　33,108脚注8
コスモポリタニズム　150-5
国家資本主義　144
コックス, R　159,161,167,168
コンストラクティビズム　194

サ

サーミ　121,122
サイード, E　29,185,216-8
再帰性　194
佐賀　204
サッチャー, M　129
サッチャリズム　69,70,72,164
サブア, M.A　127
サベリー, F　197
サルトル, J.P　103

シ

ジェームソン, F　177-9
死荷重　65-7
市場　64,65
実証主義　101-3
シニフィアン　180,187,191
シニフィエ　180,187,191

資本のグローバリゼーション　164
ジャガー, A　107
シャクシャインの戦い　122-3
収穫逓減の法則　84
自由主義　46, 60, 62-5, 68-73, 76-81, 96, 117-9, 196
重商主義　46, 48-60, 96
囚人のジレンマ　54-5
修正自由主義　72
従属論　87-91
自由放任主義　68
自由民主党　49, 96, 131
聖徳太子　200
ジョージ, J　94, 149-50, 208
ジョージ, S　197
シルベスター, C　226
シンガー, D　18
シンガポール　204
新古典派経済学　34
新重商主義　51

ス

スウェーデン　71
スターリニズム　96, 130-1, 139, 208
スミス, A　48, 60, 79, 84, 197

セ

世界銀行　33, 56, 60, 78, 80, 109, 110, 117, 118, 162, 163, 165, 196, 205, 223
世界システム論　87, 90
セクシュアリティ　26, 226-7
ゼロサム　50
先住民　100, 104, 121-9, 131, 132, 167

ソ

ソシュール, F　180
ソニー　52

タ

大恐慌　72
多国籍企業　52, 162, 163, 196
ただ乗り　77
脱構築主義　173, 179, 187-90
単一民族　58

チ

知識人　8, 160, 169, 185, 195, 215-9
チベット　155
中国　155
直線的歴史観　80, 95
チリ　81, 166

テ

「ディア・ハンター」　184
帝国主義論　85-7
ディズニー　184
ティックナー, A　107, 108-9, 116, 120
デヴタック, R　151
デカルト　143
デリダ, J　179, 188

ト

ドゥルーズ, G　173
「トレイン・スポッティング」　70

ナ

ナチズム　139
南北問題　118-9

ニ

ニーチェ, F　145, 190

二項対立　181,187-9,191,211
日米経済　183
新渡戸稲造　32,125
認識論　101

ネ

ネイティブ・アメリカン　129
ネオ・グラムシアン　135,137,155-159,161-9,195,207,210-1,215

ハ

ハーバーマス,J　141-3,152
ハービー,D　42
ハイエク,F　34
ハイデッガー,M　103
覇権安定理論　56-7,77-8
パノプティコン　26
パプアニューギニア　121,155
ハリウッド映画　43
ハリデー,F　105
バルト,R　179
パレスチナ　182,185
半周辺国　90-1

ヒ

ピーターソン,V.S　107
比較優位説　60
ピカソ,P　134
ピノチェト政権　166
日の丸・君が代　58
批判的国際理論　134-7,155,168-9,172-3,175,210,215,224

フ

ファシズム　96,128,130,139,157
フィリップス曲線　230

フーコー,M　18,26,35,173,179,189-90,193,220,226
フェミニスト・ポストモダニズム　226,227
フェミニズム　104,105-6,112,167
福沢諭吉　32
福祉大国　71
フックス,b　225
フッサール,E　101-3
ブラインダー,A.S　231
ブラジル　34,81,118
「プラス」　70
フランクフルト学派　8,18,37,137,140-1,144-7,173,178
フリードマン,M　34
「フル・モンティー」　70
ブレトンウッズ体制　73

ヘ

ヘイウッド,A　96
ヘゲモニー　8,158,160,161
ベッドマン,J.J　124,125
ベッドマン,R　19,193
ペルー　34
ベロー,W　34,205

ホ

貿易戦争　55-6
ボードリヤール,J　177,178,179
ポジティブサム　68
ポスト・ポジティビズム　8,159-60,167,172-3,219
ポストモダニズム　8,157,168,172-3,175-6,178,207-11,215,219,226
ポストモダニティー　175-6
ポストモダン・フェミニズム　226
ホッブズ,T　49,53,112,190
ボナベンチャー・ホテル　178

ホ

ホフマン, M　147, 152, 153-4
ホフマン, S　186-7
ホモセクシャル　188
ホルクハイマー, M　137-41
ポロック, F　144
ホンジュラス　34
ポンピドゥ美術館　175

マ

マオリ　121, 122, 123, 124, 129
マキャベリ, N　186-7
マクドナルド　52
松田道雄　46, 172
マネタリズム　165
マルクス, K　48, 81-5, 138, 140, 145, 146, 157
マルクス主義　46, 81, 85, 91-6, 107, 112-3, 140, 148, 153, 157, 196, 208, 224

ミ

ミクロ経済学　122
緑の政治　8, 214-5, 228-9, 232-4
緑の党　39, 195, 229
ミャンマー　51
「ミレニアム」　106

メ

メキシコ　81
メヘメト, O　34

モ

モーゲンソー, H　186-7
モダニティー　41

ユ

有効需要理論　75

ヨ

吉見俊哉　27

リ

リー, K　167
リオタール, F　177, 178
リカード, D　48, 84, 197
リトル／スミス　46
リピエッツ, A　220
琉球人　121
リンクレーター, A　147, 150-1, 154, 168, 224

レ

冷戦　73
レーガノミクス　69, 72, 164
レーニン, V.I　48, 85-7, 89, 157
歴史的ブロック　161

ロ

ロウ, D　167
労働価値説　61, 83
労働の流動化　70
ローズノー, J　18
ロゴセントリズム　188
ロストウ, W.W　88
ロティー, R　153
ロビンソン・クルーソー・モデル　107

ワ

ワイタンギ条約　123
「和」の精神　200

清水　耕介（しみず・こうすけ）
西南学院大学経済学部，経済学研究科修士課程修了後，ニュージーランドのヴィクトリア大学政治学・国際関係学大学院で博士課程を修了。1998年，同大学からPh.D.を取得。現在，関西外国語大学国際言語学部専任講師。

市民派のための国際政治経済学
―― 多様性と緑の社会の可能性

2002年 2 月15日　初版第 1 刷発行

著　者 ―― 清水耕介
装　幀 ―― 桑谷速人
発行人 ―― 松田健二
発行所 ―― 株式会社社会評論社
　　　　　東京都文京区本郷 2 - 3 -10
　　　　　☎03（3814）3861　FAX.03（3818）2808
　　　　　http://www.shahyo.com
印　刷 ―― ミツワ
製　本 ―― 東和製本

ISBN4-7845-0848-1

高度産業社会の臨界点
新しい社会システムを遠望する
●塩川喜信
A5判★2800円

南の飢えと北の飽食、乱開発による環境破壊と資源問題の深刻化、フォーディズム型生産システムの限界と世界の大不況の長期化……。高度産業社会を超える、新しい社会システムにむけた論考。
(1996・3)

ドキュメント日本経済
八〇年代の構造変動を読む
●高槻博
A5判★2500円

第二次石油ショックではじまり、円高・日米経済戦争・資産革命の時代の開幕で暮れた1980年代。世界経済の構造的変動の中でドラスチックに変貌した10年間の日本経済のドキュメント。
(1990・3)

世界経済の中の日本
ポスト・フォーディズムの時代
●伊藤誠
四六判★1800円

1973年以降、長期大不況に入った世界経済。フォード的蓄積体制が崩壊し、歴史的転換としてのポスト・フォーディズムの時代がやってきた。大不況と技術革新の進行のなかで変貌する日本経済の構造を解明する。
(1988・10)

金融破綻の国家犯罪
●小野田猛史
四六判★1800円

借金を借金で返すサラ金経済が、新興国経済のみならず欧米先進国までも覆い、日本から供給された資金は国内外を問わず不良債権化した。バブル、銀行破綻、年金資産の蒸発などの実態を検証し、日本発金融破綻のメカニズムを解明。
(1998・12)

「昭和」マルクス理論
――軌跡と弁証
●降旗節雄
A5判★4500円

廣松渉、吉本隆明、黒田寛一、上田耕一郎、宇野弘蔵、中野正、大内力、日高普、星野中、伊藤誠、飯田経夫などの著作・論文への批判をとおして、「昭和」期マルクス理論の軌跡を描き、方法的再検討を試みる。
(1989・6)

クリティーク経済学論争
天皇制国家からハイテク社会まで
●降旗節雄編
A5判★3200円

明治維新・日本資本主義の確立、1930年代世界危機、第二次大戦から現代資本主義まで、その現状分析をめぐる論争の批判と総括。歴史的構造的転換期にあるこんにちの資本主義分析の理論的基礎を与える。
(1990・5)

日本機械工業史
量産型機械工業の分業構造
●長尾克子
A5判★4000円

日本における戦時統制経済以来の機械工業の歴史的展開の研究。とくに戦後の家電・自動車など量産型機械工業が、社会的にいかなる分業構造を持ちつつ発展してきたかを考察する。
(1995・2)

現代のマルクス経済学
●伊藤誠
四六判★1800円

欧米マルクス学派と交流を重ねてきた著者が、現代のマルクス経済学の理論的、方法的重要問題を、その歴史的展開の経緯とあわせて、わかりやすい表現で説く。最先端の理論的問題にまで言及。
(1989・5)

ポスト・マルクスの所有理論
現代資本主義と法のインターフェイス
●青木孝平
A5判★3200円

「資本家のいない資本主義」といわれる現在、次の世紀へと生かしうるマルクス所有理論の可能性はどこにあるのか。マルクスのテキストの緻密な再読と、内外の研究成果の到達点をふまえて検討する。
(1995・5)

表示価格は税抜きです。

国家論のプロブレマティク
●鎌倉孝夫
A5判★6500円

J・ヒルシュやN・プーランツァスの国家理論の批判的検討を前提に、市民社会と国家の関係、大衆の統合・管理と教育・情報・文化などイデオロギー的機能などの諸問題を歴史的・理論的に解析する。
(1991・1)

国家と民主主義
ポスト・マルクスの政治理論
●大藪龍介
A5判★3000円

パリ・コミューン型国家論の批判的再検討を基礎として、プロレタリア独裁論、民主主義論を主題として、レーニン理論の再審を試みる。「マルクス主義の自己革命」と、「批判的のりこえ」の試み。
(1992・7)

社会資本整備評価の理論
交通施設整備を中心として
●貝山道博
A5判★3000円

経済大国、債権大国と呼ばれながら、日本の社会資本ストックの整備は貧困である。本書は、交通施設整備の問題を中心に、公共財供給の基礎理論と社会資本整備の厚生経済学的考察を試みる。
(1993・4)

アメリカ帝国の展開と危機
第二次大戦後の世界経済の動態
●石垣今朝吉
A5判★3500円

マーシャル・プランと米ソ冷戦、ベトナム戦争、石油危機と米日欧の不均等発展──。第二次大戦後のアメリカ経済を基軸として、世界経済の動態を構造的に分析する。
(1993・4)

[改訂版] アメリカ自動車産業の労使関係
フォーディズムの歴史的考察
●栗木安延
A5判★2600円

レギュラシオン学派など国際的な理論的成果を検証し、労使関係を機軸として、20世紀アメリカ資本主義を制覇した自動車産業を歴史的に分析する。
(1999・4)

アイルランド土地政策史
●高橋純一
A5判★3800円

アイルランドの土地法とその政策展開の歴史的考察、農民運動、ナショナリズムと土地問題など、経済学、歴史学、社会思想史にわたるこれまでの研究成果を駆使して、アイルランドの土地問題の全体構造を解明。
(1997・9)

[最新版] EU通貨統合──歩みと展望
●桜井錠治郎
A5判★3600円

1992年2月、オランダ・マーストリヒトでEC加盟12カ国が欧州連合創立の条約に調印。欧州銀行設立、通貨統合への道を歩み始めた……。欧州通貨制度の歴史とメカニズム、その現状を解明。
(1998・8)

資本主義発展の段階論
欧米における宇野理論の一展開
●ロバート・アルブリトン/永谷清監訳
A5判★4700円

社会主義の崩壊後、欧米で台頭した諸理論はいずれも現代資本主義のラディカルな分析をなしえていない。本書は、宇野理論を批判的に摂取し、コンシュマリズム段階を提起し、資本主義の発展段階の理論を構築する。
(1998・6)

市場社会論の構想
思想・理論・実態
●杉浦克己・高橋洋児編
A5判★4200円

20世紀末の歴史変化は巨大であり、世界の存在構造の深部にまで及んでいる。本書は市場社会をその人間存在の根源において構想し、冷戦後の世界システム分析の新たな視座を探究する共同研究の成果である。
(1997・4)